监察法与刑事诉讼法衔接机制研究

JIANCHAFA YU XINGSHISUSONGFA
XIANJIE JIZHI YANJIU

林艺芳 著

法律出版社
LAW PRESS·CHINA
北京

图书在版编目(CIP)数据

监察法与刑事诉讼法衔接机制研究 / 林艺芳著. --
北京:法律出版社,2023
ISBN 978-7-5197-6828-7

Ⅰ.①监… Ⅱ.①林… Ⅲ.①监察-法律-研究-中国②刑事诉讼法-研究-中国 Ⅳ.①D922.114.4
②D925.204

中国版本图书馆CIP数据核字(2022)第107723号

监察法与刑事诉讼法衔接机制研究
JIANCHAFA YU XINGSHI SUSONGFA XIANJIE JIZHI YANJIU

林艺芳 著

策划编辑 孙 慧 余群化
责任编辑 孙 慧 余群化
装帧设计 李 瞻

出版发行 法律出版社
编辑统筹 司法实务出版分社
责任校对 王 丰 郭艳萍
责任印制 胡晓雅
经　　销 新华书店

开本 710毫米×1000毫米 1/16
印张 16.25 **字数** 243千
版本 2023年6月第1版
印次 2023年6月第1次印刷
印刷 唐山玺诚印务有限公司

地址:北京市丰台区莲花池西里7号(100073)
网址:www.lawpress.com.cn
投稿邮箱:info@lawpress.com.cn
举报盗版邮箱:jbwq@lawpress.com.cn
销售电话:010-83938349
客服电话:010-83938350
咨询电话:010-63939796

书号:ISBN 978-7-5197-6828-7
定价:68.00元
凡购买本社图书,如有印装错误,我社负责退换。电话:010-83938349

序　　言

2018年3月，《监察法》由第十三届全国人民代表大会第一次会议审议通过并正式实施。该法颁布之后，原本由人民检察院承担的反贪职能转至监察委员会。《监察法》以基本法律的形式正式对监察委员会的组织与职权、监察范围与管辖、监察权限、监察程序等内容作出了规定，以此为依据对涉嫌违法犯罪的国家公职人员进行调查和处置。国家监察体制改革是党和国家在新时代社会主义建设背景下整合多元化的反腐败力量、实现反腐法治化的必然选择，是事关全局的重大政治体制改革，对未来社会治理与法治建设有着至关重要的意义。《监察法》是一部全新的法律，而监察委员会又是一个崭新的国家机关，监察机关所办理的职务犯罪案件，必须移交司法机关来进行下一步的处理，这就产生了《监察法》与《刑事诉讼法》衔接的问题。为了应对《监察法》对于职务犯罪案件调查职权配置和程序设置调整与原有《刑事诉讼法》相关规定之间的立法冲突，2018年10月26日第十三届全国人民代表大会常务委员会第六次会议通过了《关于修改〈中华人民共和国刑事诉讼法〉的决定》，对《刑事诉讼法》进行了新一轮修正，增设监察与刑事诉讼的衔接机制，包括调整人民检察院直接立案侦查的案件范围、修改“侦查”的概念、新增监察机关移送审查起诉案件的补充调查与补充侦查环节以及完善监察留置措施与刑事强制措施的衔接机制等。根据这两部法律的要求，大多数职务犯罪侦查被监察调查所取代，监察调查完毕后，涉嫌犯罪的，案件将移送人民检察院审查起诉，此时刑事诉讼程序方才正式启动。由于监察办案不适用《刑事诉讼法》而适用《监察法》，监察程序与刑事诉讼程序的性质殊为不同，因而必须要作出妥善的制度衔接安排。随着职务犯罪案件既往“自侦自诉”的刑事诉讼内部衔接模式被“调查起诉”的异体衔接模式所取代，此类案件的办理程序经历了系统性重构，刑事诉讼本身的基本概念、权力结构、程序设置等都需要相应调整，以保障职务犯罪案件追诉活动在法治的轨道上顺畅运转。在此基础上，《监察法》与《刑事诉讼法》衔接相关问题便成为亟待研究的课题。

林艺芳副教授是我所指导的博士研究生。自2015年博士毕业入职湘潭大学以来，她持续关注国家监察体制改革以及监察与刑事诉讼衔接机制等问题，并通过承担国家社科基金项目、省社科基金项目、中国法学会部级法学研究课题、省教育厅科研项目等途径，从事相关领域的研究工作。其间恰逢国家监察体制改革的推出、《监察法》的出台和新《刑事诉讼法》的颁行，也为她深化该领域研究提供了丰富的法治依据和实践素材。在此基础上，她发表了一系列颇有分量的学术论文，对国家监察体制的法治规范、监察机关与其他机关的职能协调、职务犯罪案件的管辖分配、监察诉讼认罪认罚从宽制度的对照兼容、非法监察证据的排除程序等问题予以深入探索。本书是她对自己多年研究成果的梳理与总结，系统地呈现出她对于法法衔接的核心观点。该书在对《监察法》与《刑事诉讼法》衔接进行理论辨析的基础上，针对当前职务犯罪案件办理过程中所面临的现实挑战，分别围绕监察互涉案件的管辖协调问题、监察调查与刑事侦查的配合问题、监察案件审查起诉的程序流程问题、监察诉讼类似程序的整合对接问题以及监察证据与刑事证据的转化适用问题等5项法法衔接的核心内容展开论述，对于国家监察体制的进一步健康有序发展，《监察法》与《刑事诉讼法》的进一步有效合理衔接等具有较高的理论参考价值。在我看来，本书具有如下突出特点：

第一，问题导向的研究路径。从章节设置看，本书内容涉及尚处于监察程序中的互涉案件管辖协调以及监察调查与刑事侦查配合问题，以及案件刚刚进入刑事诉讼阶段的立案转化、限制人身自由措施衔接、补充调查与补充侦查适用以及审查起诉机制等问题，再到案件横跨监察与刑事诉讼两大程序所可能产生的认罪认罚从宽制度、违法所得没收程序的兼容对接以及监察证据转化、监察证据适用非法证据排除规则等问题。总体而言，体系性较强，覆盖面较广。不过，本书并未打算进行面面俱到的陈述，而是将重点对准当前监察诉讼衔接实践中问题最突出、难度最大的领域，体现出鲜明的问题导向主义研究路径。例如，在论及监察案件的管辖时，本书并未事无巨细地盘点《监察法》出台之后，监察机关、人民检察院、公安机关等在职务犯罪案件领域的各自管辖范围，而是将目光聚焦于实践中的难点之一，即互涉案件的管辖协调。互涉案件，是指由于存在主体或者事实方面的关联性，而隶属于不同机关管辖的案件类型。此类案件如何分配管辖权限，如何协调不同机关之间的办案功能，给监察与刑事诉讼的衔接实践带来不少困惑，然而这个问题在学界却鲜少人研究。本书以实证研究为前提，以理论探索为基底，讨论了监察公安主体互涉案件、监察检察主体互涉案件以及监察事实互涉案件等的管辖协调问题，在一定程度上填补了该领域的空缺，也能为监察办案实践提供有效指引。

第二，立场鲜明的研究态度。例如，关于监察案件移送审查起诉之后，是否需要进行立案转化问题，学界众说纷纭。立案程序是我国刑事诉讼中的一个特殊的程序，侦查机关接到报案、控告、举报或者自首等材料时，不能立即展开侦查工作，而应当进行初步调查。只有在有犯罪事实发生，需要追究刑事责任时，侦查机关才能依法作出立案决定，并开始正式的侦查程序。监察案件有其特殊之处。此类案件移送刑事诉讼程序，对接的并非侦查程序，而是由人民检察院主导的审查起诉程序。那么此时是否亦需要一个程序化的立案环节呢？对此，本书在分析了监察试点中的收案登记制和立案审查制，以及《监察法》《刑事诉讼法》及配套解释性文件的相关规定之后，结合刑事立案的基本功能，主张在当前刑事诉讼程序基本构造未发生变化的前提下，我国有必要在职务犯罪案件中继续保留立案程序，但对该程序的价值定位应当进行适当调整，即此时人民检察院承担的更多的是一种形式审查功能，对监察机关移送的案卷材料是否齐备、规范予以审查。今后随着我国立案的程序阻隔功能逐渐消亡以及审前强制性措施司法审查机制的建立，职务犯罪案件也应与其他普通刑事案件一般，不再经历具有实质性意义的立案环节。该观点独树一帜，对我国将来该领域的继续发展具有重要的参考价值。除此之外，本书还对监察留置与刑事强制措施的“先行拘留”模式作出评价，对监察案件退回补充调查期间“案退人不退”的做法予以辨析，对监察诉讼两种认罪认罚从宽制度的相互作用与整合路径进行研究，对监察证据转化为刑事证据的基本要求进行考察等，从而构建出自己对于监察诉讼衔接机制的基本认知与体系。

总之，祝贺林艺芳副教授本书的出版，也期待其在该领域持续研究并取得更新的成果！

陈卫东

2023 年 5 月 4 日

于中国人民大学明德法学楼

目　录

CONTENTS

第一章

《监察法》与《刑事诉讼法》衔接机制概述

腐败违法犯罪腐蚀干部队伍，干扰政府有效运作，侵害全社会共同利益，一直为广大人民群众所痛恨。近年来，我国对腐败重拳出击，取得举世瞩目的成效。尤其是国家监察体制的确立和《中华人民共和国监察法》（下文简称《监察法》）的出台，更是使反腐败工作进入全新阶段。国家监察体制将过去分散在各个部门的反腐败资源予以整合，形成强大的反腐败力量。不过，反腐败是一项系统工程，不仅要依靠监察机关的强大职权、《监察法》的有效落实，更需要其他部门、其他法律的良好配合。监察机关调查终结之后，如果案件事实清楚，证据确实、充分，依法应当追究刑事责任，那么监察机关应当将案件连同案卷材料、证据一并移送人民检察院审查起诉。案件从监察程序流转至刑事诉讼程序，其所适用的法律既包括《监察法》，也包括《中华人民共和国刑事诉讼法》（下文简称《刑事诉讼法》）。另外，监察机关在依据《监察法》进行其他监察调查工作时，也可能需要其他机关根据其他法律规定予以协助和配合。在实践中，上述情况并不少见，《监察法》与《刑事诉讼法》的衔接问题也受到较多关注。我国之所以于 2018 年修正《刑事诉讼法》，主要原因之一即是增加与《监察法》衔接的内容。理顺《监察法》与《刑事诉讼法》的衔接问题，这是贯彻落实党和国家反腐败政策的重要体现，也是保障监察程序和刑事诉讼程序顺畅运行的必然要求。为此，笔者将以理论建构为前提，以实践探索为基底，揭示两法衔接的现状问题，讨论两法衔接的完善路径。

第一节 《监察法》与《刑事诉讼法》衔接机制的历史背景

一、我国反腐败模式的法治化历程

研究《监察法》与《刑事诉讼法》的衔接机制，首先需要了解我国反腐败法治化的历程。只有将视野置于这一大背景下，才可能准确理解两法衔接的必要性与可行性，才可能提出两法衔接的基本方向和完善路径。一直以来，腐败现象一直是困扰党和政府的重大难题，为了应对腐败难题，在不同时期，我国曾经针对腐败出现的社会历史背景和腐败行为的基本特征，采取了“运动反腐”“权力反腐”“制度反腐”等不同类型的腐败治理模式。直至近年来，随着中国特色社会主义法律体系的逐步建成与完善，我国才进入了“法治反腐”阶段。国家监察体制作为法治反腐的内在形态之一，就是在此过程中摸索并建立起来的。

（一）中华人民共和国成立以来反腐败模式的更迭

1. 中华人民共和国成立初的“运动反腐”

在中华人民共和国成立前后，腐败问题的严重性已经暴露出来了。当时，由于旧的国家机器被打破，新的国家机器尚未建立起来，反腐败工作难以在制度化体系化的模式下进行，只能采取当时相对流行且能即时生效的做法，即运动式的反腐模式。所谓“运动反腐”，是指由执政党和领导人发动广大群众以“三反”“五反”等运动的形式，[①] 揭露举报腐败类行为，以达到净化社会风气的作用。[②] 在这种模式下，反腐败工作进程完全与国家一时的政策

---

① “三反”“五反”运动，是指在1951~1952年，我国在党政机关工作人员中开展的“反贪污、反浪费、反官僚主义”和在私营工商业者中开展的“反行贿、反偷税漏税、反盗骗国家财产、反偷工减料、反盗窃国家经济情报”斗争的统称。

② 参见宋广奇：《当代中国反腐模式转换研究》，华东师范大学2011年博士学位论文，第65-72页。

相挂钩，依靠群众短时间内积聚的力量推动，虽然能对腐败分子产生很强的威慑力，也可以实现高效打击腐败类违法犯罪的效果，但是也存在致命缺陷。一方面，反腐败工作在形式上缺乏规范的制度约束，在效果上只能“治标”不能“治本”。另一方面，随着运动的深入，反腐败工作中所采取的手段以及所涵盖的领域容易失控，甚至异化为个别人打击异己的工具，导致恶劣的社会影响，不利于国家的安定和谐。

2. 改革开放之后的“权力反腐”

改革开放是中华人民共和国成立以来具有里程碑意义的历史事件，它对内改变了我国当时的经济模式，建立了社会主义经济体制，对外进一步解放思想，加强与世界各国的经济交流。然而改革开放之后，随着我国经济水平的飞速增长，社会面貌也发生了重大变化，与此同时也产生了大量的腐败行为。此时，上述“运动反腐”模式已经失去了赖以生存的背景，再采取这种反腐败工作模式也无法满足现实需求。我国随之进入了“权力反腐”的阶段。这一时期，反腐败工作主要依靠领导人的权力推进，针对特定领域开展重点打击。权力反腐还有一个特点，即腐败类违法犯罪行为的治理工作开始交由一些专门性机关进行，我国一方面恢复和强化了纪检监察专门机关的职能，另一方面还将职务犯罪调查权交给了人民检察院。在“运动反腐”已经无法为继，“制度反腐”尚未建立的情况下，“权力反腐”作为过渡阶段的反腐败模式，具有一定的优势。这主要体现在，依靠领导人的权威开展反腐败工作，短期效果较好，且容易获得人民群众的支持。另外，将反腐败权力交给专门机关，也为后来“制度反腐”的建立提供了良好的基础。但是，领导人的意志毕竟是不稳定的，“权力反腐”难以在长时间内维持反腐工作的强度和高效。另外，上述部门尚未形成良好的权力制约机制，也影响其反腐败效能的发挥。①

3. 进入21世纪的“制度反腐”

经济的发展推动着制度的建设。随着改革开放的不断深入，我们逐渐认

---

① 参见胡杨：《论中国特色反腐模式转型的内在逻辑与发展路径》，载《马克思主义与现实》2010年第4期。

识到，只有运行良好的机制才能保障反腐败斗争的长效性。因此，进入21世纪之后，我国的反腐模式逐渐由“权力反腐”模式向“制度反腐”模式转变。相较于“权力反腐”，“制度反腐”虽然并不排除领导人在反腐败工作中的权威，但除此之外，还通过颁布各种党内纪律条例、法律、行政法规等形式进行全方位的制度建设，从而建立起一整套预防和惩治腐败的专门机制。同时，该模式还致力于明确专门反腐败机关的职责权限、工作机制，并使它们的工作受到相应法律法规的约束。总体而言，“制度反腐”建立了反腐败秩序，巩固了反腐败成果，使反腐败工作走上了规范化的道路，是我国反腐败历程的重大突破，也是近年来反腐败工作取得巨大成就的关键原因。不过，在反腐败专门制度的运行过程中以及反腐败专门机关的具体工作中，难免存在职责权限交叉重叠、主体性质混乱等情况。这便预示着“制度反腐”仍然不是我国反腐败工作的最佳选择。

（二）“法治反腐”模式的确立及其与国家监察体制的关系

上述反腐败模式的更迭告诉我们，反腐败工作不能依靠“短平快”的“运动反腐”、极易波动的“权力反腐”和职权不清的“制度反腐”。反腐败工作是一项长期艰巨的工作，应当在规范化、稳定化、正当化的路径上进行。随着中国特色社会主义法律体系的建成与逐步完善、“依法治国”基本方略的落到实处，我国反腐败工作应当回归法治道路，遵循特定的法治逻辑，依靠法律的长期有效运行，实现对腐败现象的根治。这就是所谓的“法治反腐”模式。在此种模式下，反腐败工作应遵循如下要求：（1）严格依法进行。法律的生命在于实践，腐败相关立法也应当在反腐败的具体实践中体现其价值，即所有的反腐败工作都应遵守法律的明文规定。在缺乏法律依据的前提下，反腐败专门机关不得随意滥用其手中的权力，侵犯当事人及其他涉案人员的合法权益。（2）体现实质正义性。腐败现象是国家公职人员滥用权力谋取个人私利的行为，它不仅影响了社会风气，侵犯了广大人民群众的利益，更破坏了社会整体的公序良俗。而法治实质上是良法之治，它弘扬并维护的是当代社会的公平正义理念。以法治精神指导反腐败工作，应使具体的体制机制体现社会对惩治腐败的正当性要求，满足公众对廉洁环境的期待。

(3) 体现过程的公正性。反腐败工作不能仅关注案件办理的效率，更应当遵循基本的正当程序要求和权利保障要求。具体而言，反腐败权力应当由相对客观中立的部门掌握，这些部门调查职务违法犯罪行为，应当适用明确可操作的程序，并保障当事人及其他利害关系人的参与权。职务违法犯罪行为的调查结果和惩治决定应当通过合理的渠道对外公开，并为当事人提供救济途径。(4) 实现反腐败机构的统一性。法律是为全社会提供的可供参见的统一规则。具体到反腐败领域，法律明确了反腐败专门机关的工作职责，使各部门能各司其职，发挥合力；法律还明确了各种腐败行为可能遭受的制裁后果，对腐败分子产生威慑力，并实现惩治腐败的公平性。总之，“法治反腐”旨在建立稳定运行、规范有效的反腐败体系，对于保持反腐败工作的长效性、建立公正的法治社会、促进国家有序治理具有重大意义。

我国自国家监察体制改革之初，就十分重视反腐败工作的法治化。全国人民代表大会常务委员会曾发布《关于在北京市、山西省、浙江省开展国家监察体制改革试点工作的决定》和《关于在全国各地推开国家监察体制改革试点工作的决定》两部法律文件，以立法机关授权的方式确立了监察委员会的法律地位，概括了该机关的基本组织领导机制和职责权限，并明确了其他改革要求。与此同时，各试点地区也为腐败犯罪调查出台了相关规定。例如，浙江省制定了《浙江省监察业务运行工作规程》，涵盖监察范围、监察职责、监察权限、监察程序、监察管理等内容，还出台了《浙江省监察留置措施操作指南》等文件，对留置条件、审批、期限、权利保障等做了详细规定。① 山西省建立起以山西省纪检监察机关执纪监督监察工作试行办法、审查措施使用规范、执纪监督监察工作流程图、执纪监督监察常用文书为内容的“4 个一”工作制度，为监察机关履行监督调查职责打下了制度基础。② 除此之外，北京市也出台了包括《北京市深化监察体制改革试点实施方案》在内的一些文件，作为国家监察体制改革试点的基本工

① 参见张磊：《改革，不止于挂牌——浙江开展国家监察体制改革试点工作纪实（下）》，载《中国纪检监察报》2017 年 6 月 14 日，第 1 版。

② 参见张磊：《做好深度融合大文章——山西开展国家监察体制改革试点工作纪实（下）》，载《中国纪检监察报》2017 年 6 月 8 日，第 1 版。

作指南。[①] 这些文件的出台为国家监察体制改革试点提供了可供参照的依据，是以法治精神指导试点改革的具体体现。

不过，各地区自行制定的试点文件不仅缺乏在全国推广的权威性，而且其中涉及限制公民人身自由等相关权利的内容也存在合法性不足的问题。另外，不同地区关于监察调查措施、监察程序与刑事诉讼程序的衔接等内容，规定也不相一致，有违法治的统一性。而这些问题的解决都需依靠国家统一的监察立法。2018 年，我国正式颁布了《监察法》并开始实施。该法共九章 69 条，详细规定了监察机关的组织领导机制、监察范围和管辖、监察权限、监察程序、反腐败国际合作、对监察机关和监察人员的监督、监察法律责任等内容，是构建高效、权威、统一的国家监察体制的基本依据，不仅为反腐败工作的有序进行提供了标准要求，也在一定程度上解决了我国长期以来在反腐败实践中在权力运行和权利保障方面存在的问题，是“法治反腐”集大成的体现。

目前，在国家监察体制已经建立和《监察法》已经出台的大背景下，我国已经确定了反腐败工作的法治化基调。但是，反腐败是一项综合性的工作，应当充分发挥各领域各部门的合力，仅依靠监察机关的力量，或者仅凭据《监察法》一部法律的适用，不足以完成这项任务。在法治视野下，为了进一步强化反腐败工作效能、落实反腐败法治精神，我们有必要在监察机关之外寻求其他机关，让监察机关与之进行协同合作，在《监察法》之外寻求其他部门法，让《监察法》与之进行衔接配合。换句话说，“法治反腐”不仅要求监察机关依法履行自身职责、《监察法》得到正当适用，还需要包括公安司法机关在内的其他相关部门与监察机关之间形成有效的互相制约、互相配合的关系，需要在包括《刑事诉讼法》在内的其他部门法与《监察法》之间构筑兼容、顺畅、有效的衔接机制。

二、反腐败法律衔接机制的历史变迁

法治为我国反腐败工作提供了基本的路径依赖。但是，“法治反腐”并

① 参见王少伟：《以首善标准完成监察体制改革试点任务——北京开展国家监察体制改革试点工作纪实（上）》，载《中国纪检监察报》2017 年 6 月 1 日，第 1 版。

非一开始就体现为国家监察体制的确立和《监察法》的出台，这中间经历了一个变化过程。在2018年修正以前的《刑事诉讼法》中，职务犯罪侦查权都由人民检察院行使。[①] 正因如此，职务犯罪案件形成了不同于其他普通刑事案件的特殊程序适用机制，即由人民检察院在内部职权分野的前提下统一对职务犯罪案件进行侦查和审查起诉，随后再由人民法院进行审判工作。这一模式提高了职务犯罪的追诉效率，但同时也因为自侦自诉缺乏必要监督而遭受了不少质疑。为了解决这一问题，并实现对多种反腐败力量的整合以及独立权威的反腐败专门机构的确立，我国自2016年开始实行国家监察体制改革，并在2018年颁布了《监察法》。改革之后，过去由人民检察院行使的职务犯罪侦查权被转移至监察机关手中，随之带来的是职务犯罪案件的程序适用机制再次发生了变化，即由监察机关完成前期调查工作之后，再将案件移送审查起诉，由人民检察院和人民法院完成后续的审查起诉和审判工作。对比前后两种程序的适用机制可以发现，前者虽然变换了案件办理主体，但是并未带来法律渊源的变迁，无论是修正前还是修正后，职务犯罪案件的办理都是以《刑事诉讼法》及相关司法解释为基本依据。但是后者显然不同，国家监察体制改革之后，职务犯罪案件的办理先要适用《监察法》，后要适用《刑事诉讼法》，不再局限于一个法律框架之内了。[②] 法律渊源的变化，主要体现在规范协调要求的强化以及衔接主体关系的外化两个方面。

（一）规范协调要求的强化

法律渊源的变化，带来的是相关法律规定协调兼容要求的变化。在过去，由于案件办理无论是在侦查阶段，还是在审查起诉阶段，抑或是在审判阶段，适用的都是《刑事诉讼法》，因此只要立法技术相对成熟，就基本上不存在

---

① 不过，人民检察院自行侦查权的范围也发生过变化。根据1979年《刑事诉讼法》的规定，人民检察院自行侦查的案件除了职务犯罪、危害公民民主权利的犯罪以外，还包括一部分妨害经济管理秩序的犯罪。1996年修法时，为了使人民检察院集中力量加强反腐败斗争，将人民检察院自侦案件范围予以缩减，限于国家公作人员利用职权实施的犯罪，即“贪污贿赂犯罪，国家工作人员的渎职犯罪，国家机关工作人员利用职权实施的非法拘禁、刑讯逼供、报复陷害、非法搜查的侵犯公民人身权利的犯罪以及侵犯公民民主权利的犯罪”。这一规定被2012年《刑事诉讼法》所沿袭。参见陈光中、曾新华：《中国刑事诉讼法立法四十年》，载《法学》2018年第7期。

② 王秀梅、黄玲林：《监察法与刑事诉讼法衔接若干问题研究》，载《法学论坛》2019年第2期。

相关规定的协调兼容要求。但是，在国家监察体制改革之后，原本同属一个部门法的侦查、审查起诉和审判之间的内部程序衔接，演变成了两个部门法之间的法律规定的协调兼容问题。由于发生衔接关系的监察调查和审查起诉两个程序环节分别独立适用《监察法》和《刑事诉讼法》，因此在衔接节点上，难免存在《监察法》与《刑事诉讼法》之间的重叠适用问题。这就要求两部法律对于衔接问题的相关立法规定应当达到协调统一，否则将影响程序衔接的有序进行。

例如，在《监察法》制定过程中，在最初的草案中，规定监察机关调查完毕之后，将案件移送人民检察院提起公诉，但并未明确人民检察院有无必要、有无权力对监察案件进行审查，以决定是否提起公诉。这种规定方式暗含一种逻辑思路，即只要监察机关将案件移送至人民检察院，人民检察院就必须提起公诉，无须经过审查。这么一来就与普通案件审查起诉的规定相冲突了。针对这一问题，在正式通过的《监察法》中，对这一规定进行了调整。如今，根据《监察法》第 45 条第 1 款第 4 项的规定，“对涉嫌职务犯罪的，监察机关经调查认为犯罪事实清楚，证据确实、充分的，制作起诉意见书，连同案卷材料、证据一并移送人民检察院依法审查、提起公诉”。可见，此类案件进入刑事诉讼程序之后，与普通刑事案件一样，也需经过人民检察院的审查，才可提起公诉。易言之，人民检察院依法对监察案件也享有审查权。

再如，《监察法》明确规定，监察机关在调查职务违法犯罪案件过程中，有权对被调查人及其他涉案人员采取留置措施，在一定时期内限制上述人员的人身自由。但是，留置措施为《监察法》独有，《刑事诉讼法》中虽有限制人身自由的措施，但种类不同且适用机制也不相同。在此前提下，如果案件移送审查起诉时，被调查人被采取了留置措施，那么该措施是否还可以在刑事诉讼程序中继续适用，还是应转化为刑事强制措施？为了解决这一问题，我国《刑事诉讼法》在 2018 年修正过程中，增加一条，作为第 170 条，其第 2 款规定“对于监察机关移送起诉的已采取留置措施的案件，人民检察院应当对犯罪嫌疑人先行拘留，留置措施自动解除。人民检察院应当在拘留后的十日以内作出是否逮捕、取保候审或者监视居住的决定。在特殊情况下，决定的时间可以延长一日至四日。人民检察院决定采取强制措施的期间不计入审查起诉期限”，确定了留置与强制措施的转化机制。

可见，国家监察体制改革后，《监察法》与《刑事诉讼法》的衔接，应当以相关规定的协调为前提。这一方面表现为，同一机制应当予以相同规定，如上述的监察案件审查起诉问题；另一方面表现为，其中一部法律应当为另一部法律特有的法律制度提供转化渠道，如上述的留置与刑事强制措施的转化问题。为了落实这一法规协调要求，我国《刑事诉讼法》在距上次修法仅6年之内，就再次于2018年进行了第三次修正，新增并修改了不少条文，以适应国家监察体制改革的要求。尽管如此，随着实践经验的累积和现实难题的暴露，两法在衔接层面仍存在不少规范漏洞或者冲突。例如，《监察法》第33条第2款规定：“监察机关在收集、固定、审查、运用证据时，应当与刑事审判关于证据的要求和标准相一致。”制定这项规定，目的在于贯彻以审判为中心的刑事诉讼制度改革。但是，比较两法其他规定可知，监察调查与刑事侦查无论是在措施种类、程序机制还是权利保障方面都存在不少差异。在此前提下，要求监察取证符合刑事审判要求，显然是强人所难。类似问题还有不少，只能留待有关部门在加强沟通的基础上制定合理的解决两法衔接问题的规范性文件，以填补漏洞、弥合冲突。

（二）程序衔接主体关系的外化

从程序衔接主体关系的角度看，情况也发生了变化。国家监察体制改革之前，职务犯罪案件实行的是由人民检察院主导的“自侦自诉”模式，即同一检察机关可能同时承担着职务犯罪案件的侦查职能和审查起诉职能。这种做法能够大大提升职务犯罪案件的侦查效率，但也使检察机关在此过程中的法律监督功能遭到了一定的质疑。具体而言，人民检察院的审查起诉除了具有启动审判程序的诉讼功能以外，还具有监督侦查过程的功能，即发现侦查机关办理案件过程中可能出现的违法行为，并提出纠正意见或者检察建议。但是，在“自侦自诉”模式下，人民检察院陷入了自己监督自己的困境，似乎难以有效地完成法律监督任务。不过，在2018年内设机构改革之前，人民检察院内部分工一直是按照检察职能予以划分，分设“自侦、侦监、起诉和执行监督”等条块化机构。[①] 在此框架下，职务犯罪案件的侦查工作和起诉工作分别由人民检察院内部的不同部门负责，两个部门之间可以就案件办理情况相互制衡，发挥监督作用。不过尽管如此，由于人民检察院内部实行的是“检察一体”“上命下从”的组织体制，[②] 因此不同部门虽然分别负责对职务犯罪案件的侦查与审查起诉职能，但都必须服从共同领导以及上级机关的命令，共同领导或者上级机关也可以统筹职务犯罪案件办理的策略和方向。[③] 这么一来，各部门之间相互制约、相互监督的关系也可能随之变弱，难以与外部监督相媲美。总而言之，在国家监察体制改革之前，职务犯罪案件的侦查和审查起诉分别由同一人民检察院内部的不同职能部门负责，部门与部门之间可以发挥相互监督的作用，但受制于“检察一体”原则，这种监督作用是相对有限的。

国家监察体制改革之后，情况发生了变化。人民检察院的职务犯罪侦查权大部分被转移至监察机关手中。在此前提下，职务犯罪案件前由监察机关承担调查职能，后由人民检察院承担审查起诉职能。发生侦查与审查起诉衔接关系的双方主体也由人民检察院内部的自侦部门与公诉部门，转变为监察机关与人民检察院。根据《中华人民共和国宪法》（下文简称《宪法》）第127条第2款和《监察法》第4条第2款的规定：“监察机关办理职务违法和职务犯罪案件，应当与审判机关、检察机关、执法部门互相配合，互相制约。”由《宪法》的规定可知，监察机关与人民检察院之间的关系应当是相互配合和互相制约。前者是指监察机关的调查工作与人民检察院的审查起诉工作之间存在相互关联性，应当共同促进。后者实则是指监察机关的调查行为与人民检察院的审

---

① 参见万毅：《检察机关内设机构改革的基本理论问题》，载《政法论坛》2018年第5期。不过，这种内设职能设置模式已经被“大部制”所替代。2018年，《最高人民检察院职能配置和内设机构和人员编制》实施，人民检察院开始了内设机构改革。目前，人民检察院内部主要根据案件性质和案件类型设置业务部门，注重刑事、民事、行政和公益诉讼检察部门的均衡设置。

② 参见邵晖：《检察一体的历史与现实》，载《国家检察官学院学报》2013年第1期。

③ 不过，我国也曾经在人民检察院内部实行过“主任检察官”制度改革，即选任人民检察院中具有良好职业精神和职业能力的检察官作为独任检察官，使其与多名检察官组成的办案组在检察长及检察委员会领导下，在授权范围内独立、正确行使检察办案职权。该项改革强调了检察官的独立办案地位，有助于破除检察一体所带来的弊端。参见最高人民检察院2013年重点课题组、谢佑平、潘祖全：《主任检察官制度研究》，载《中国法学》2015年第1期。

查起诉行为之间相互产生影响，监察调查受审查起诉的约束，审查起诉也受监察调查的限制。不过，无论是互相配合还是互相制约，强调的都是二机关之间的分工明确和地位平等。只有二机关各司其职、互不越位，并且形成彼此平等的关系，谁也没有超然于另一方的地位，它们之间才可能相互发生正向推动作用和反向制衡作用。根据《监察法》和《刑事诉讼法》的规定，监察机关与人民检察院分工相对明确，但是在地位方面却存在参差。

从国家机关体系设置看，国家监察体制改革之后，我国国家机关顶层设计从“一府两院”变为“一府一委两院”。从表面上看，国家监察机关与人民检察院的地位应当是相对平等的。但是，监察机关是反腐败专责机构，它被赋予了对公职人员的职务违法犯罪行为进行监督、调查和处置的职能。而承担审查起诉具体工作任务的检察官也属于公职人员，他们涉嫌职务违法犯罪的行为也属于监察机关的管辖范围。而人民检察院虽然也具有法律监督权，但是，其可否对监察机关的监督、调查、处置行为予以监督，目前仍存在疑问。这就造成在实际办案过程中，人民检察院为了避免可能出现的监察风险，不会轻易违背监察机关作出的决定。监察机关的地位无形中就高于人民检察院。在此前提下，监察机关与人民检察院之间的互相配合和互相制约关系也难免异化为人民检察院单方面配合监察机关工作或者监察机关单方面制约人民检察院的行为。总之，在国家监察体制改革之后，职务犯罪案件的侦查与审查起诉之间的衔接关系由人民检察院不同部门之间的内部关系转变为监察机关与人民检察院之间的外部关系。二机关本应形成互相配合、互相制约的相对平等关系，但由于监察管辖范围的特殊设置，监察机关地位明显高于人民检察院，这也将在一定程度上影响现实办案中二机关之间的具体工作对接与合作。

第二节 《监察法》与《刑事诉讼法》衔接机制的概念界定

国家监察体制改革之后，职务犯罪案件可适用的程序机制由原来的“公安侦查——检察审查起诉——法院审判”，转变为“监察调查——检察审查起诉——法院审判”。随之而来的是，此类案件办理的法律依据也由《刑事诉讼法》一部法律，转变为《刑事诉讼法》与《监察法》两部法律。两法之间应当如何进行衔接，包含哪些具体的衔接机制，是我国当前为实现继续保障国家监察体制顺利运转、强化反腐败治理力度以及推进国家治理体系和推进国家治理能力现代化等目标而亟待研究的问题。从现有成果看，当前研究主要停留在如何对具体衔接环节进行规范完善和制度构建的层面上，缺乏对法法衔接整体理论的构建。毋庸置疑，规范完善和制度构建也是非常重要的研究领域，它可以为实务中的案件办理提供基本指引。但是，如果学界未就法法衔接形成一套普遍认可的学说，缺乏统一的理论话语体系，那么各种衔接工作的完成也将失去基本前提和价值导向，甚至陷入自相矛盾的困境。在本部分，笔者将从构成要素和基本特征两个层面探索法法衔接的内涵，并在详细介绍各具体衔接环节和衔接领域的基础上划定法法衔接的外延。

一、《监察法》与《刑事诉讼法》衔接机制的内涵探究

（一）《监察法》与《刑事诉讼法》衔接机制的构成要素

国家监察体制改革带来了职务犯罪案件追诉模式的变革。此类案件的办理原来仅需在刑事诉讼制度框架内由人民检察院、审判机关通过落实侦查权、审查起诉权和审判权的方式来完成，遵循的是《刑事诉讼法》所规定的打击犯罪与保障人权并重、程序正义与实体正义并重的基本理念。如今监察机关承担起了调查职务犯罪的任务，使职务犯罪案件的办理要跨越不同的部门法，由监察机关、人民检察院、人民法院分别运用调查权、审查起诉权和审判权，并在完成程序衔接的基础上予以完成，这个过程不仅要遵循刑事诉讼的基本价值原则，还需遵循国家监察体制“惩前毖后、治病救人”的反腐败惩防结合理念。在此基础上，《监察法》与《刑事诉讼法》衔接机制所蕴含的内容也更加丰富，既体现为监察调查、审查起诉等程序环节的衔接关系，又体现为监察机关与公安司法机关，被调查人与犯罪嫌疑人、被告人等主体的衔接关系。也就是说，程序的衔接与主体的衔接共同构成法法衔接最核心的要素，决定法法衔接的主体内容和运作方向。由于法法衔接事关监察制度可否顺利

运转，事关反腐败事业可否取得胜利，因此上述过程是程序的衔接还是主体的衔接，都值得深入探讨。

1. 程序的衔接

程序衔接是法法衔接的主体框架。职务犯罪案件在由监察机关完成调查工作之后，如果符合特定条件，那么将被移送审查起诉，全面转入刑事诉讼程序。在此过程中，监察调查位于监察程序的末端，检察审查起诉位于刑事诉讼的前端，二者直接发生面对面的接触，是程序衔接最关键的环节。而如果要落实监察调查与检察审查起诉之间的衔接关系的话，应该先承认二者的分化。只有双方分工明确、各负其责、互不交叉，才有讨论程序衔接的必要性。

研究监察调查与审查起诉的分离，可以借鉴刑事司法领域的相关研究经验。从世界范围看，侦查权与检察权的关系可以分为三种：（1）侦检一体模式，即警察既负责侦查也负责起诉，侦查权与起诉权并未分化，被内置于同一程序环节中。在英国，直到1985年《犯罪起诉法》颁布和皇家检控署建立之前，警察既承担着逮捕、讯问等侦查职能，也承担着起诉任务。也就是说，侦查程序与起诉程序是合为一体的。[①] 既然两种程序之间缺乏泾渭分明的界限，那么就无所谓程序之间的衔接。起诉作为侦查的终结，在侦查完成之后自然触发这一职能，无须考虑案件、证据或者人员应否进行何种移送。侦检一体的弊端是很明显的，由于缺乏一道专门的过滤机制，一些证据不足的案件也可能被起诉至法院，甚至导致有罪判决。另外，由中立性不足的警察独揽侦查与起诉权力，也可能导致案件办理的正当性和专业性遭受质疑。（2）检察主导模式，即为了有利于检察官行使控诉职能，检察官有权指挥警察对案件实施的侦查工作。无论是侦查权还是起诉权，都是检察机关的专有职权，警察在理论上只是检察机关的辅助机关。[②] 检察主导模式虽未强调侦

---

① 英国实行侦诉一体的原因在于以下两个方面：一方面，依据治安自治传统，每一个公民都有权抓获犯罪人并将其诉至法院，警察作为公民的代表，自然也拥有起诉权。另一方面，在早期英国，起诉决定被认为是调查程序的自然延伸，警察既然具有调查案件的权力，那么当然也应赋予其与之相关的起诉权。参见夏菲：《论英国警察权的变迁》，华东政法大学2010年博士学位论文，第90页。

② 参见陈兴良：《检警一体：诉讼结构的重塑与司法体制的改革》，载《中国律师》1998年第11期；陈卫东、郝银钟：《侦、检一体化模式研究——兼论我国刑事司法体制改革的必要性》，载《法学研究》1999年第1期。

查程序与审查起诉程序的合并，但是认为侦查程序是审查起诉程序的下属与辅助，侦查程序应当为实现审查起诉的目的服务。正因如此，由于侦查与起诉之间的隔断与分化不足，都由检察官予以统领，程序的衔接问题也就相对弱化了。检察主导模式的缺陷在于，在组织体系相对分离的情况下，要求警察听从检察官的指挥，似乎并不现实；而检察官由于缺乏必要的设备和技术，也难以事必躬亲地参与到所有个案的侦查过程中。也就是说，检察机关的主导权容易被虚化，警察与检察机关之间、刑事侦查与审查起诉之间实质上还是相对分离的。（3）侦诉分离模式，即警察和检察官分别负责案件的侦查工作和审查起诉工作，侦查程序与起诉程序是相对分离、前后相继的两个环节。我国目前实行的即是此种模式，即侦查程序与起诉程序各行其是，互不干涉。侦查机关在完成侦查任务之后，才会将案件移送人民检察院，从而触发审查起诉程序。由于侦查与审查起诉之间是相对独立的两种程序，因此如何从一种程序过渡另一种程序，才是具备研究价值的课题。侦诉分离为案件多设置了一道过滤机制，有利于提高案件办理的准确度；另外，此种模式还肯定了侦查与起诉两种程序不同的专业要求和功能定位，有利于保障案件办理的专业性。① 再来看我国当前的监察调查程序与审查起诉程序之间的关系，显然，二者奉行绝对分离的原则，即监察调查程序与审查起诉程序是完全独立的两个环节，分别由不同机关主导，发挥不同的功能。二者之间不存在包含与被包含、主导与辅助的关系。这与上述我国现行的侦检模式是比较类似的，也有助于保障案件办理的准确性和专业性，也为二者进行衔接提供了前提依据。此外，不同于我国侦诉分离模式，监察调查与审查起诉分属不同的部门法，具有不同的程序属性和具体构造，这也显著加大了二者进行衔接的难度。

另外，监察调查与检察审查起诉的衔接以特定程序要素的交流互动为基本标志。纵观《监察法》与《刑事诉讼法》对监察调查和检察机关审查起诉

---

① 不过目前，不少学者主张加强我国刑事侦查程序与审查起诉的联系，通过检察提前介入侦查等方式，发挥检察机关对侦查机关的监督作用。参见刘计划：《检警一体化模式再解读》，载《法学研究》2013 年第 6 期。

的规定，与二者衔接关系有关的程序要素以“案件”“证据”和“人员”为主。“案件”的交流互动，是指职务犯罪案件在监察调查和审查起诉两道程序之间进行移送。对于涉嫌职务犯罪的，监察机关经调查认为犯罪事实清楚、证据确实充分的，应当制作起诉意见书，连同案卷材料、证据一并移送人民检察院依法审查、提起公诉。不过，由于监察机关的调查范围既包括职务犯罪案件，又包括职务违法案件，因此在案件移送的端口，监察机关应当仔细分辨被调查人涉嫌的究竟是相对轻微的违法行为，还是已经严重到一定程度、必须追究刑事责任的犯罪行为。对有职务违法行为但情节较轻，或者尚无须承担刑事责任的公职人员，监察机关只能对其处以批评教育、政务处分等，不能进行案件的移送。“证据”的交流互动，是指监察案件从监察调查程序中随案移送至审查起诉程序中，并且在刑事诉讼程序中作为证据使用。证据与程序互相渗透、交织在一起。程序的运转是离不开证据的运用的。如果仅移送案件，不移送证据，那么案件的查明便成为无根之木、无源之水，后续的诉讼程序也缺乏继续运行的可能性。产生于刑事侦查中的证据天然地具有刑事证据资格，但是监察证据源自监察调查，监察调查措施与刑事取证措施又有所不同，所以监察证据随案移送之后，因为要继续接受检察机关的审查，所有只有在具有证据资格和证据能力的前提下，才可能成为定罪量刑的依据。在实践中，证据是程序衔接过程中最大的难点之一，监察机关移送的不少材料究竟能否被直接作为刑事证据来使用，如何在刑事诉讼中发挥作用，仍存在不少争议。“人员”的交流互动则是指随着案件移送审查起诉，被调查人也相应地从监察程序转至刑事诉讼程序，并获得犯罪嫌疑人或者被告人的身份；如果被调查人在监察调查过程中被采取了留置措施，那么在审查起诉过程中，人民检察院应当在先行拘留、解除留置措施的前提下，决定是否对其适用刑事强制措施，以及适用何种刑事强制措施。易言之，“人员”的交流互动涉及两方面内容：（1）身份的转化，此时应当清晰界定案件的当事人与其他涉案人员的区别，注意身份转化所带来的权利保障机制的变化。（2）限制人身自由措施的转化，此时应当仔细考察留置与刑事强制措施的联系与区别，并根据合理的机制实现不同措施之间的衔接转变。

监察调查与检察审查起诉的衔接可能是正向的前移，也可能是反向的回流。正向的前移即案件从监察程序移送刑事诉讼程序并进行审查起诉和审判。然而在案件办理过程中，尤其是审查起诉过程中，案件也可能从刑事诉讼程序重新回到监察程序中，发生程序的回流。最典型的体现为，人民检察院经审查，认为案件事实不清、证据不足，需要补充核实的，应当退回监察机关补充调查，必要时可以自行补充侦查。即由于职务犯罪案件的特殊属性以及监察机关的特殊定位，一旦发生需要补充收集证据或者继续查明事实的情况，人民检察院首先应当选择将案件重新交回监察机关手中。程序的回流不仅涉及案件的反向移送，而且还可能影响限制人身自由措施的适用。如果犯罪嫌疑人在审查起诉期间被采取了刑事强制措施，那么当案件重新回到监察程序中进行补充调查时，强制措施是可以继续保留，还是需要转化为留置措施，即奉行“案退人不退”，还是“人案同退”的模式，目前立法尚未对这一问题予以明确解答。

2. 主体的衔接

法律主体也是法律关系中必不可少的组成部分。因此，《监察法》与《刑事诉讼法》的衔接，还应该体现为主体的衔接。主体的衔接又可以分为“机关”的衔接与“人员”的衔接。在上述关于程序衔接的论述中，笔者已经谈及了衔接中的“人员”问题，因此该部分将集中分析“机关”的衔接问题。此处的“机关”专指参与监察程序或者刑事诉讼程序，落实《监察法》与《刑事诉讼法》两法衔接的国家专门机关。由于最核心的衔接程序是监察调查与审查起诉，而分别主导上述程序环节的是监察机关与人民检察院。因此，讨论两法衔接的“机关”问题时，应将重点置于监察机关与检察机关的关系上。

监察机关是国家反腐败专责机关，它承担着职务违法犯罪案件的监督、调查和处置职能。人民检察院是国家法律监督机关，它承担着法律监督职能，以及侦查、审查逮捕和公诉等诉讼职能。二机关在法法衔接方面首先需要弄清楚的问题，是二者之间是否存在监督与被监督的关系。一般而言，人民检察院的法律监督主要体现为诉讼活动中的监督行为，而实施监督的方式既包括狭义层面的对诉讼活动中是否存在非法行为予以发现和纠正，也包括相对广义层面上的审查逮捕行为、审查起诉行为以及针对审判程序的抗诉行为等。监察机关虽然并未直接参与到诉讼程序中，但是其调查结果要接受人民检察院审查起诉的检验，其所收集的证据还需接受非法证据排除规则的约束等，这与侦查机关接受检察监督的方式具有相似性。并且，中共中央于2021年出台了《关于加强新时代检察机关法律监督工作的意见》，其中囊括了人民检察院与监察机关的关系问题，规定“完善监察机关商请检察机关派员提前介入办理职务犯罪案件工作机制”。

不过，从立法本意和实然视角看，人民检察院的监督职能在监察领域似乎并未获得认可。根据《宪法》第127条第2款和《监察法》第4条第2款的规定：“监察机关办理职务违法和职务犯罪案件，应当与审判机关、检察机关、执法部门互相配合，互相制约。”这一规定明确了监察机关与人民检察院之间的关系是“制约”关系，而非“监督”关系。应注意，“监督”与“制约”的含义截然不同。“监督”是上位方对下位方的督促和限制，监督者的地位应当高于被监督者的地位。而“制约”是平等主体之间的相互作用，制约双方的地位是相对平等的。再来看监察机关与人民检察院之间的关系。一方面，从国家体制角度看，国家监察体制改革之后，我国政权结构由原来的“一府两院”的结构转变为“一府一委两院”的结构，监察机关与人民检察院之间关系是相对平行的，[①] 二者并不存在谁的地位高于谁的情况。但另一方面，从现实角度看，监察机关有权监督作为公职人员的检察人员的行为，检察人员涉嫌的职务违法和职务犯罪行为属于监察机关的管辖范围。检察人员为了避免监察风险，常常不敢违背监察机关作出的决定。因此，实际上监察机关的地位是高于人民检察院的。既然如此，要求人民检察院对监察机关的工作予以监督，似乎难以实现。

笔者认为，相比于说监察机关与人民检察院之间存在监督与被监督的关系，更准确的说法应当是二者之间存在职权与程序的制衡关系，即二者的互动关系是通过合理规范地使用各自职权、合法适当地运行调查程序和审查起诉程序的方式实现的。监察机关依法移送案件是人民检察院启动审查起诉程

① 参见马怀德：《监察法：新时代党和国家自我监督的重要规范》，载《紫光阁》2018年第4期。

序的前提条件，人民检察院审查案件应当以监察机关提供的证据材料为依据。与此同时，人民检察院有权根据审查起诉标准，依法作出起诉、不起诉或者退回补充调查的决定，从而倒逼监察机关提高办案质量。通过上述职权的合理适用和程序的有序运作，监察机关与人民检察院之间形成良性案件办理模式，并达至彼此权力的平衡。[①]

除此之外，监察机关与刑事诉讼程序中另外两个主要的国家专门机关，即公安机关与人民法院之间，也可能发生一定的衔接关系。监察机关与公安机关同为案件调查部门，都有权通过对人或者对物等强制性手段查明案情、收集证据。就法法衔接而言，它们之间是协助配合的关系。对比《监察法》与《刑事诉讼法》的相关规定，监察机关的调查程序与公安机关的刑事侦查程序之间存在不少相似之处。作为新兴机构，监察委员会相对缺乏调查所需的软硬条件，因此常常需要公安机关的协助与配合。此外，二者之间还可能在管辖方面出现互涉关系，从而引发案件办理的合作与协调。人民法院是刑事诉讼程序中的审判机关，审判程序与监察调查程序之间还隔着审查起诉程序，那这是否意味着监察机关与人民法院之间不存在衔接关系呢？答案是否定的，二者之间仍然存在间接制约关系。监察机关通过调查程序所收集的证据材料可以在审判程序中作为证据使用，即监察机关为人民法院提供审判素材；另外监察证据材料还需符合刑事审判的标准，如果证据是通过非法手段获取的，那么可能在人民法院审判过程中被依法排除，无法作为定罪量刑的依据。[②]

（二）《监察法》与《刑事诉讼法》衔接机制的基本特征

1. 法法衔接的立法体系化

职务犯罪案件由监察程序转入刑事诉讼程序，并非简单的办案机关更迭以及办案流程的推进，而是案件所处部门法的整体变更。法法衔接的体系化，首先要求无论是《监察法》还是《刑事诉讼法》，在制定和修正过程中应当

---

① 参见左卫民、唐清宇：《制约模式：监察机关与检察机关的关系模式思考》，载《现代法学》2018 年第 4 期。

② 参见林艺芳：《论法治视野下监察委员会腐败犯罪调查权》，载《国家行政学院学报》2018 年第 5 期。

彼此参照、互相交流，实现两部法律内在机理的一致性和具体规定的协调性。为了实现这一目的，我国已经于 2018 年分别出台了《监察法》以及修正了《刑事诉讼法》，两法之间的体系性特征也非常突出，主要体现在以下三点：

第一，《监察法》与《刑事诉讼法》曾共同对同一项制度予以确认。例如，在 2018 年修正《刑事诉讼法》之前，我国曾经在全国范围内进行过认罪认罚从宽制度的改革试点工作，目的在于贯彻宽严相济的刑事政策、优化司法资源配置并形成更加合理的轻罪诉讼结构。这一试点工作取得明显成效，并于 2018 年被纳入刑事诉讼立法规范。《监察法》出台时，为了更好地与刑事诉讼程序中的相关制度衔接，便及时吸收了这一试点方案，《监察法》也在第 31 条中明确规定，涉嫌职务犯罪的被调查人主动认罪认罚的，监察机关可以在移送审查起诉之时提出从宽处罚建议。随后，该制度也于同年被规定在《刑事诉讼法》中，从而形成监察诉讼相互配合的认罪认罚从宽制度体系。

第二，《监察法》主动配合《刑事诉讼法》立法规定。例如，违法所得没收程序是《刑事诉讼法》于 2012 年修正时根据国际追赃经验而新增的制度。它旨在将现实中犯罪嫌疑人、被告人涉嫌贪污贿赂、恐怖活动等重大犯罪案件且逃匿或者死亡的情况，在未经审判的前提下先行将其违法所得及其他涉案财产予以没收。这一制度对腐败犯罪具有巨大的威慑作用，有助于遏制腐败分子违法犯罪之后潜逃境外的歪风邪气。因此《监察法》在 2018 年出台之时，也在第 48 条规定，监察机关调查职务犯罪案件，面对被调查人逃匿或者死亡的情况，可以提请人民检察院依照法定程序，向人民法院提出没收违法所得的申请，从而呼应了《刑事诉讼法》的上述规定，促进违法所得没收程序的连贯衔接。

第三，《刑事诉讼法》主动衔接《监察法》的相关规定。《刑事诉讼法》在 2018 年进行第三次修正，最主要的目的就是保障国家监察体制改革的顺利进行，完善与《监察法》的法律衔接。这体现在多个方面：（1）调整人民检察院直接立案侦查权的适用范围，将其限缩为“在对诉讼活动实行法律监督中发现的司法工作人员利用职权实施的非法拘禁、刑讯逼供、非法搜查等侵犯公民权利、损害司法公正的犯罪”。（2）将侦查的概念由“公安机关、人民检察院在办理案件过程中，依照法律进行的专门调查工作和有关的强制性措施”，修改为“公安机关、人民检察院对于刑事案件，依照法律进行的收集证据、查明案情的工作和有关的强制性措施”，以区别于监察调查。（3）新增人民检察院移送起诉案件的补充调查与补充侦查机制，规定“人民检察院对于监察机关移送起诉的案件，依照本法和监察法的有关规定进行审查。人民检察院经审查，认为需要补充核实的，应当退回监察机关补充调查，必要时可以自行补充侦查”。（4）新增监察留置措施与刑事措施的衔接转化规则，规定“对于监察机关移送起诉的已采取留置措施的案件，人民检察院应当对犯罪嫌疑人先行拘留，留置措施自动解除。人民检察院应当在拘留后的十日以内作出是否逮捕、取保候审或者监视居住的决定。在特殊情况下，决定的时间可以延长一日至四日。人民检察院决定采取强制措施的期间不计入审查起诉期限”。

除此之外，法法衔接的体系化还要求《监察法》与《刑事诉讼法》在构建廉洁执政环境的目标指引下，结合《中华人民共和国公职人员政务处分法》等其他部门法以及《中国共产党纪律检查机关监督执纪工作规则》等党内法规，形成权威、高效、统一的反腐败规范性文件体系。《监察法》与《刑事诉讼法》之间一方面是互补关系，它们相互填补对方不具备的法治功能；另一方面是协调关系，它们彼此配合对方的法律机理。二者之间、二者与其他法律法规之间相辅相成、和谐共存，是上述规范体系中不可或缺的组成部分。

2. 法法衔接的程序贯通化

国家监察体制改革，带来法律规定的增减调整，与其相伴而生的问题是程序适用在具体案件办理层面的贯通协调。法法衔接的程序贯通化，首先是指职务犯罪案件的办理过程，从监察调查程序到审查起诉程序，再到审判程序，虽然跨越了不同的法律规范，但是已然形成一整套前后相继、连贯完整的程序环节。当然，这并不意味着，所有职务犯罪案件都必须经历上述所有环节，或者都可能涉及不同法律规范之间的程序衔接问题，或者上述程序环节的前后次序不能反复。监察机关经调查，认为被调查人并未实施违法犯罪行为，或者情节显著轻微、危害不大，不认为是犯罪的，那么即可对案件作出予以终结的决定或者对被调查人进行谈话、批评教育、责令检查、予以诫勉或者作出政务处分决定，从而无须将案件移送审查起诉。另外，即便监察机关已经将案件移送审查起诉，如果人民检察院经审查，认为事实不清、证据不足，需要补充核实的，应当退回监察机关补充调查，监察机关应当在一个月以内补充调查完毕，此后可以将符合证明条件的案件再次移送人民检察院审查起诉，也可以在监察程序内作出处置不再移送。在实践中，上述监察调查与审查起诉两个程序环节来回反复的情况并不少见。

程序贯通不仅可以体现为纵向的案件办理流程，还可能体现为横向的程序协助与配合；其既可能出现在职务犯罪案件领域，也可能出现在职务违法案件领域。以监察调查与刑事侦查的衔接为例，二者针对不同的案件类型，从表面上看似乎不会存在交集。不过，由于二者同为收集证据、查明事实的工作，并且监察机关相对缺乏办理案件的技术条件、人力资源和硬件设施，因此监察机关在进行职务违法犯罪案件调查过程中，常常要寻求公安机关的帮助。根据《监察法》的规定和监察调查的实践情况，监察机关在实施技术调查、搜查、查封、扣押、谈话、询问、通缉、限制出境、留置等措施时，可以根据工作需要提请公安机关配合。尤其是在留置措施的执行过程中，公安机关既可以协助监察机关执行被留置人员的抓捕工作，又可以为监察机关提供留置场所，并配合做好留置人员的看护工作。公安机关配合协助监察调查，应严格遵守《监察法》的规定，严格遵循监察机关的授权，并在自己的职权范围内运用侦查措施、侦查手段满足监察机关提出的要求。区别于职务犯罪案件的办理流程，监察调查与刑事侦查之间并非次序推进、环环相扣的纵向衔接关系，而是类似程序之间协同互助、互相配合的横向衔接关系。这也应被看作程序贯通的另一种体现。

3. 法法衔接的价值平衡化

《监察法》与《刑事诉讼法》有各自的价值导向。监察机关不是行政机关或者司法机关，而是代表党和国家行使监察权的政治机关。国家监察体制最重要的特征是“纪法全面贯通”，监察机关与党的纪律检查部门是“一个机构、两块牌子”，二者合署办公，同时实施“执纪”和“执法”两种职能，“执纪”与“执法”既有配合又有衔接，实现党内监督与国家监督的一体贯通。该体制决定了，在监察实践中，监察机关不仅要遵循国家立法，在特定条件下还要接受党内法规的指引。进而，作为党内执纪监督的指导思想，“四种形态”理论也成为监察工作的重要原则。所谓的“四种形态”，是指：“经常开展批评和自我批评、约谈函询，让‘红红脸、出出汗’成为常态；党纪轻处分、组织调整成为违纪处理的大多数；党纪重处分、重大职务调整的成为少数；严重违纪涉嫌违法立案审查的成为极少数。”[①] 这一理论以层次分明的形式，体现了党在处理党员干部犯错问题上的态度，教育警示大多数，惩治极小数；抓早抓小，防微杜渐，亦即“惩前毖后、治病救人”才是其最核心的价值导向。[②] 遵循这一价值理念，监察机关在办理职务违法犯罪案件时，除了实现打击腐败犯罪、维护《宪法》和法律尊严等目的以外，还非常重视对公职人员进行监督教育，预防不良的腐败倾向，及时帮助有关人员扭转错误思想，防止严重腐败行为的发生。简言之，《监察法》的核心价值是预防。

相对而言，根据我国《刑事诉讼法》的规定，公安司法机关适用刑事诉讼程序，是为了“保证准确、及时地查明犯罪事实，正确应用法律，惩罚犯罪分子，保障无罪的人不受刑事追究，教育公民自觉遵守法律，积极同犯罪行为作斗争，维护社会主义法制，尊重和保障人权，保护公民的人身权利、财产权利、民主权利和其他权利，保障社会主义建设事业的顺利进行”。[③] 即惩罚犯罪、保障人权才是《刑事诉讼法》的核心价值。我国过去的刑事司法实践中有“重打击、轻保护”的问题，公安司法机关将更多的精力放在案件事实的挖掘上，更注重惩罚犯罪，维护社会治安秩序。但是，片面追求打击犯罪，也会导致权力运用不当，并引发了一些错案。正因如此，2012 年《刑事诉讼法》修正时特意在总则中增加了“尊重和保障人权”原则，并在具体诉讼制度中新增保障犯罪嫌疑人、被告人及其他诉讼参与人合法权益的规定，以确保惩罚犯罪与保障人权两种价值的平衡与并存。不可否认的是，公安司

---

① 《中国共产党党内监督条例》第 7 条。

② 参见吴建雄：《对国家监察立法的认识与思考》，载《武汉科技大学学报（社会科学版）》2018 年第 2 期。

③ 《刑事诉讼法》第 2 条。

法机关办理刑事案件，也必然潜在地带有一定的预防和教育价值，制裁犯罪的诉讼结果可能对社会上存在犯罪风险的人员产生威慑作用，遏制其犯罪行为；同时，诉讼过程中也可能从侧面纠正了当事人的错误思想。但这并非《刑事诉讼法》的核心价值，至多属于附带性价值，无法主导程序运行方向。

法法衔接将不同的法律规范在同一起案件中衔接起来。由于《监察法》与《刑事诉讼法》分别具有不同的价值导向，那么在衔接过程中不可避免地会产生不同价值导向之间的碰撞与冲突。如何弥合这一冲突，也是法法衔接的重要课题。应注意的是，虽然两法之间的价值导向不同，但是二者仍然具有相同的目标，为二者的价值平衡提供了前提条件。《监察法》第 1 条规定："为了深化国家监察体制改革，加强对所有行使公权力的公职人员的监督，实现国家监察全面覆盖，深入开展反腐败工作，推进国家治理体系和治理能力现代化，根据宪法，制定本法。"该规定鲜明概括了《监察法》的立法目标。其中，国家监察体制改革的不断深化是开展反腐败工作的内在要义，加强对公职人员的监督是开展反腐败工作的必然体现，推进国家治理体系和治理能力现代化是开展反腐败工作的外在延伸。因此，深入开展反腐败工作才是《监察法》最主要的立法目标。与之相比，《刑事诉讼法》并未直接在总则中提及"反腐败"的相关内容。不过，众所周知，反腐败必然涉及职务犯罪的治理，这是刑事诉讼程序的具体任务之一。另外，《刑事诉讼法》中具体规定的违法所得没收程序、缺席审判程序等，都是为了落实反腐败追逃、追赃制度，也是开展反腐败工作的重要体现。

《监察法》与《刑事诉讼法》应当在深入开展反腐败工作、追诉反腐败行为这一核心目标的统领下，根据相关各程序机制的特征，调和兼容不同价值导向。当案件仍处于监察程序中，或者由监察机关主导办理时，那么应当首先坚持《监察法》"惩前毖后、治病救人"的预防教育价值。当案件已经移送审查起诉，进入刑事诉讼程序中，或者由公安司法机关主导办理时，那么则应遵循《刑事诉讼法》"惩罚犯罪、保障人权"的基本价值。当监察程序与刑事诉讼程序出现交叉、重叠时，那么就应当衡量何种价值更有利于开展反腐败工作，更有利于追诉反腐败行为，在此前提下，决定将何种价值置于优先地位，将另一价值置于次要地位。当然，在很多情况下，《监察法》

的教育预防价值与《刑事诉讼法》的惩罚犯罪、保障人权的价值之间并无冲突，甚至有相互促进的可能性，此时法法衔接应兼容各种价值，实现不同部门法的价值的融合与和谐。

二、《监察法》与《刑事诉讼法》衔接机制的外延划定

早在国家监察体制改革试点之初，针对实践中职务违法犯罪案件程序衔接所面临的现实挑战，各试点地区即分别从案卷文书的衔接，证据材料的衔接，调查对象和强制措施的衔接，涉案财物的衔接以及补充调查的衔接等五个方面着手构建法法衔接的规范体系，并且针对被调查人逃匿、死亡案件违法所得的财产没收，证人保护对接等具体问题构建衔接保障配套机制体系。[①] 上述探索为后续《监察法》的出台和《刑事诉讼法》的修正奠定了坚实的基础，部分内容也被两部法律所吸收，获得法律地位。在此基础上，国家监察委员会与最高人民法院、最高人民检察院、公安部联合印发《关于加强和完善监察执法与刑事司法衔接机制的意见（试行）》，围绕两法衔接所涉及的管辖、证据、留置与刑事强制措施、移送起诉、审查起诉、审判、从宽处罚、涉案财物等问题进行了集中规定。除此之外，最高人民检察院制定的《人民检察院刑事诉讼规则》、最高人民法院制定的最高人民法院《关于适用〈中华人民共和国刑事诉讼法〉的解释》、公安部出台的《公安机关办理刑事案件程序规定》以及国家监察委员会颁布的《中华人民共和国监察法实施条例》（下文简称《监察法实施条例》）中也针对法法衔接的问题分别从检察机关、人民法院、公安机关和监察机关的视角作出了相应的规定。上述规定共同构成了《监察法》与《刑事诉讼法》衔接机制的外延。在本书中，笔者将围绕互涉案件的管辖问题、调查侦查的配合问题、审查起诉的运行问题、类似程序的整合问题以及监察证据的适用问题等五项法法衔接问题的核心内容，进行详细解读。应注意的是，上述内容并非对法法衔接问题的完整列举。随着监察实践的不断深入、

---

① 吴建雄：《国家监察体制改革背景下司法反腐的职能变迁与机制再造》，载《中南大学学报（社会科学版）》2018 年第 2 期。

办案经验的不断累积、立法规定的不断完善，《监察法》与《刑事诉讼法》之间进行相互衔接所涉及的内容可能只增不减，相关研究领域也将随之逐步拓展。

（一）监察互涉案件的管辖协调

在实践中，公职人员在实施职务违法犯罪行为的同时，还可能实施了其他由公安机关或者人民检察院管辖的犯罪行为。此外，非公职人员也可能既实施了普通刑事犯罪行为，又实施了监察机关管辖的职务违法犯罪行为。再者，分别隶属于监察机关、公安机关或者人民检察院管辖的案件线索之间还可能存在千丝万缕的联系。这就导致监察机关与公安机关、人民检察院之间可能产生主体或者事实方面的牵连关系，即发生主体互涉案件或者事实互涉案件。互涉案件的管辖是监察实践的难题之一。它涉及两个方面的问题：（1）分案管辖抑或并案管辖问题，即此类案件应当由二机关分别处理属于各自管辖范围的违法犯罪行为，还是应当将由不同机关管辖的多种行为予以合并，由同一机关统一进行案件办理工作。（2）监察主导抑或主罪主导问题，即在分案管辖的基础上，究竟是根据《监察法》第34条第2款规定的由监察机关为主来调查，其他机关予以协助，还是由主要罪名的管辖机关主导案件的调查，其他机关予以协助。这两个问题在监察公安主体互涉案件、监察检察主体互涉案件以及监察事实互涉案件中，都有不同的解答，应当以立法规定为基础，结合各机关职权和办案现实需求，具体问题具体分析。

（二）监察调查与刑事侦查的衔接配合

法法衔接除了体现为职务犯罪案件的纵向办理流程以外，还体现为监察调查与刑事侦查的横向衔接机制。践行监察调查与刑事侦查的衔接配合，首先需要厘清二者的异同之处。监察调查与刑事侦查的直接目的都是获取证据、查明事实；它们在具体调查措施方面存在大范围重合，并且这些措施的适用机制也相对类似。但在此基础上，二者还存在本质差异。监察调查更倾向于实现“惩前毖后、治病救人”的预防教育目的，相比之下刑事侦查遵循着“惩罚犯罪、保障人权”的基本价值；监察调查奉行“以人立案为主、以事立案为辅”的管辖原则，而在刑事侦查中，“以事立案”才是基本管辖原则；监察调查与刑事侦查在当事人权利保障、律师介入可行性、限制人身自由措施适用、认罪认罚从宽制度等具体程序机制方面也有着显著差异。监察调查与刑事侦查的共通之处，使公安机关配合协助监察调查具有了可能性；与此同时，二者的不同之处，更要求公安机关在为监察调查提供协助时应遵循《监察法》的规定、尊重监察机关的要求。根据立法规定和现实办案情况，公安机关一般都是从对口管理机制的建设、具体调查措施的协助两个方面入手实现对监察调查的衔接配合。其中，就具体调查措施的协助而言，监察机关在实施技术调查、搜查、查封、扣押、谈话、询问、讯问、通缉、限制出境、留置等措施时，根据工作需要，可以提请公安机关予以协助。

（三）监察案件审查起诉的程序流转

法法衔接最直接的环节就体现在监察调查与审查起诉之间。监察机关调查终结之后，如果认为犯罪事实清楚，证据确实、充分，就应当制作起诉意见书，连同案卷材料、证据一并移送人民检察院审查起诉。为了畅通监察案件进入审查起诉的路径，我国《刑事诉讼法》于2018年进行修正，新增规定了退回补充调查与自行补充侦查机制以及留置与刑事强制措施的衔接转化规则。对于前者而言，人民检察院经审查，认为监察机关移送的案件需要补充核实的，应当退回监察机关补充调查，必要时可以自行补充侦查。目前争议较大的问题是，退回补充调查究竟是仍然属于审查起诉程序，还是已经恢复至监察调查程序。这一争议的答案，直接影响退回补充调查应否变更强制措施、能否允许律师介入等问题的处理。对于后者而言，对于监察机关移送起诉的已采取留置措施的案件，人民检察院应当对犯罪嫌疑人先行拘留，留置措施自动解除。随后人民检察院应当在拘留后的10日内作出是否逮捕、取保候审或者监视居住的决定。在特殊情况下，决定的时间可以延长1～4日。人民检察院决定采取强制措施的期间不计入审查起诉期限。目前这一做法仍存在留置措施延迟适用、先行拘留是否具有合理性、其他强制措施如何选用等具体问题。除此之外，在审查起诉领域，法法衔接还有两个重要的问题：（1）监察案件立案转化机制，即监察案件进入刑事诉讼程序之后，是重新办理立案手续，还是以监察立案取代之。（2）监察案件的起诉审查机制，即此类案件是否如同其他刑事案件一样，遵循相同的审查标准和审查程序。

（四）监察诉讼类似程序的整合对接

《监察法》在制定之时，设置了不少与《刑事诉讼法》类似的制度机制，以认罪认罚从宽制度和违法所得没收程序最为典型。这些类似程序机制之间的兼容对接，是构建集中、统一、高效反腐败体系的关键所在，也是实现法法贯通的必然路径。就认罪认罚从宽制度而言，《监察法》与《刑事诉讼法》规定了迥异的适用前提。在刑事诉讼程序中，犯罪嫌疑人、被告人自愿如实供述自己的罪行，承认指控的犯罪事实，是适用该制度的两项条件。但是，在监察程序中，除了具备“认罪”“认罚”条件之外，被调查人还需符合四种量刑情节之一，才能启动该制度。正因如此，认罪认罚从宽制度在监察与刑事诉讼的衔接转化过程中，难免出现不协调之处，甚至出现程序的断裂性。为了重新整合监察诉讼中的认罪认罚从宽制度，两部法律应继续明确制度适用条件、构建监察材料的诉讼证据审查机制、加强被调查人权利保障机制并规范程序衔接机制。就违法所得没收程序而言，《监察法》与《刑事诉讼法》就该程序的适用设定了类似的前提条件，两部法律中的违法所得没收程序都适用于职务犯罪案件、涉案人员逃匿或者死亡的情形，都可以适用于违法所得及其他涉案财产的没收。在符合上述条件的基础上，欲对逃匿或者死亡的当事人进行违法所得没收，应当先后适用监察程序和刑事诉讼程序，由监察机关继续调查并作出结论，进行财产保全，并向人民检察院提出没收违法所得意见书。随后，由人民检察院向人民法院提出没收违法所得申请，并由人民法院依法受理并作出是否没收违法所得的裁定。

（五）监察证据与刑事证据的转化适用

证据问题也是法法衔接的重要组成部分。监察证据产生于监察调查程序中，根据《监察法》的规定，其可以在刑事诉讼中作为证据使用。然而，《监察法》并未进一步解释何为“作为证据使用”，并未区分证据类型，也未列举所有监察证据的种类等，这都是监察证据向刑事证据转化过程中的障碍。要解决这一难题，应当首先承认监察证据与刑事证据的本质差异，明确监察证据进入刑事诉讼程序应适用的审查转化机制，赋予人民检察院审查转化监察证据的权力，并合理设置监察证据的审查标准与转化机制。除此之外，为了遏制非法取证行为，无论是《监察法》还是《刑事诉讼法》，都规定了非法证据排除规则。在监察程序视阈下，《监察法》未明确界定非法监察证据的内涵和排除范围，对排除程序的规定也相对简略，给监察实践带来了困难。在监察与刑事诉讼衔接视野下，非法证据排除规则的适用也面临取证行为合法性的判断标准不清、证据收集合法性的证明手段缺乏以及非法监察证据排除存在现实阻力等难题。对此，我国应继续完善《监察法》中关于取证程序的规定，明确判断取证行为合法性的立法依据；完善非法监察证据的证明手段，提升监察证据合法性审查的准确性。

第二章

监察互涉案件的管辖协调

管辖制度关系着各机关职权的分配，是保障案件顺利处理的首要前提。作为监察案件处理的基本依据，《监察法》也对管辖问题进行了系统规定。根据《监察法》的相关规定，监察机关管辖范围的确定，遵循的是“以人立案为主、以事立案为辅”的基本原则，即首先考虑的是行为主体的身份，在此基础上再结合案件性质，进一步确定管辖的具体范围。“以人立案”一方面意味着监察程序主要适用于国家公职人员，此类人员分为六种，被具体规定在《监察法》第 15 条中。不过，在具体监察实践中，有些行为主体虽然并不具备国家公职人员身份，但仍可能被纳入监察机关的管辖范围。例如，对国家公职人员进行行贿的人员以及其他职务违法犯罪的共同行为人等。另一方面，“以人立案”还意味着各级监察机关之间应当根据干部管理权限管辖上述人员所涉监察事项，这与普通刑事犯罪的级别管辖存在较大区别。在刑事诉讼中，级别管辖主要考虑的是案件所涉罪名的性质、严重程度及影响力等。“以事立案”则指的是监察机关仅管辖上述公职人员“涉嫌贪污贿赂、滥用职权、玩忽职守、权力寻租、利益输送、徇私舞弊以及浪费国家资财等职务违法和职务犯罪”行为，[①] 具体罪名体现在《监察法实施条例》第 26 ~ 31 条。

虽然我国已经通过立法的形式确立了上述严密的监察管辖体系，但是

① 参见《监察法》第 11 条。

实践情况往往没那么简单。不少公职人员在滥用、错用自身权力导致职务违法犯罪行为发生的基础上，还可能实施了由公安机关或者人民检察院管辖的其他犯罪行为。此外，不是公职人员的人也可能既涉嫌构成普通刑事犯罪，又涉嫌构成监察机关管辖的职务违法犯罪。再者，分别隶属于监察机关、公安机关或者人民检察院管辖的案件线索之间还可能存在各种各样的联系，这就导致监察机关与公安机关、人民检察院之间可能产生主体或者事实方面的牵连关系，从而构成所谓的互涉案件。一般而言，监察机关与公安机关或者人民检察院之间的互涉案件可以分为主体互涉案件和事实互涉案件。前者是指多个罪名虽然分属监察机关、公安机关或者人民检察院管辖，但由于存在人员上的牵连性，可能需要不同机关在案件处理上相互配合、通力合作的案件类型。而事实互涉案件与主体互涉案件的区别之处在于，将不同机关关联起来的关键在于事实上的牵连性，而非人员上的牵连性。

我国《监察法》第 34 条第 2 款规定："被调查人既涉嫌严重职务违法或者职务犯罪，又涉嫌其他违法犯罪的，一般应当由监察机关为主调查，其他机关予以协助。"该条规定明确了监察机关与公安机关或者人民检察院之间的主体互涉案件处理方式，即一律采取并案处理模式，以监察机关为主开展调查，其他机关予以协助。然而，由于立法规定的抽象性以及现实案件的复杂性，具体实践中仍存在一定困惑。例如，此类案件是应当采取分案管辖还是并案管辖，是应当奉行监察主导原则还是主罪主导原则等，都是亟待解决的难题。除此之外，该条规定仅涉及主体互涉案件，并未提及事实互涉案件。监察机关办理的案件一旦与公安机关或者人民检察院办理的案件之间存在事实上的牵连关系，管辖方面又应当如何处理，目前缺乏规范性依据。为此，本部分将着重针对实践中情况相对清晰的监察公安主体互涉案件和监察人民检察院互涉案件予以分析解读，并在此基础上尝试构建监察机关与其他机关事实互涉案件的处理模式。

第一节 监察公安主体互涉案件的管辖协调

根据《监察法》的规定，监察机关具有监督、调查和处置三大职权。其中，监察调查权是指当发生职务违法犯罪行为时，监察机关运用监察措施查清事实、收集证据，为随后的处置工作提供依据的职责权限。监察机关调查权与刑事侦查权之间有异曲同工之处，它们均通过对物、对人实施较高程度的强制手段进行违法犯罪行为的查证。也就是说，它们都致力于证据的收集和事实的查清，都使用限权措施保障调查侦查工作的顺利进行。因此，在实践中，监察机关调查职务违法犯罪行为与公安机关侦查刑事犯罪行为极可能存在重合之处，出现主体或者事实方面的互涉之处。本部分，笔者将仅针对监察公安主体互涉案件的管辖问题予以论述。此类案件的主要特征在于存在一个共同人员主体，该主体既涉嫌构成监察机关负责调查的职务违法犯罪行为，又涉嫌构成公安机关负责侦查的刑事犯罪行为。为了方便下文具体分析，笔者将此类人员简称为“互涉主体”。互涉主体究竟具备何种身份、究竟触犯何种罪名、是否存在其他共同犯罪的情况或者事实互涉情况等，都是研究此类案件管辖问题的首要前提。在此基础上，笔者将主要针对此类案件管辖中两个方面的问题进行深入研讨：（1）案件的职权分配问题，即在职权原则统摄下，此类案件是应当实行分案管辖还是并案管辖；（2）案件的办理分工问题，即应当坚持监察主导原则，还是实行主罪主导原则。这两个方面也是实践中讨论较多、亟待解决的难题。

一、监察公安主体互涉案件现状解析

为了立体直观地展现监察公安主体互涉案件的现状，笔者对中国裁判文书网上的相关案件进行了统计与分析。笔者检索了 2019 年全国法院系统第一审职务犯罪（包括贪污贿赂罪和渎职罪）涉嫌数罪的案件，并在此基础上进行了数据清理，选取案件被告人既涉嫌职务犯罪又涉嫌其他非职务犯罪的案件,[①] 最终获得案件319个。[②] 在此基础上，笔者就上述案件中的相关内容进行分析统计，基本情况如下。

（一）案件总体情况

上述319个案件在全国的分布并不均衡。其中湖南省以47个案件位列第一，占据此类案件总数的14.7%。另外，案件总数在20个以上的省份还包括：安徽省和湖北省各25个，均占此类案件总数的7.8%；黑龙江省21个，占此类案件总数的6.6%。另外，陕西省、西藏自治区这两个省份无此类案件，北京市、甘肃省、宁夏回族自治区也分别只有1个案件。相比之下，检索中国裁判文书网可以发现，我国2019年度审结的一审职务犯罪案件总数是11308个，监察公安主体互涉案件仅占同期职务犯罪案件总数的2.8%。就各省的数目而言，监察公安主体互涉案件总数与职务犯罪案件总数的对比也较为统一，大多数徘徊在2%到4%。可见，在现实办案过程中，监察公安主体互涉案件并不常见，占比较低，具有一定的特殊性。

（二）互涉主体情况

根据前文所述，互涉主体是监察机关和公安机关之间产生管辖互涉关系的连结点。在大多数情况下，由于监察管辖奉行“以人立案”的原则，所以此类案件的互涉主体一般应具有公职人员身份，即属于《监察法》第15条列举的公职人员类型。但是，正如前文所述，在特定情况下，非公职人员也可能接受监察机关的管辖。因而，某些案件的互涉主体也包括非公职人员。

在上述319个案件中，由于某些案件中的违法犯罪行为是由两个或者两个以上的行为主体共同实施，因此互涉主体总数多于案件数。统计表明，既

① 此处的数据清理，是指笔者通过具体阅读裁判文书内容，剔除被告人同时涉嫌多个职务犯罪的案件，以及被告人既涉嫌监察机关管辖的职务犯罪又涉嫌检察机关管辖的职务犯罪的案例。

② 之所以仅检索第一审程序的案例数据，则是因为如果加入第二审程序、审判监督程序、死刑复核程序以及其他特别程序中的案件数据，那么将存在同一被告人涉嫌相同案件重复统计的问题，而本书仅研究审前管辖问题，无须纠结相关案件的审判流程问题。另外，在中国裁判文书网中，涉嫌贪污贿赂罪的案件和涉嫌渎职罪的案件常常存在重合，笔者也对应地删除了重合的案件。

需要说明的是，不少案件在审前程序中就可能已经通过转为政务处分、撤销案件、不起诉等方式被消化掉了，并非所有案件都能通过检索裁判文书的途径得以体现，因此上述319个案例不能代表该年度全部的监察公安主体互涉案件。尽管如此，在难以从监察调查阶段或者刑事侦查阶段获取数据的前提下，从分析此类案件的特征出发，仅统计一审阶段的案件也足以反映一些问题了。

实施了职务犯罪行为又实施了其他犯罪行为的互涉主体共有 359 人。而在这 359 人中，公职人员共 214 人，占全部人数的 59.6%；非公职人员共 145 人，占全部人数的 40.4%。可见，大多数互涉主体具有公职人员身份，这也是我国监察机关“以人立案”管辖原则①的应然结果。但是，不具备公职人员身份的互涉主体也占据一定比例，这也是非常值得注意的地方。

进一步分析还可发现，互涉主体的具体职业也呈现一定的规律性。在前述 214 名国家工作人员中，村干部（以村党支部书记、村民委员会主任为主，也包括其他村干部）、公安人员（以具有领导职务的公安人员为主，也包括普通公安干警）这两类人员的人数较为突出，分别为 52 人和 29 人，占这 214 名公职人员的 24.3% 和 13.6%。

另外，正如前文所述，非公职人员涉嫌监察公安互涉案件的情况并不鲜见。具体考察案例内容还可发现，非公职人员涉嫌此类案件一般存在如下情况：一是非公职人员在涉嫌公安机关管辖的普通犯罪的前提下，又涉嫌行贿罪，从而导致案件隶属监察公安两个机关管辖。下面我们以朱某某行贿、诈骗一审案②为例来分析一下这个问题：

本案被告人朱某某的个体工商户，2017 年 11 月 ~2018 年 7 月，被告人朱某某为谋取给 115 辆机动车违章罚分予以免分处理的不正当利益，多次在某市公安局交通警察支队三大队大队办公室，向时任大队长的陈某甲（另案处理）行贿，共计人民币 241000 元。除此之外，被告人朱某某还以帮他人“疏通关系”为由，骗取他人大量财物，构成诈骗罪。

可见，虽然被告人不具备公职人员身份，但是由于涉嫌的罪名中既包含行贿罪，又包含其他普通犯罪，导致案件依法同时属于监察机关和公安机关

① “以人立案”管辖原则，是指监察机关管辖的范围主要是《监察法》第 15 条规定的人员。从法律条文规定来看，被纳入监察范围的“人”泛指所有行使公权力的公职人员。而对于何为“公职人员”，我国则采取的是“身份说”，即以其是否具备《监察法》所明确规定的公职人员身份为基本标准，依法一共分为五类：第一类是公务员以及参照《公务员法》管理的人员；第二类是法律、法规授权或者受国家机关依法委托管理公共事务的组织中从事公务的人员；第三类是国有企业管理人员；第四类是公办的教育、科研、文化、医疗卫生、体育等单位中从事管理的人员；第五类是基层群众自治性组织中从事管理的人员。参见吴建雄：《新起点上深化国家监察体制改革的法理思考》，载《武汉科技大学学报（社会科学版）》2019 年第 5 期。

② 江苏省淮安市清江浦区人民法院刑事判决书，（2018）苏 0812 刑初 715 号。

管辖，构成主体互涉案件。对上述案件进行统计后发现，共有117名非公职人员属于此种情况，占全部非公职人员的比例高达80.7%。

二是非公职人员在涉嫌其他普通犯罪的同时，又与公职人员共同实施了职务违法犯罪，从而导致案件隶属于两个机关管辖。下面我们以孔某某贪污、串通投标案[1]为例来分析一下这个问题：

孔某某为个体从业者，2009年，某市农业科学院在建设繁育种基地过程中，被告人孔某某因保管农科院的装修材料款，与时任农科院办公室主任的徐某（已判刑）合谋，利用徐某支配、使用农科院某基地装修材料款的职务之便，二人共同贪污农科院公款56.3405万元。此外，2015年，在农科院通过招标方式确定实验楼装修工程的承建单位的过程中，被告人孔某某还涉嫌串通投标罪。

可见，被告人涉嫌的贪污罪利用的是公职人员的职务之便，是与公职人员共同实施，这是其依法属于监察机关管辖的原因所在。由于被告人还另外实施了串通投标犯罪行为，因此也属于公安机关管辖。对上述案件进行统计后发现，具有此类情况的非公职人员共有28名，占全部非公职人员的19.3%。

（三）案件罪名情况

涉嫌罪名性质也是确定案件管辖范围的关键因素之一。监察公安主体互涉案件中往往包含多种违法犯罪行为，且这些行为分别属于监察机关或者公安机关管辖，所以产生了管辖方面的互涉关系。由于监察机关是国家反腐败专责机关，原则上仅就职务违法犯罪案件具有管辖权，所以监察公安主体互涉案件中必然包含职务违法犯罪行为。如果其中不包含此类行为，即便行为主体具有公职人员身份，也仍然不属于监察机关管辖，不可能发生互涉问题。除此之外，需要着重研究的是互涉主体所涉嫌的多种违法犯罪行为之间是否存在关联性，以及这些行为是否为多人共同实施等问题。通过分析上述319个案件，可以发现如下规律。

1. 多种行为之间存在关联性

多数互涉主体之所以同时涉嫌多种违法犯罪行为，是因为其中一种行为

---

① 辽宁省东港市人民法院刑事判决书，(2019)辽0681刑初21号。

是另一种行为的前提条件，或者多种行为是围绕同一核心事件展开并且主次分明。也就是说，多种行为之间可能存在前罪与后罪、主罪与次罪的关系。[①]监察公安主体互涉案件也是如此，互涉主体涉嫌的职务违法犯罪与其他普通犯罪之间可能存在较为密切的联系，具体而言：

一是前罪与后罪的关系，即在互涉主体所涉嫌的多种违法犯罪行为中，其中一种行为是另一种行为的前提条件，或者是从另一种行为中衍生而来，两种行为之间存在前因后果的关系。此种情况在具有公安人员身份的互涉主体身上表现得尤其突出。下面我们以孙某某包庇、纵容黑社会性质组织、受贿案[②]为例来分析一下这个问题：

被告人孙某某，曾任某县公安局党组成员、副局长、党组副书记。在2012年以来至案发，被告人孙某某多次接受黑社会性质组织成员武某1、武某2的财物，为武某1、武某2提供利益保护。孙某某明知武某1开设的公司有非法吸收公众存款和暴力催债等违法犯罪行为，仍自2014年开始将其和其家属控制的321万存款存入，非法获取高额利息，不依法履行职责，甚至多次包庇、纵容，致使武某1和武某2领导的黑社会性质组织得以发展壮大，严重破坏当地经济、社会生活秩序。

在该案中，作为公安人员，被告人涉嫌的受贿罪是包庇、纵容黑社会性质组织罪的前提条件，两罪之间在事实方面具有实质性的关联。因此，受贿行为属于“前罪”，包庇、纵容黑社会性质组织行为则属于“后罪”。这是监察公安主体互涉案件中比较典型的一种情况。在上述319个案例中，以公安人员为互涉主体的互涉案件总数是27个，其中具有上述类似情形的案件就有12个，占比将近一半。这些案件的出现，体现了我国近年来的“扫黑除恶”工作的成效。在该类案件中所暴露出的公安人员，尤其是具有一定领导职务的公安人员，实际上沦为了黑社会性质组织的“保护伞”。[③]

二是主罪与次罪的关系。即在互涉主体所涉嫌的多种违法犯罪行为中，

---

① 参见向泽选：《职务犯罪关联案件侦查管辖的完善》，载《河南社会科学》2011年第4期。

② 安徽省亳州市谯城区人民法院刑事判决书，(2019) 皖1602刑初243号。

③ 参见何荣功：《准确认定黑恶犯罪的方法论思考》，载《武汉大学学报（哲学社会科学版）》2020年第2期。

其中一种行为处于核心地位，其他行为都是围绕这一行为而展开的。此种情况往往出现在，互涉主体既涉嫌行贿、受贿等职务违法犯罪，又涉嫌串通投标等非职务犯罪的案例中。下面我们以曹某某行贿、对有影响力的人行贿、串通投标案①为例来分析一下这个问题：

被告人曹某某为农民，为竞得某县国土局高标准农田建设项目工程，给予国家工作人员财物，其行为已构成行贿罪。曹某某还向时任某县县委常委、副县长任某1的司机王某行贿，其行为已构成对有影响力的人行贿罪；被告人曹某某在投标某县年度高标准农田建设项目过程中，与招标代理机构负责人杨某相互串通，后中标该项目，中标项目金额达6382400元，损害其他投标人的利益，情节严重，其行为已构成串通投标罪。

在该案中，曹某某不属于国家公职人员，其实施的所有犯罪行为皆围绕某县国土局高标准农田建设项目工程的招标事项展开。行贿行为和对有影响力的人行贿行为都是为串通投标服务的。因此，串通投标罪属于该案中的“主罪”，行贿罪和对有影响力的人行贿罪则属于“次罪”。在上述319个案件中，有类似情形的案件多达55个，是一种非常典型的监察公安主体互涉案件。

2. 多种行为之间不存在关联性

在部分情况下，互涉主体涉嫌的多种违法犯罪行为之间不存在实质性联系。此种情况往往出现在监察机关在调查有关主体的职务违法犯罪时，发现属于公安机关管辖且与本案无关联的另一犯罪行为的情形下，反之亦然。下面我们以吕某某受贿、骗取贷款、票据承兑、金融票证案②为例来分析一下这个问题：

被告人吕某某系原某县某乡党委书记，于2016年、2017年、2018年春节前利用担任乡党委书记的职务便利，先后3次收受该县某皮革购销有限公司负责人宛某某现金共计7万元人民币，为该公司的发展谋取利益。2012年7月~2017年6月，被告人吕某某伙同刘某（已判刑）以购买门面房的名

① 河北省黄骅市人民法院刑事判决书，(2019) 冀0983刑初69号。

② 河南省平舆县人民法院刑事判决书，(2019) 豫1723刑初273号。

义，采取虚构贷款用途、提供虚假贷款资料、夸大偿还能力等欺骗手段，在某农村商业银行分5次取得银行贷款共计426万元，该5笔贷款贷出后全部转给黑社会性质组织头目刘某某供其个人面粉厂使用。认定上述事实的证据包括市纪律检查委员会监察委员会第五审查调查室情况说明，证明市监察委员会在查办吕某某案件时，发现吕某某有构成骗取贷款罪的嫌疑，因骗取贷款罪为公安机关管辖罪名，遂将问题线索移交公安机关。

可见，监察机关在调查吕某某所涉嫌的职务违法犯罪时，发现其还实施了另一起依法属于公安机关管辖的犯罪行为，即骗取贷款罪，此案遂成为监察公安主体互涉案件。监察机关依法将案件线索移交公安机关。

除此之外，此类案件还可能存在于如下情形中，即互涉主体同时实施两种性质上并无关联的违法犯罪行为，并分别由监察机关和公安机关进行调查和侦查。下面我们以李某贪污、危险驾驶案①为例来分析一下这个问题：

被告人李某系原某镇卫生院院长，2012年8月~2018年1月，被告人李某利用担任卫生院院长的职务便利，先后利用多种手段、方式，骗取、套取单位钱款。2019年9月11日17时许，被告人李某在某饭店吃饭期间喝了四两白酒，同日18时35分许，李某驾驶小型普通客车行驶至该地加工厂道口某小区西门街道处时，与马某驾驶的普通二轮摩托车发生道路交通事故。经公安司法鉴定中心检测，李某静脉血液内乙醇成分含量为每100毫升224.12毫克。

在这起案件中，被告人分别涉嫌贪污罪和危险驾驶罪，但是两个犯罪行为之间并不存在任何关联，甚至在时间上也不存在交叉关系。只不过由于犯罪主体的同一性，才在审判过程中并案处理。而在审前的调查侦查阶段，该案件由监察机关和公安机关分别进行相应的职务违法犯罪调查和刑事犯罪侦查活动，因此也构成监察公安主体互涉案件。

3. 全部或者部分行为是与他人共同实施

值得注意的是，在不少主体互涉案件中，互涉主体涉嫌的某一违法犯罪行为是与他人共同实施的。由于共同实施违法犯罪行为的主体身份或者共同

① 内蒙古自治区阿尔山市人民法院刑事判决书，(2019)内2202刑初27号。

实施的行为种类可能存在不同情况，此类案件也可分为多种类型，其中第一种就是共同实施违法犯罪行为的多人都属于互涉主体。下面我们以周某某、夏某某贪污、诈骗案①为例来分析一下这个问题：

被告人周某某系原某市公路管理局某公路管理所养护站站长，被告人夏某某系原某市公路管理局某公路管理所工作人员。两人以非法占有为目的，采用虚构事实、隐瞒真相的手段，骗取公私财物，其中利用职务便利，骗取国有资金47850元，数额较大，构成贪污罪；未利用职务便利，骗取国有资金10800元，数额较大，构成诈骗罪。

可见，在该案中，无论是被告人周某某，还是被告人夏某某，都属于国家公职人员，他们共同实施了职务犯罪，又共同实施了非职务犯罪，从而构成主体互涉案件。两人都属于主体互涉案件的互涉主体。类似情形也可能发生在所有互涉主体都不具备公职人员身份的情况下，或者发生在互涉主体既包括公职人员，也包括非公职人员的情况下。

此类案件的第二种类型是共同实施违法犯罪行为的多人并非都属于互涉主体。在某些案件中，共同实施违法犯罪行为的其中一名或者多名被告人往往并非互涉主体。下面我们以林某受贿、故意伤害案②为例来分析一下这个问题：

林某系某村村民委员会主任，其教唆他人实施聚众斗殴行为，造成一人重伤、一人轻伤、一人轻微伤，其行为已构成故意伤害罪。除此之外，林某还与另一村的村民委员会主任林某某一同，在协助政府从事征地、交地工作时，利用职务上的便利收取施工方贿赂，为他人谋取利益，数额巨大，共同构成受贿罪。

可见，在该案中，被告人林某除了涉嫌故意伤害罪以外，还与同为村民委员会主任的另一被告人林某某共同实施了受贿行为。被告人林某由于实施多种不同性质的犯罪而构成主体互涉案件，但是被告人林某某仅实施了受贿罪的共同犯罪行为，因此不属于互涉主体。下面我们再以尉某某受贿、贪污、职务侵占、寻衅滋事案为例来分析一下这个问题：

被告人尉某某系某村村民委员会主任，其在单独实施受贿行为、贪污行

① 浙江省乐清市人民法院刑事判决书，（2019）浙0382刑初1014号。

② 福建省闽侯县人民法院刑事判决书，（2018）闽0121刑初528号。

为、职务侵占行为的同时，还纠集被告人贾某某、曹某某随意拦截运沙车辆，强拿硬要他人财物，性质恶劣，三被告人的行为构成寻衅滋事罪。

可见，在该案中，身为公职人员的被告人尉某某除了实施职务犯罪行为以外，还与另外两名不具备公职人员身份的被告人贾某某、曹某某共同实施了寻衅滋事罪，从而构成了主体互涉案件。由于被告人贾某某、曹某某并未实施不同性质的其他犯罪行为，因此其不属于互涉主体。

（四）总结

综上所述，监察公安主体互涉案件主要具备如下特征：（1）案件地域分布广泛，但占比较小。我国大多数省份都存在监察公安主体互涉案件，但与每年总的职务犯罪案件数量相比，此类案件占比较小，属于办案实践中的特殊情形。（2）此类案件中的多种违法犯罪行为应当具有共同行为主体，即互涉主体。一般情况下，互涉主体应具有公职人员身份，其中村干部和公安人员两类职业占比较高。但是，在部分情况下，互涉主体也可能不具备公职人员身份。如果非公职人员在实施了普通犯罪的同时，又实施了行贿行为，或者非公职人员与公职人员共同实施了职务违法行为，那么非公职人员也可能成为监察公安主体互涉案件的互涉主体。（3）案件中包含多种违法犯罪行为，其中必然包含职务违法犯罪行为。职务违法犯罪与普通犯罪之间可能存在前因后果、主罪次罪等密切联系，也可能不存在实质性关联。互涉主体涉嫌的全部或者部分行为还可能是与他人共同实施的。

总体而言，监察公安主体互涉案件的管辖问题涉及两大机关之间的分工与协调，其难点主要集中于如下两个方面：（1）监察机关与公安机关应就此类案件进行分案管辖，还是并案管辖。因为此类案件涉嫌多种不同性质的行为，分别隶属监察机关和公安机关管辖，如何配置行为和机关之间的分工关系，是需要考虑的第一个问题。（2）如何理解《监察法》第34条第2款关于“由监察机关为主调查，其他机关予以协助”的规定。在此类案件中，同一行为主体的多种行为之间可能存在牵连关系，因此在具体办案过程中，监察机关与公安机关之间如何形成可行的合作关系，是需要考虑的第二个问题。在解决监察公安主体互涉案件的管辖难题时，上述两个问题实质上是渐次递进的关系。只有先明确两机关之间的分工问题，才有可能在职责清晰的前提下进一步考察二者之间的衔接合作。遵循这一逻辑，下文将结合此类案件的实践现状，就上述问题逐个进行研究。

二、职权原则统摄下的分案管辖模式

当同一行为主体中涉嫌多种违法犯罪行为时，存在两种解决路径，分别为分案管辖和并案管辖。前者是指不同行为分别由具有管辖权的机关予以独立办理的做法。就监察公安主体互涉案件而言，分案管辖意味着，监察机关只管辖职务违法犯罪行为，而公安机关也只能管辖普通犯罪行为，二者在进行监察调查和刑事侦查时是相对独立、分工明确的。与之相反，并案管辖是指将原本由不同机关管辖的多种行为予以合并，由同一机关统一进行案件办理工作的做法。在监察公安主体互涉案件中，并案管辖是将互涉主体涉嫌的职务违法犯罪和其他普通犯罪合并到同一案件中，并由监察机关或者公安机关统一对该案件予以办理，其他机关不参与案件办理过程，或者仅提供技术性协助。《监察法》第 34 条是关于监察机关与其他机关之间产生主体互涉案件管辖问题的原则性规定，但该法条中并未出现“分案”或者“并案”的说法，实践中遇到此类案件，监察机关和公安机关是应当分别办理各自管辖范围内的违法犯罪行为，还是统一由其中一个机关办理，仍存在较大的困惑。可资借鉴的是，在我国过去的刑事司法实践中，制约不同机关进行并案管辖的关键因素是各机关的法定职权范围，即遵循职权原则。

（一）职权原则的法理要求

我国 2012 年颁布的最高人民法院、最高人民检察院、公安部、国家安全部、司法部、全国人民代表大会常务委员会法制工作委员会《关于实施刑事诉讼法若干问题的规定》第 3 条规定：“具有下列情形之一的，人民法院、人民检察院、公安机关可以在其职责范围内并案处理：（一）一人犯数罪的；（二）共同犯罪的；（三）共同犯罪的犯罪嫌疑人、被告人还实施其他犯罪的；（四）多个犯罪嫌疑人、被告人实施的犯罪存在关联，并案处理有利于查明案件事实的。”其中，在“一人犯数罪的”的情形下，同一行为主体可能涉嫌由同一机关管辖的多种犯罪行为，也可能涉嫌由不同机关管辖的多种犯罪行为，后一种情形即属于主体互涉案件。而“共同犯罪的犯罪嫌疑人、被告人还实施其他犯罪的”则意味着行为主体既与他人共同实施了犯罪行为，还单独实施了其他犯罪行为；前一犯罪行为与后一犯罪行为可能属于同一机关管辖，也可能不属于同一机关管辖。当各个犯罪行为分属不同机关管辖时，行为主体也涉嫌主体互涉案件。根据法条规定，对于上述情形，人民法院、人民检察院和公安机关可以并案处理。也就是说，该条规定赋予了公检法三机关对主体互涉案件进行并案处理的权力。但是，需要注意的是，三机关进行并案处理还存在一项重要的前提条件，即“在其职责范围内”。[①] 这意味着，各机关都不得超越各自的职权范围办理案件，并案管辖必须以各机关的法定职权为前提，并案处理的结果也不能超越各机关法定的授权范围。[②] 管辖权的扩张只能在具有相同性质职权的机关之间进行，如果各机关的职权存在本质差异，那么其中一机关便不能合并办理依法应由其他机关管辖的案件。[③] 例如，某一公安机关可以对原本属于其他公安机关管辖的刑事案件立案侦查，但不得将属于人民检察院管辖的案件立案侦查。

最高人民法院、最高人民检察院、公安部、国家安全部、司法部、全国人民代表大会常务委员会法制工作委员会《关于实施刑事诉讼法若干问题的规定》之所以要求各机关在并案管辖时遵循“职责范围”的限制，目的在于规范各机关依法享有的具体职权，使各机关彼此之间能够始终保持分工明确、职权清晰、相互独立的关系。《宪法》第 140 条和《刑事诉讼法》第 7 条皆明确了人民法院、人民检察院和公安机关之间应保持“分工负责、互相配合、互相制约”的关系。其中，“分工负责”既表明三机关分别拥有不同的

---

① 类似规定还出现在 2020 年《公安机关办理刑事案件程序规定》第 21 条第 2 款：“具有下列情形之一的，公安机关可以在职责范围内并案侦查：（一）一人犯数罪的；（二）共同犯罪的；（三）共同犯罪的犯罪嫌疑人还实施其他犯罪的；（四）多个犯罪嫌疑人实施的犯罪存在关联，并案处理有利于查明犯罪事实的。”2019 年《人民检察院刑事诉讼规则》第 18 条第 2 款规定：“对于一人犯数罪、共同犯罪、共同犯罪的犯罪嫌疑人还实施其他犯罪、多个犯罪嫌疑人实施的犯罪存在关联，并案处理有利于查明案件事实和诉讼进行的，人民检察院可以在职责范围内对相关犯罪案件并案处理。”

② 参见万毅：《解读“并案管辖”四个关键词》，载《检察日报》2014 年 3 月 5 日，第 3 版。

③ 参见谢佑平、万毅：《刑事诉讼牵连管辖制度探讨》，载《政法学刊》2001 年第 1 期。

权力范围，彼此独立、各司其职，不能混为一谈，又要求三机关应在各自权力范围内承担法律职责，权力的范围是有限的，不能僭越权力界限，干涉其他机关的司法活动。[①] 在刑事诉讼程序中，公安机关依法负责对刑事案件进行侦查、拘留、执行逮捕、预审等活动；人民检察院依法履行法律监督职责，负责批准逮捕、自侦案件的侦查、提起公诉等活动；而人民法院则负责审判工作。[②] 只有严格遵守自身职权范围，不越位、分工明确，才能保障不同机关在彼此工作体系中充分发挥作用。也只有在这一前提下，各机关才能在刑事诉讼程序中通过适当方式发挥相互衔接和协作作用，监察公安主体互涉案件的办理也应遵循职权原则。

根据《监察法》和《刑事诉讼法》的规定，监察机关是国家的反腐败专责机构，其拥有的是对职务违法犯罪行为的调查权，而公安机关则属于刑事侦查机关之一，具备的是对普通刑事犯罪的侦查权。从立法规定的角度看，监察调查权和刑事侦查权之间存在不少共通之处。例如，二者的直接功能都是获取证据、查明事实，为后续处置做好准备。从调查侦查的具体措施方面看，二者都是通过对物、对人施以较高程度的强制措施，实现查证违法犯罪的目的，[③] 均可适用讯问、询问、查询、冻结、搜查、调取、查封、扣押、勘验、检查、鉴定等措施。[④] 不过，在承认监察调查权与刑事侦查权具有一定相同特征的前提下，二者的本质性差异更为突出。监察机关不是单纯的行政机关或者司法机关，而是代表党和国家行使监察权的政治机关。目前，我国监察机关与党的纪律检查部门合署办公，这决定了监察机关进行调查工作，不仅要以《监察法》为基本指引，还应当遵循党的“四种形态”理论，[⑤] 惩

---

① 参见韩大元、于文豪：《法院、检察院和公安机关的宪法关系》，载《法学研究》2011年第3期。

② 参见《刑事诉讼法》第3条。

③ 参见左卫民、安琪：《监察委员会调查权：性质、行使与规制的审思》，载《武汉大学学报（哲学社会科学版）》2018年第1期。

④ 参见林艺芳：《监察机关与公安机关配合衔接机制研究》，载《湘潭大学学报（哲学社会科学版）》2018年第5期。

⑤ 根据《中国共产党党内监督条例》第7条的规定：“党内监督必须把纪律挺在前面，运用监督执纪‘四种形态’，经常开展批评和自我批评、约谈函询，让‘红红脸、出出汗’成为常态；党纪轻处分、组织调整成为违纪处理的大多数；党纪重处分、重大职务调整的成为少数；严重违纪涉嫌违法立案审查的成为极少数。”

前毖后、治病救人的预防目的才是监察机关进行调查活动的最核心价值。[①]遵循这一理论，监察机关进行职务违法犯罪调查时，除了实现打击腐败行为、维护宪法和法律权威尊严的目的之外，还应当注重对国家公职人员进行教育和监督，及时发现其中腐败隐患，扭转公职人员错误思想、矫治其违法违规行为，约束公权力的行使。相比之下，公安机关进行刑事侦查的目的是惩罚犯罪和保障人权。惩罚犯罪意味着侦查机关进行侦查活动旨在打击和遏制犯罪行为，维护国家社会的公共利益和公民的合法权益。而保障人权则是指侦查机关在履行职责时，还应当依法保障无罪的人免受刑事追究，坚持疑罪从无原则，确保当事人及其他诉讼参与人充分享有各项诉讼权利和其他合法权益。不可否认的是，侦查机关办理刑事案件的过程中，必然附带地具备一定的预防和教育功能，但这并非侦查活动的最主要价值，也不可能主导侦查方向。从本质上看，刑事侦查权的运行仍然是一种事后救济措施，着眼点在于已经发生的犯罪行为，弥补已经受到侵害的合法权利，这与监察调查权是存在根本区别的。

案件管辖范围是各机关职权最直接的体现。由于监察调查权与刑事侦查权之间存在上述差异，所以监察机关和公安机关的管辖权便无法互相进行扩张，不可能出现重叠之处。依法属于监察机关管辖的案件不应被分配给公安机关进行办理，而监察机关也不应越权办理本应由公安机关管辖的案件。

（二）并案管辖对职权原则的根本背离

对监察公安主体互涉案件予以并案管辖，将不同性质的违法犯罪行为统一交给监察机关或者公安机关办理，这种做法直接背离了职权原则的基本要求，除了在理论上存在障碍，还可能在实践中引发问题。如此一来，案件可能得不到妥当处理，相关行为人的权利得不到必要保障，还可能引发“恶意管辖”的相关风险等。

1. 并案管辖影响行为人权利保障

监察机关开展的调查工作和侦查机关进行的侦查活动，其直接目的都是

---

① 参见吴建雄：《对国家监察立法的认识与思考》，载《武汉科技大学学报（社会科学版）》2018 年第 2 期。

收集调取行为人违法犯罪的证据、查明事实，并且可供二者适用的措施种类也存在不少重合之处。但是，二者在程序机制，尤其是在权利保障方面则差异明显。例如，在我国刑事诉讼程序中，辩护权是犯罪嫌疑人、被告人依法享有的诉讼权利。根据《刑事诉讼法》的规定，辩护律师在侦查阶段即可为犯罪嫌疑人提供各种法律帮助，包括与在押的犯罪嫌疑人会见和通信，并对案件进行调查取证。与之相比，《监察法》并未明确允许律师介入监察调查过程。实践中，基于公职人员身份的敏感性和所涉职务犯罪案件的特殊性，律师一般不参与监察调查活动，也难以为被调查人提供法律帮助。如果由监察机关统一就主体互涉案件予以管辖，那么被调查人原本通过刑事诉讼程序即可享有的辩护权便无法得到落实，上述可能依靠辩护律师获得的各项法律帮助也难以实现。反之，如果由公安机关进行并案管辖，上述关于律师辩护的问题能得到一定程度的改善。然而值得注意的是，监察机关除了负责调查职务犯罪行为以外，还负责调查职务违法行为。对于职务违法行为的调查而言，监察机关有权采取谈话措施，有权对公职人员依法作出政务处分决定、进行问责等。而这些措施却并不适用于刑事侦查活动，仍可能影响这部分公职人员的正当程序适用。

在共同违法犯罪的特定情形中，上述差异对权利保障的影响将体现得更为突出。假设甲分别涉嫌由监察机关管辖的职务犯罪和由公安机关管辖的非职务犯罪，构成监察公安主体互涉案件。其中，甲涉嫌的非职务犯罪是与非公职人员乙共同实施，且乙仅实施了该非职务犯罪。此时，如果全案由监察机关统一进行并案管辖的话，那么等同于剥夺了乙根据《刑事诉讼法》可能享有的各项诉讼权利。再假设丙分别涉嫌由公安机关管辖的非职务犯罪和由监察机关管辖的职务犯罪，构成监察公安主体互涉案件。其中，丙涉嫌的职务犯罪系与公职人员丁共同实施，且丁仅实施了该职务犯罪。此时，如果全案由公安机关统一进行并案管辖，那么也等同于限制了丁根据《监察法》可以享有的一些权利。

2. 并案管辖可能引发“恶意管辖”相关风险

并案管辖的最大问题在于，其中某些案件可能由不具备管辖权的机关办理。例如，非公职人员甲所涉嫌的非职务犯罪本应由公安机关管辖，但却由监察机关代为办理，而公职人员乙所涉嫌的职务犯罪本应由监察机关管辖，但却由公安机关代为办理。这些行为突破了法定管辖空间，一旦被滥用，即可能引发“恶意管辖”方面的风险。[①]

恶意管辖，一般是指各国家专门机关在对立案线索进行审查之后，明知自己没有管辖权或者可能没有管辖权，但出于某种考虑仍然对案件进行立案，并进行案件的实质性办理工作的情形。[②] 恶意管辖属于管辖错误的一种。[③] 但是，与之相比，恶意管辖的前提条件是该机关对自己不具备管辖权的明知性以及对没有管辖权的案件予以立案的故意性。同时，恶意管辖还应当具备目的的不合理性。因此，恶意管辖经常被认为具有消极影响，既可能侵犯当事人的合法权利，还可能导致有关国家机关所获证据可能通过非法证据排除程序被依法排除，无法成为定罪量刑的依据。[④]

而在监察公安主体互涉案件中，虽然由于行为主体方面的重合性，各违法犯罪行为之间可能存在实质性的关联，但这并不能掩盖并案管辖可能带来的程序瑕疵。并案管辖，即由监察机关或者公安机关的其中之一管辖互涉主体涉嫌的所有违法犯罪行为，其中必然存在部分违法犯罪行为是有管辖错误的。而我国当前无论是在监察领域，还是在刑事诉讼领域，都不存在监察机关进行机动调查或者公安机关实施机动侦查的相关法律依据，即立法并未允许监察机关超越自己的管辖范围办理案件，也不允许公安机关在特殊情况下侦查不属于自己管辖范围的案件。并且，从并案管辖的具体做法看，管辖机关显然明知管辖存在错误而刻意为之，符合恶意管辖的明知要件。只不过在动机方面，管辖机关可能并不具有明显的“恶性”倾向。但是，在实践中，如果监察机关或者公安机关利用案件之间的牵连关系，不恰当地适用并案管

---

① 参见黄硕：《论职务犯罪与牵连案件的侦查管辖权的权力边界》，载《云南社会科学》2015年第1期。

② 樊华中：《刑事诉讼中恶意管辖的诉讼规制》，载《天津法学》2016年第4期。

③ 一般而言，管辖错误是指案件管辖因公权力机关没有遵循管辖制度的相关规范而形成的一种错位状态。职能管辖错误是管辖错误的类型之一，即各国家专门机关管辖了依法不属于自己管辖的案件。例如，公安机关管辖了依法应由检察机关直接立案侦查的案件。参见张曙：《刑事诉讼中的管辖错误及其处理》，载《法学家》2020年第3期。

④ 参见卞建林、桂梦美：《腐败犯罪诉讼管辖现状与制度完善》，载《人民检察》2015年第13期。

辖，那么也有可能引发一些问题。

（三）职权原则统领下分案管辖的路径选择

相较之下，分案管辖更充分地体现了对职权原则的尊重，具备法理妥适性和现实可行性。将互涉案件中属于监察机关管辖的部分交由监察机关办理，属于公安机关管辖的部分交由公安机关办理，如此，两机关仅需处理好各自职权范围内的工作，做到分工明确、权责清晰，既不会影响相关人员权利保障的完善性，亦不会产生管辖错误问题。同时，这一做法也在某种程度上得到了《监察法》和《监察法实施条例》的肯定。《监察法》第34条第1款规定，公安机关等其他机关在工作中发现公职人员涉嫌贪污贿赂、失职渎职等职务违法或者职务犯罪的问题线索，应当移送监察机关，由监察机关依法调查处置。该规定仅明确了公安机关应当向监察机关移送问题线索，且仅针对公职人员涉嫌职务违法犯罪线索的移送，有一定的局限性。对此，《监察法实施条例》第32条第1款规定，监察机关发现依法由其他机关管辖的违法犯罪线索，应当及时移送有管辖权的机关，补充了上述《监察法》的相关规定。此外，在办案实践中，当公安机关发现手中的案件依法属于监察机关管辖的案件，即便行为主体并不具备公职人员身份，也可能会将案件移送监察机关。另外，根据《监察法实施条例》第51条的规定，对于公职人员既涉嫌贪污贿赂、失职渎职等严重职务违法和职务犯罪，又涉嫌公安机关、人民检察院等机关管辖的犯罪的情形，依法由监察机关为主调查的，依法应当由监察机关和其他机关分别依职权立案。这一规定再一次强调，当案件存在主体互涉关系时，监察机关与公安机关之间仍应以尊重各自管辖范围为原则，在此前提下，才可能进一步考虑相互的衔接与合作。①

此外，如前文吕某某受贿、骗取贷款案和李某贪污、危险驾驶案所示，在不少监察公安主体互涉案件中，同一行为主体涉嫌的职务违法犯罪行为与普通犯罪行为之间是相互独立的，彼此之间不存在实质性关联。此时，强行要求多种行为统一由监察机关或者公安机关办理，也缺少可行性。相反，分案处理是更明智的选择。在分案模式下，各机关有了充分发挥自身特长的空

① 参见谢小剑：《监察委员会刑事调查管辖制度初探》，载《湖湘论坛》2019年第5期。

间。监察机关可以运用反腐败工作经验和专门监察措施，就职务违法犯罪问题予以深入调查；公安机关也可以运用自身长期实践形成的侦查队伍和软硬件技术，就普通刑事犯罪进行充分的侦查。分案管辖也是保障程序正当的有益方案。行为主体根据不同的罪名适用各异的程序，在权利保障机制方面显然能做得更公平、更周全。

但是，分案管辖并非尽善尽美，也有弊端。正如前文孙某某包庇、纵容黑社会性质组织、受贿案和曹某某行贿、对有影响力的人行贿、串通投标案所示，同一主体涉嫌的多种违法犯罪行为之间可能存在较为紧密的关联，其中一种行为可能是另一种行为的前提条件，也可能由另一种行为衍生而来，或者其中一种行为处于核心地位，其他行为是围绕其展开的。易言之，多种违法犯罪行为之间可能存在"前罪与后罪""主罪与次罪"之类的关系。在这种情况下，显然并案管辖更有利于统一案件的调查或侦查进程，方便综合运用证据查明事实，防止产生自相矛盾的调查或侦查结果，并降低各机关之间因为协调沟通而产生的成本。[①] 尤其是在职务违法犯罪在案情中处于"主罪"地位时，将案件统一移送监察机关进行并案调查，更具特殊作用。因为一般而言，职务违法犯罪的共同特征是侵犯了职务行为的廉洁性或者公正性，[②] 而判断职务行为是否廉洁、公正，关键在于公职人员利用职务行为达成了何种目的，以及公职人员为了掩盖、弥补自己的错误而实施了何种后续行为等。而这些要素往往能从职务违法犯罪的原发行为、衍生行为或者其他牵连行为中得到证明，将主体互涉案件统一交由监察机关调查，有利于系统查明职务违法犯罪案件及相关案件事实，更合理公正地对公职人员进行教育和处置，而分案管辖显然无法发挥上述作用。

此外，如前文朱某某行贿、诈骗案和孔某某贪污、串通投标案所示，非

① 参见张泽涛：《刑事案件分案审理程序研究——以关联性为主线》，载《中国法学》2010年第5期。

② 目前，关于贪污贿赂型犯罪的法益应否被界定为"职务行为的廉洁性"或"职务行为的公正性"，刑法学界存在一定的争议。部分学者从受贿罪的特殊性出发，认为其保护的法益应当更多元化。参见张明楷：《受贿犯罪的保护法益》，载《法学研究》2018年第1期。

公职人员涉嫌监察公安主体互涉案件一般包括两种情形：第一种情形是非公职人员在涉嫌构成其他普通犯罪的前提下，还有可能构成了行贿罪。对于这种情形，传统刑法理论认为行贿罪与受贿罪之间是对向犯，行贿罪的成立不可避免地要与特定的受贿行为存在密切关联。[①] 因此，有关机关在办理非公职人员行贿案件时，难免要牵涉某些公职人员及其受贿行为。第二种情形是非公职人员在涉嫌其他普通犯罪的前提下，与公职人员共同实施了职务违法犯罪。在这种情形下，非公职人员是无法单独实施该职务违法犯罪行为的，必须依赖特定公职人员的公务行为才能实施。因此，办理此类主体互涉案件时，也应当同时调查该公职人员的职务违法犯罪行为。总之，在上述两种情形中，将监察公安主体互涉案件统一交由监察机关进行并案管辖，不但有利于彻底查明非公职人员涉嫌的职务违法犯罪行为，还能兼而调查与之相关联的公职人员的其他职务违法犯罪，有"一箭双雕"的优势，而这些优势是分案管辖所不具备的。

在承认对监察公安主体互涉案件采取分案管辖的大前提下，欲解决上述分案管辖中存在的难题，必须进一步考虑监察机关和公安机关之间在案件办理过程中的合作模式。正如前文所述，无论是出于行为主体的共同性，还是出于罪名之间可能存在的关联性，不少主体互涉案件都需要监察机关和公安机关之间进行协调合作，就证据材料、涉案人员等方面予以充分共享。分案管辖切断了不同行为之间的联系，在这一方面难以满足要求。为了弥补这一缺陷，笔者认为可以引入实践中由来已久的联合办案模式。此种模式在我国过去的扫黑除恶斗争中积累了一定经验，而且前文也曾论及，具有公安身份的公职人员既涉嫌职务违法犯罪行为，又涉嫌包庇、纵容黑社会性质组织犯罪行为的情况，在监察公安主体互涉案件中并不少见。引入联合办案模式，有助于利用过去的经验服务于此类案件以及类似案件的办理。此外，根据前文提到的统计信息，我国每年发生的监察公安主体互涉案件总数并不多，仅占全国职务犯罪总数的2.8%，具有一定特殊性。因此，组建联合办案组不会占用各机关过多的案件办理资源，具有一定的可行性。

---

① 参见张勇：《"行贿与受贿并重惩治"刑事政策的根据及模式》，载《法学》2017年第12期。

在办理监察公安主体互涉案件时，对于某些职务违法犯罪与其他犯罪在事实方面存在密切联系，或者互涉主体并非公职人员但案件涉及其他公职人员的职务违法行为的案件，二机关应当首先明确各自的案件管辖权限，在此基础上抽调人员组成联合办案组，为案件的具体办理提供沟通渠道和协商空间。联合办案的突出优势在于以下两点：（1）各机关收集的证据可以实现共享，各机关可以查阅甚至使用对方收集的证据，这将有效地避免不同机关对同一证据重复收集或者取证冲突的问题，各机关还可以就事实证明问题彼此交流信息，避免因为监察诉讼体系的隔离化和封闭性导致信息不畅。（2）各机关之间甚至可以进行办案人员的联动，集中人力、物力，统一调度与行动，从而显著提升案件调查与侦查的效率。[①] 值得注意的是，联合办案与并案管辖存在本质差异，不能将二者混淆。在进行并案管辖时，不同违法犯罪行为由同一机关管辖，管辖权实质上已经发生了转移。而在联合办案模式下，不同机关仍调查或者侦查自身管辖范围内的违法犯罪行为，在不发生管辖权转移的前提下进行证据、人员等的共享，属于“独立为主，协作为辅”的形式。其中任何一方都不可以以办案为借口，对案件大包大揽，甚至阻拦对方介入案件的办理。

当然，联合办案也有其局限性。组成联合办案组本身即需要一定的沟通协调成本。如果案件本身并不复杂，或者多种行为之间关联性不强，联合办案的工作效率也不一定高于彻底的分案管辖。这就需要各机关根据个案的具体情况，裁量适用联合办案模式。再者，联合办案仍有一些难题亟待解决。毕竟案件分属不同机关管辖，分别适用监察调查程序和刑事侦查程序。而根据我国现有立法规定，无论是在强制措施的适用、取证的规范性，还是在律师的介入、移送审查起诉的管辖等方面，监察机关与公安机关之间、监察调查程序与刑事侦查程序之间都存在出入。如何弥合这些出入，关键是要解决二机关办案合作过程中的角色分工问题，即“谁为主导，谁为协助”的问题。

---

① 参见闫召华：《论检警互涉案件的侦查》，载《中国人民公安大学学报（社会科学版）》2010年第2期。

三、分案管辖基础上的监察主导机制

分案管辖是办理监察公安主体互涉案件管辖分工的基本要求。在分案管辖基础上，对部分案情关联性较强的案件实行联合办案，不失为一种弥补分案管辖缺陷的可行策略。不过，联合办案对二机关之间的协调沟通机制要求较高，面临如何进一步确定二机关之间角色分工，由何者主导案件办理过程中的强制措施适用、调查取证规范化、律师介入以及移送审查起诉管辖等一系列挑战。根据《监察法》第 34 条第 2 款的规定："被调查人既涉嫌严重职务违法或者职务犯罪，又涉嫌其他违法犯罪的，一般应当由监察机关为主调查，其他机关予以协助。"此处"由监察机关为主调查，其他机关予以协助"即所谓的监察主导机制。除此之外，相关司法解释和程序性文件也有类似规定。《监察法实施条例》第 51 条规定："公职人员既涉嫌贪污贿赂、失职渎职等严重职务违法和职务犯罪，又涉嫌公安机关、人民检察院等机关管辖的犯罪，依法由监察机关为主调查的，应当由监察机关和其他机关分别依职权立案，监察机关承担组织协调职责，协调调查和侦查工作进度、重要调查和侦查措施使用等重要事项。"该规定再次强调了监察机关在主体互涉案件中的主导地位，且明确了监察机关"主调查"地位的具体体现。2020 年颁布的《公安机关办理刑事案件程序规定》第 29 条规定："公安机关侦查的刑事案件的犯罪嫌疑人涉及监察机关管辖的案件时，应当及时与同级监察机关协商，一般应当由监察机关为主调查，公安机关予以协助。"该条规定在前述规定的基础上，强调了公安机关应当及时与监察机关进行协商，在二者在角色分配方面亦坚持监察主导机制。监察主导，意味着在案件的具体办理过程中，监察机关应主导调查侦查的宏观方向，并在具体措施的适用上掌握主要的决定权。值得研究的是，这一机制是否合理，以及监察机关如何在联合办案中发挥主导作用，笔者将在下文予以具体论述。

（一）监察主导机制的正当性证成

在我国刑事司法领域，公安机关与人民检察院分别掌握着特定案件的侦查权。因此，在实践中，也经常出现二者之间的主体互涉案件。不同于监察公安主体互涉案件的办理模式，此种情形一般适用主罪主导机制。根据2012年最高人民法院、最高人民检察院、公安部、国家安全部、司法部、全国人民代表大会常务委员会法制工作委员会《关于实施刑事诉讼法若干问题的规定》、2020年《公安机关办理刑事案件程序规定》以及2019年《人民检察院刑事诉讼规则》的相关规定，如果人民检察院办理直接受理侦查的案件涉及公安机关管辖的刑事案件，或者公安机关侦查刑事案件涉及人民检察院直接受理侦查的案件时，应当将案件移送给对方。在上述情况中，如果涉嫌主罪属于公安机关管辖，以公安机关为主侦查，人民检察院予以配合；如果涉嫌主罪属于人民检察院管辖，以人民检察院为主侦查，公安机关予以配合。可见，决定互涉案件管辖机关双方角色分工的前提条件是所涉嫌罪名的性质。

主罪主导以案件办理现实需要为根本出发点，肯定各机关在侦查过程中的不同角色定位，根据案情轻重以及罪名之间的主从关系决定掌握侦查主导权的机关，对于协调各机关之间的职权冲突、提高犯罪侦查效率具有一定意义，是经过长期检验之后被认为行之有效的一种做法。① 不过，该种模式也存在弊端。在实践过程中，犯罪嫌疑人涉嫌的多种犯罪行为中究竟何种行为应当被认定为“主罪”，相关法律和司法解释并未进一步作出说明。即便立法就何为“主罪”予以明确定义，实践中也并非所有的主体互涉案件都能明确区分出“主罪”与“次罪”。特别是在互涉主体涉嫌的多种罪名不存在实质性联系的情况下，更无从讨论何为“主罪”。另外，随着案件办理活动的深入，原先认定的“主罪”与“次罪”之间可能发生转化，是否应当随之改变主侦查机关，也成为现实难题。② 正因如此，主罪主导的办案机制经常引发争议，甚至导致各机关对有关案件资源、犯罪嫌疑人的控制权等的争抢或者推诿，从而影响特定案件正常办理工作。③ 而《监察法》以及相关规定所倡导的监察主导机制则不存在这一烦恼。监察主导要求所有的主体互涉案件皆由监察机关为主调查，公安机关予以协助，无须鉴定“主罪”的概念，这

① 参见何旭光、郑凯：《职务犯罪侦查流程与规范》，中国检察出版社2015年版，第29页。

② 张曙、阿儒汗：《职务犯罪案件与牵连案件的侦查管辖研究》，载《中国刑事法杂志》2012年第9期。

③ 参见卞建林、桂梦美：《腐败犯罪诉讼管辖现状与制度完善》，载《人民检察》2015年第13期。

种机制能有效避免上述争议。

另外，主罪主导原则也不适应我国当前深入推进国家监察体制改革战略布局的需要。适用该原则的前提是，发生互涉关系的两大机关皆属于侦查机关、履行侦查职权，同一犯罪嫌疑人涉嫌的所有罪名也都具有刑事属性。因此，无论两机关之间如何进行角色分配，都被严格控制在侦查权范畴之内，不涉及权能结构和程序机制的根本冲突。但是，在国家监察体制下，监察机关与公安机关属于不同性质的国家机关，前者行使的是监察调查权，后者行使的是刑事侦查权，主体互涉案件的处理已不再局限于某一特定职权范畴，而是已经产生了不同性质的机关就不同性质的权力适用不同性质的程序之间的协调问题，这当中不可避免地存在冲突与矛盾。另外，监察机关与公安机关各自管辖的案件性质也不完全相同。尤其是监察机关除了调查职务犯罪行为以外，还负责调查职务违法行为，而公安机关的侦查权仅针对犯罪行为。“违法”行为和“犯罪”行为是无法放在同一层面上进行比较的，更难以形成科学可行的“主罪”判断标准。

相较之下，在监察主导原则下办案机关无须就互涉主体的多种违法犯罪行为的主次关系进行分辨，能有效地避免上述困境。除此之外，监察主导原则还突出了监察机关在国家机关体系中的重要地位，凸显国家公职人员涉嫌职务违法犯罪的特殊性，体现出国家对职务违法犯罪案件的高度重视，是相对合理的角色分配方案。原因如下：(1) 监察机关是行使国家监察权的专责机关，是党内监督和国家监督、党内纪律检查和国家监察的有机统一体，在国家治理体系中占据重要地位。监察机关的这一特殊地位，决定了当其与公安司法机关发生职能或者工作机制方面的衔接时，应当发挥主导性作用，其中就包括在主体互涉案件中承担主导责任。另外，根据《监察法》的规定，公安人员是履行国家公职的人员，依法应当接受监察机关的监督调查。欲使其在主体互涉案件的办理过程中承担主导责任，让监察人员配合自己，似乎也是不现实的。(2) 在多数情况下，监察机关的调查对象是国家公职人员。与一般公民相比，公职人员代表国家和人民行使公权力，他们是否勤政廉政，关系到国家机器能否顺畅运转，关系到社会治理能否有效进行。即便被调查人不具备公职人员身份，由于其涉嫌职务违法犯罪行为，其行为本身也不再只是单纯的违法犯罪，因为这种行为已经侵犯了国家公务行为的廉洁性或者公正性，影响国家管理模式的正常落实。正因如此，监察机关的调查活动在相关案件的办理中也应处于相对主导的地位。（3）相较于其他违法犯罪行为，职务违法犯罪案件的办理具有一定的特殊性。此类案件对言词性证据的依赖性极强，[1] 为了准确办理此类案件，有必要遵循由外至内的调查规律，先从行为人与之相关联的其他违法犯罪行为入手，了解行为人利用该职权达成了何种目的，或者为了掩盖、弥补自己职务行为的错误而进行了何种后续行为等，而这也是不少主体互涉案件的多种罪名之间存在关联的地方。因此，如果此类案件都是以监察机关为主来调查的话，会更有利于系统查明职务违法犯罪的情况及相关的案件事实，以便更合理公正地对相关人员作出处置。[2]

（二）监察主导机制的实质性内涵

如何理解监察机关在公安监察主体互涉案件中的“主导”作用，也是目前实践中亟待明确的关键问题。有学者认为，“由监察机关为主调查”意味着监察机关在案件办理活动中占据宏观层面的主动性和控制力。这不仅体现在办案方向的指引、整体思路框架的拟定上，还可能体现在调查侦查人员的组织协调等方面。必须承认的是，从宏观视角理解监察主导的内涵，具有一定的合理性。一般而言，监察公安主体互涉案件，尤其是采用联合办案模式的案件，不同违法犯罪行为之间的关联性较强，线索交叉重叠，事实彼此依

---

① 参见谢小剑：《贿赂犯罪案件的查办需求与程序供给——兼论监察调查程序的改革思路》，载《政法论坛》2019 年第 5 期。

② 不得不承认的是，监察主导原则也具有以下几个方面的缺陷：（1）此原则要求所有案件皆由监察机关为主调查，无形中给监察机关带来许多不必要的工作负担。而我国各地监察机关成立时间较短，内部机构和功能设置仍处于探索阶段，人员队伍也不够完善，能否承担如此重任，还有待考量。相比之下，公安机关历来是刑事侦查的核心部门，其负责大多数刑事案件的侦破工作，具有完善的软硬件设施以及办理大案要案的技术经验。要求公安机关在所有的主体互涉案件中都仅承担协助型角色，有些大材小用。（2）由监察机关为主调查，意味着监察机关将掌握案件办理的主导方向。而监察机关作为国家的反腐败专门机构，已经形成了一整套独特的案件办理逻辑，即以党的四种形态为指引，贯彻惩前毖后、治病救人的预防目的。上述办案逻辑对于遏制我国公职人员的腐败行为具有十分重要的意义，但能否对非职务犯罪案件仍发挥应有的效能，则值得考虑。在监察主导原则之下，公安机关会不会因为缺乏话语权，而无法按照既定的办案方式履行自身职权，从而耽误非职务犯罪案件的办理工作，亦是值得担忧的问题。（3）目前，办案考评机制倾向于将联合办案的功劳记在主办案方，这也可能导致仅承担协助职能的公安机关持消极观望的心理，影响办案实效。

存，这时候需要由监察机关对案件办理进行整体把握，以实现协调衔接的作用。但根据上述《监察法实施条例》第 51 条的规定，监察机关的“主导”作用主要体现为“监察机关承担组织协调职责，协调调查和侦查工作进度、重要调查和侦查措施使用等重要事项”。也就是说，由于此类案件涉及两种不同程序体系的协调问题，监察机关的主导地位仅停留在宏观层面的主导是远远不够的，还应当体现在微观层面，也就是对具体的案件办理工作的组织协调。

1. 限制人身自由措施的先行适用

在监察调查程序中，监察机关对于涉嫌严重职务违法或者职务犯罪的被调查人，以及涉嫌行贿犯罪或者共同职务犯罪的涉案人员，有权采取留置措施。留置是监察程序中唯一限制公民人身自由的措施。与之相比，在刑事诉讼程序中，我国已经形成了以拘传、取保候审、监视居住、拘留和逮捕组成的层次分明、彼此之间可以相互转化的强制措施体系。[①] 对比《监察法》与《刑事诉讼法》两部法律可以发现，留置与刑事强制措施的适用条件有不少重合之处，尤其是留置与逮捕措施之间更是存在相似规定。例如，二者都对案件提出了一定的证据要求，留置要求监察机关已经掌握案件部分违法犯罪事实及证据，而逮捕要求有证据证明有犯罪事实。再如，二者都要求相关人员具有一定的社会危险性。相关人员可能串供或者伪造、隐匿、毁灭证据的，可能或者企图逃跑或者自杀的，那么即可认为其具有社会危险性，应当依法被采取留置或者逮捕措施。正因如此，在监察机关和公安机关办理主体互涉案件时，如果互涉主体具有如上情形，特别是具有法定的社会危险性要件，那么二机关可能都需要对其采取限制人身自由的措施。而从我国现实角度看，被采取留置措施的被调查人应当被羁押到特定的留置场所，而被采取逮捕措施的犯罪嫌疑人、被告人则应当被依法关押在看守所。因此，不可能同时对同一人员采取留置或者逮捕措施。除此之外，留置与其他刑事强制措施的适用之间也可能存在冲突。已经被留置的人员很难再通过拘传、取保候审、监视居住等方式实现人身自由的再限制以及随传随到的可能性。总之，在监察

① 胡铭：《职务犯罪留置措施衔接刑事诉讼的基本逻辑》，载《北方法学》2019 年第 4 期。

公安主体互涉案件中，如何协调不同类型的限制人身自由措施的适用，也是此类案件办理过程中的难点之一。

监察主导机制意味着互涉主体应当处于监察机关的控制之下，而非公安机关的控制之下。当监察机关和公安机关皆欲对互涉主体采取留置或者刑事强制措施时，应当由监察机关先行采取留置措施。在我国刑事侦查实践中，由于看守所是唯一的审前羁押场所，因此依法被采取逮捕措施的犯罪嫌疑人、被告人在羁押期限内将始终被羁押在看守所中，无须随着诉讼程序推进而改变羁押场所。但是，如果案件由侦查阶段进入审查起诉阶段，或者由审查起诉阶段进入审判阶段，那么此时各机关之间就应当办理换押手续，目的在于明确案件办理的责任机关，方便管理。[①] 可见，限制人身自由措施的适用与案件主要责任机关之间是直接挂钩的，监察公安主体互涉案件也不应例外。既然已经确定了监察机关在该类案件中的主导责任，那么就应当在具体办案过程中，由监察机关掌握对互涉主体的主要控制权。如果互涉主体同时满足留置和刑事强制措施的适用条件，则先予以留置。随后，在留置期限届满或者被解除之时，如果公安机关认为有必要的话，再由其采取刑事强制措施。总之，对互涉主体采取留置和刑事强制措施，应当秉持“留置先行适用、刑事强制措施轮候适用”的基本原则。

当然，监察公安主体互涉案件的办理实践中还可能存在如下情况，即案件先由公安机关予以立案侦查，并且公安机关已经在侦查过程中对犯罪嫌疑人采取了特定种类的强制措施，随后在侦查活动中，公安机关发现犯罪嫌疑人还涉嫌依法由监察机关管辖的职务违法犯罪，并将相关案件线索移送监察机关进行调查。此时，如果互涉主体也符合《监察法》关于留置的适用条件，监察机关欲对其施以留置措施，那么公安机关应否依法撤销强制措施，并将互涉主体转交监察机关留置？对此笔者认为，虽然监察机关在主体互涉案件的办理过程中占据主导地位，但是在刑事强制措施的适用已经成为现实的前提下，撤销强制措施、转为留置措施只会增加两机关措施审批和办案手续的负担。并且，在不同羁押场所之间转移被监管人员，不仅耗费人力、物

① 参见李积国：《换押制度存在的问题与解决对策》，载《人民检察》2010 年第 9 期。

力，而且可能引发人员逃匿的风险。相反，保留刑事强制措施的适用，才是更明智的选择。如果监察机关欲对互涉主体进行讯问，那么公安机关应当提供相应的协助。同时，在强制措施届满或者被解除之时，如果监察机关仍认为有必要的，再由其采取留置措施。这是上述“留置先行适用、强制措施轮候适用”的例外情形。

2. 调查取证的优先运行

前文曾经提及，监察机关的调查工作和公安机关的侦查活动，在功能目的、措施种类、程序机制等方面存在不少共通之处。例如，在功能目的方面，监察调查和刑事侦查皆旨在获取案件证据，查明案件事实，并查获涉嫌违法犯罪的有关人员。而在措施种类方面，《监察法》和《刑事诉讼法》分别赋予二机关讯问、询问、查询、冻结、查封、扣押、搜查、勘验检查、鉴定、通缉等类似措施。此外，在程序机制方面，两部法律也都要求讯问过程中应当进行录音录像、严禁非法取证等。而且，《监察法》第 33 条第 2 款也明确规定，“监察机关在收集、固定、审查、运用证据时，应当与刑事审判关于证据的要求和标准相一致”。这为二者的取证程序的衔接协调奠定了坚实的基础。不过，无论监察调查和刑事侦查如何趋同，二者毕竟隶属于彼此独立的程序体系内，措施的适用主体也各不相同。这也必将导致在监察公安主体互涉案件的办案实践中，二机关之间难免出现调查取证方面的冲突，最直接的体现就是实物类证据的提取。

监察机关和公安机关因为办案需要，都必须对某一物证、书证等证据予以查封、扣押。而根据我国立法规定和司法实践，此类证据一旦被采取查封、扣押措施，是无法重新由另一机关再次施以类似手段的。除此之外，债券、股票、基金份额、银行存款等财产形式，可以在调查和侦查活动中被依法查询和冻结。但是，根据相关规定，此类财产不能被重复冻结，只能轮候冻结。在上述情形中，监察机关的主导地位也应当得到适当彰显。无论是对物证、书证等证据的查封、扣押，还是对其他财产形式的查询、冻结，都应当优先由监察机关采取措施，相关财物也应当掌握在监察机关手中。在监察机关决定解除上述措施时，公安机关认为有必要的，可以继续执行相应的侦查行为。不过，由于我国监察机关成立时间不长、实务经验较少，相关的财物管理手段不足，在监察机关承担上述调查任务时，公安机关应当在技术手段、硬件设施、人力资源等方面为其提供配合协助，实现联合办案的最大效能。[①]

3. 律师介入的边界划定

律师介入问题也是我国监察实践中的难题之一。由于缺乏立法的明确规定，律师可否介入监察程序是一个颇有争议的问题。有学者认为，允许律师介入监察程序能够合理保障被调查人的合法权利，制约监察机关权力的滥用，是法治原则在国家监察体制中的重要体现。[②] 也有学者认为，基于公职人员身份的敏感性和所涉职务犯罪案件的特殊性，律师不应当介入监察程序，只有当案件已经移送审查起诉，进入刑事诉讼程序之时，律师才有介入的可能性。[③] 目前实践中，大多数监察机关采纳后一种观点，即不允许律师于监察调查过程中即介入案件，为被调查人提供帮助。甚至在某些地区还存在，只要涉及职务犯罪的案件，无论案件处于何种程序阶段，是否移送审查起诉，一律不允许律师会见被调查人或者犯罪嫌疑人、被告人的做法。

这一问题在监察公安主体互涉案件的具体办理过程中，更为常见一些。在此类案件中，互涉主体既涉嫌由监察机关管辖的职务违法犯罪，又涉嫌由公安机关管辖的普通犯罪。就前者而言，互涉主体不应享有律师帮助权，但就后者而言，律师帮助和辩护权是互涉主体依法享有的诉讼权利。一律允许律师介入，或者一律不允许律师介入，都是有失妥当的做法。解决问题的关键在于清晰划定律师介入案件的边界，而这也是监察机关发挥主导作用的表现之一。监察机关应当将案件涉嫌不同罪名的情况告知律师，并明确告知律师只能就公安机关管辖的部分提供法律帮助或者辩护服务。如果互涉主体被适用了留置措施，那么律师无权对该主体进行会见。一旦留置措施解除，即便公安机关对其采取逮捕措施，律师也可以进行必要的会见工作，但也仅能就公安机关管辖的内容向被告人进行核实和沟通。至于哪些事实和证据属于

---

① 参见林艺芳：《监察机关与公安机关配合衔接机制研究》，载《湘潭大学学报（哲学社会科学版）》2018 年第 5 期。

② 参见卞建林：《配合与制约：监察调查与刑事诉讼的衔接》，载《法商研究》2019 年第 1 期。

③ 吴建雄：《对国家监察立法的认识与思考》，载《武汉科技大学学报（社会科学版）》2018 年第 2 期。

职务违法犯罪范畴，哪些事实和证据属于其他普通犯罪范畴，这一边界则由监察机关自行裁量。①

4. 移送审查起诉的管辖确定

案件的管辖问题更是监察程序与诉讼程序的重要区别之一。正如前文所述，监察机关奉行“以人立案为主”的管辖原则，确定某一案件是否属于监察机关管辖，关键看涉案人员是否具备公职人员身份，是否依法履行国家公职。而区分上下级监察机关、不同地区监察机关之间的职责分工，则依据的是人员的管理权限。一些领导干部，尤其是中央直属企业、教育部直属高校等单位的领导干部，其管理权在中央直属部委，一旦其涉嫌违法犯罪，需要由具有任命权的党组织同层级的监察机关受理。② 相比之下，在刑事诉讼程序中，案件管辖奉行的是“以事立案为主”的原则，即按照涉嫌犯罪的类型划分不同侦查机关的管辖范围。而在同一侦查机关内部，则以涉嫌犯罪的轻重、社会影响等因素确定级别管辖，以犯罪行为实施地为主，辅以犯罪嫌疑人、被告人居住地等因素确定地域管辖。这就极可能导致在监察公安主体互涉案件中，不同违法犯罪行为分别由不同层级，甚至是不同地区的监察机关和公安机关予以管辖，出现对同一主体的两种管辖权限的分离。在调查侦查终结之后，如果案件一并移送审查起诉，那么究竟向哪一对应的检察机关移送，则成为一大难题。

由于监察公安主体互涉案件奉行的是监察主导原则，因此应当由监察机关统一把握案件移送审查起诉的程序。监察机关应当先就案件是否符合刑事诉讼证明标准，应否统一移送审查起诉进行协调并作出决定。如果监察机关和公安机关就上述问题达成一致意见，并决定一并移送人民检察院进行审查起诉，那么监察机关应当继续决定由哪一人民检察院予以受理。一般而言，基于监察机关的主导地位，向其所在区域、对应级别的人民检察院进行移送更为适宜。在特殊情况下，尤其是当案件主要证据材料都集中于公安机关手

① 未来随着国家监察体制的不断完善，监察调查中的相应权利保障水平也应逐步提升。允许律师介入监察程序，为被调查人提供法律帮助，应成为未来监察程序的发展趋势之一。

② 吴建雄、李春阳：《〈监察法〉实施中的若干疑难问题及其破解对策》，载《湖南大学学报（社会科学版）》2019 年第 6 期。

中，或者存在其他不可抗拒的原因，无法在监察机关所在区域、对应级别的人民检察院进行诉讼，那么向公安机关所在区域、对应级别的人民检察院或者其上级人民检察院移送案件，也未尝不可。

值得注意的是，在监察公安主体互涉案件中奉行监察主导原则，也并不意味着在任何情况下，监察机关都应当在限制人身自由措施的适用、调查取证的运行、律师的介入以及移送审查起诉等方面都占据绝对控制权。尤其应注意预防监察机关以二机关联合办案为借口，突破程序边界，垄断案件办理权限，甚至不允许公安机关介入侦查的情况。[①] 在具体办案过程中，监察机关应当积极与公安机关进行协调沟通，形成双方都能认可的合理方案，并就案件证据其及其相关信息与公安机关进行交流。除此之外，如果案件中涉及的多种违法犯罪有明显的“主”“次”之分，且“主罪”并非职务违法犯罪，那么此时经两机关协商，也可由公安机关为主侦查、监察机关予以协助。例如，在上述曹某某行贿、对有影响力的人行贿、串通投标案中，曹某某不属于国家公职人员，其所实施的所有犯罪行为都是围绕“某县国土局高标准农田建设项目工程”的招标事项展开。这一事项主要内含于串通投标这一犯罪行为，而行贿和对有影响力的人行贿这两项罪名则是为串通投标服务的。此时，串通投标罪显然属于“主罪”，其他职务犯罪显然属于“次罪”。由于串通投标罪由公安机关管辖，那么此时由公安机关为主侦查，先行适用刑事强制措施、优先运用侦查行为、认定律师介入领域并确定移送审查起诉的人民检察院，则更为适宜。

四、结论

随着国家监察实践的不断深入，监察机关与公安机关之间发生主体互涉案件的概率也将逐步提升。如何设置其管辖原则，并在此基础上做好二机关在办案过程中角色定位，必将成为监察办案实践亟待解决的难题。监察公安主体互涉案件的关键因素在于互涉主体的身份以及多种违法犯罪行为的关系。在职权原则的指导下，相较于并案管辖，分案管辖更具有法理上的妥适性以

---

① 据笔者了解，我国某些地区在办理监察公安主体互涉案件中曾存在如下情况，即监察机关要求公安机关对互涉主体违法适用指定居所监视居住，但却不允许公安机关参与办案，将案件和互涉主体牢牢控制在自己手中。

及实务上的可行性。不过分案管辖会切断不同违法犯罪行为之间的关联性，因此需要通过联合办案的方式弥补这一缺陷。在分案管辖的基础上，监察机关和公安机关进行协调合作应遵循监察主导机制。监察主导既体现为监察机关在案件办理活动中占据宏观层面的主动性和控制力，更体现为监察机关对限制人身自由措施的先行适用、调查取证的优先运行、律师介入的边界划定以及移送审查起诉的管辖确定等。未来我国应当通过立法或者司法解释等方式明确上述问题，为办案实践提供应有的指引。

第二节　监察检察主体互涉案件的管辖协调

我国刑事司法领域曾经出现过一起特殊的案例。2006 年 4 月，罪犯王某虹因故意杀人罪依法被判处死刑，缓期 2 年执行，随后被减为 15 年有期徒刑。然而，从减为有期徒刑的第二个月开始，王某虹就未在监狱内服刑，而是通过多次非法保外就医和暂予监外执行的方式“出狱”，得以外出旅游工作、结婚生子。直至 2019 年，王某虹“纸面服刑”的情况才被揭露。除了吊诡的案情以外，该案件值得关注的另一情节在于，其中涉及众多国家公职人员的多种违法犯罪行为。例如，涉案监狱副监狱长、兼任监狱总局第一医院副院长的王某仁，在该案中曾多次伪造病情鉴定，帮助王某虹获批保外就医，使之无须在监狱中服刑，构成徇私枉法罪。此外，王某仁还曾接受王某虹家属的宴请并收受其财物，构成受贿行为。根据立法规定，这两种违法犯罪行为虽由同一主体实施，但前者依法隶属人民检察院管辖，后者则属于监察机关管辖，已经形成了所谓的“监察检察主体互涉案件”。

除了监察公安主体互涉案件之外，监察检察主体互涉案件也是我国当前监察管辖实践领域的另一难点。监察检察主体互涉案件是随着国家监察体制改革，才产生的一种特殊类型的互涉案件。在该项改革之后，监察机关承担着职务违法犯罪的调查工作。与此同时，人民检察院虽然面临人员的转隶和职能的调整，但仍保留一定的刑事犯罪侦查权。根据我国《刑事诉讼法》第

19 条第 2 款的规定，人民检察院目前对“诉讼活动实行法律监督中发现的司法工作人员利用职权实施的非法拘禁、刑讯逼供、非法搜查等侵犯公民权利、损害司法公正的犯罪”（下文简称司法类犯罪），仍可以进行直接立案侦查。因此，在监察调查和检察侦查的过程中，不可避免地会有某些主体既涉嫌监察机关管辖的职务违法犯罪，又涉嫌人民检察院管辖的司法类犯罪，从而构成二机关之间的主体互涉案件。

从本质上看，监察检察主体互涉案件具有如下主要特征：（1）涉嫌多种违法犯罪的行为主体一般具备公职身份，属于司法工作人员。当前，我国监察机关主要管辖国家公职人员涉嫌的职务违法犯罪行为，奉行“以人管辖为主”的原则。① 与之相比，人民检察院管辖的是司法工作人员利用职权实施的犯罪行为。从这个角度看，如果某一主体分别涉嫌依法由监察机关和人民检察院管辖的案件，那么该人员必然具备公职人员身份，且一般情况下是司法工作人员。（2）同一行为主体分别涉嫌司法类犯罪以及其他职务违法犯罪。只有当同一行为主体涉嫌多种不同的违法犯罪行为，且分别属于监察机关和人民检察院管辖时，才构成二机关的主体互涉案件。需要注意的是，根据我国《刑事诉讼法》第 19 条第 2 款的规定，上述司法类犯罪仅是“可以”由人民检察院立案侦查。从立法技术上看，这似乎意味着此类案件不仅可以由人民检察院管辖，还可以由其他机关管辖。由于司法工作人员也属于国家公职人员，上述司法类犯罪也属于职务犯罪的范畴，而监察机关是我国的反腐败专责机关，因此从理论上看监察机关也有权对这些犯罪予以管辖。但是，我国之所以保留人民检察院的侦查权，并授权其管辖上述司法类犯罪，目的在于巩固人民检察院的国家法律监督机关的地位，尤其是强化其在司法领域的诉讼监督职责。② 因而，人民检察院对上述司法类犯罪应具有优先管辖权。

---

① 但是，在特殊情况下仍可能管辖非公职人员。例如，行贿行为的行为主体可能不具备公职人员身份，与公职人员共同实施职务违法犯罪的人员也可能不具备公职人员身份，但这两类人员也由监察机关管辖。参见谢小剑：《监察委员会刑事调查管辖制度初探》，载《湖湘论坛》2019 年第 5 期。

② 参见秦前红、王天鸿：《国家监察体制改革背景下检察权优化配置》，载《理论视野》2018 年第 8 期。

当同一主体既涉嫌司法类犯罪，又涉嫌其他职务违法犯罪时，应认为其已经构成监察机关与人民检察院之间的主体互涉案件。①

与监察公安主体互涉案件类似，监察检察主体互涉案件的处置方式虽然已经被明文规定在《监察法》第 34 条中，但从实务角度看，在管辖方面也面临如下难题：（1）并案管辖的正当性问题。即二机关在办理此类案件时，可否对案件予以合并，统一由监察机关或者人民检察院管辖。这一问题涉及二机关之间的法定职权设置，这也是管辖此类案件的第一道门槛。（2）并案管辖与分案管辖的适用情形问题。即在个案办理程序中，何种情况下进行并案管辖，何种情况下又进行分案管辖。这是上一个问题的延伸，构成管辖此类案件的第二道门槛。（3）监察机关与人民检察院之间的角色分工问题。即在具体调查侦查的过程中，二机关中何者应承担主调查或者主侦查职责，何者应予以配合。这是管辖此类案件的第三道门槛。

一、“并案管辖”抑或“分案管辖”：职权原则的必要适用

当同一主体涉嫌由不同机关管辖的多种违法犯罪行为时，那么在管辖方面有两种选择，即并案管辖和分案管辖，监察检察主体互涉案件亦不例外。目前，《监察法》第 34 条并未明确出现“并案”与“分案”的说法。不过，最高人民检察院颁布的《关于人民检察院立案侦查司法工作人员相关职务犯罪案件若干问题的规定》（下文简称《检察立案侦查规定》）对该问题作出了回答：“经沟通，认为全案由监察委员会管辖更为适宜的，人民检察院应当撤销案件，将案件和相应职务犯罪线索一并移送监察委员会；认为由监察委员会和人民检察院分别管辖更为适宜的，人民检察院应当将监察委员会管辖的相应职务犯罪线索移送监察委员会，对依法由人民检察院管辖的犯罪案件继续侦查。”随后，2019 年通过颁布的《人民检察院刑事诉讼规则》第 17 条

① 除此之外，监察检察主体互涉案件还可能存在共同犯罪的情况，即行为主体所实施的司法类犯罪和其他职务违法犯罪是与他人共同实施的。此时，案件中不仅包含涉嫌多种违法犯罪的行为主体，还包含了仅涉嫌其中一种违法犯罪行为的其他主体。

第2款和2021年发布的《监察法实施条例》第52条也作出了类似回答。[①]可见，上述解释性文件对这一问题采取的是“分而处之”的做法，即既可以并案管辖，又允许分案管辖。但是，如果决定并案管辖的话，仅能由监察机关予以并案管辖，人民检察院应当将案件移送监察机关。

根据最高人民法院、最高人民检察院、公安部、国家安全部、司法部、全国人民代表大会常务委员会法制工作委员会《关于实施刑事诉讼法若干问题的规定》第3条的规定，当多个机关之间出现主体互涉案件，决定这些案件可否并案或者分案的关键在于各机关之间的职权界限，即管辖方式的选择应受职权原则的限制，也即各机关都不得超越各自的职权范围办理案件，并案管辖必须以各机关的法定职权为前提。[②]管辖权的扩张只存在于不同机关所掌握的相同性质的职权之间，只有当二机关之间的职权性质相同，或者其中一机关的职权可以包含另一机关的职权时，并案管辖才是成立的。[③]具体到监察检察主体互涉案件，最高人民检察院和国家监察委员会出台的解释性文件允许此类案件进行并案管辖，且仅能由监察机关对案件进行并案管辖，[④]根本原因也在于职权原则的适用。具体而言，监察机关是我国反腐败专责机构，其依法拥有监督、调查和处置三项职权。根据《监察法》的规定，监察机关行使上述职权，尤其是调查权的对象是公职人员涉嫌贪污贿赂、滥用职权、玩忽职守、权力寻租、利益输送、徇私舞弊以及浪费国有资产等职务违

---

① 考虑到某些案件可能尚未立案，在初查阶段即决定移送监察机关并案处理，因此《人民检察院刑事诉讼规则》第17条第2款在《检察立案侦查规定》的基础上删除了“撤销案件”的规定。该款规定：“经沟通，认为全案由监察机关管辖更为适宜的，人民检察院应当将案件和相应职务犯罪线索一并移送监察机关；认为由监察机关和人民检察院分别管辖更为适宜的，人民检察院应当将监察机关管辖的相应职务犯罪线索移送监察机关，对依法由人民检察院管辖的犯罪案件继续侦查。”

另外，《监察法实施条例》第52条规定：“监察机关必要时可以依法调查司法工作人员利用职权实施的涉嫌非法拘禁、刑讯逼供、非法搜查等侵犯公民权利、损害司法公正的犯罪，并在立案后及时通报同级人民检察院。监察机关在调查司法工作人员涉嫌贪污贿赂等职务犯罪中，可以对其涉嫌的前款规定的犯罪一并调查，并及时通报同级人民检察院。人民检察院在办理直接受理侦查的案件中，发现犯罪嫌疑人同时涉嫌监察机关管辖的其他职务犯罪，经沟通全案移送监察机关管辖的，监察机关应当依法进行调查。”

② 参见万毅：《解读“并案管辖”四个关键词》，载《检察日报》2014年3月5日，第3版。

③ 参见谢佑平、万毅：《刑事诉讼牵连管辖制度探讨》，载《政法学刊》2001年第1期。

④ 与监察检察主体互涉案件有关的最高人民检察院出台的司法解释，是指上文提及的《检察立案侦查规定》以及《人民检察院刑事诉讼规则》第17条第2款。

法和职务犯罪行为，而依法应接受监察机关监察的对象也限于公职人员以及其他涉嫌行贿犯罪或者共同职务犯罪的涉案人员。相比之下，人民检察院是我国法律监督机关。在国家监察体制改革之后，人民检察院不再笼统地对所有的职务犯罪行为进行侦查，为了巩固其在司法领域的监督地位，目前人民检察院仍有针对性地管辖法律监督过程中发现的司法类犯罪行为,[①] 即《检察立案侦查规定》中明确列举的14类罪名。

但是，人民检察院可以直接立案侦查的案件显然也可以由监察机关予以调查。这些罪名是由司法工作人员所实施，而在我国，司法工作人员多具有公务员身份，亦属于公职人员，履行的是国家依法要求的公务行为。另外，这些罪名虽然都与诉讼活动相关联，但也属于职务犯罪的一种。上述14类罪名依法规定在《中华人民共和国刑法》（下文简称《刑法》）的第238条、第245条、第247条、第248条、第397条、第399条、第400条和第401条。其中第397条、第399条、第400条和第401条都分布在《刑法》的“渎职罪”这一章中，属于典型的职务犯罪行为。而剩下的第238条、第245条、第247条和第248条虽然分布在《刑法》的“侵犯公民人身权利、民主权利罪”这一章，但由于立法要求这些犯罪行为必须具有“损害司法公正”的前提，因此也与职务行为密切相关。由此可见，应当由人民检察院所侦查的罪名，实际上在某种程度上也被包括在监察机关调查的罪名范畴之内，人民检察院立案侦查的案件范围与监察机关调查的案件范围之间是包含与被包含的关系。易言之，监察机关管辖人民检察院立案侦查的14种罪名，并未违背并案管辖的职权原则，不会引发不同职权之间的冲突。相反，由于人民检察院的侦查范围远远小于监察机关的调查范围，因此其一般情况下无法并案管辖监察机关管辖的案件，否则极可能导致对国家监察权的侵犯。

正是基于上述理由，最高人民检察院和国家监察委员会的上述解释性文件皆肯定监察检察主体互涉案件可以由监察机关进行并案管辖，但并未允许人民检察院对此类案件予以并案管辖。

---

① 参见朱孝清：《国家监察体制改革后检察制度的巩固与发展》，载《法学研究》2018年第4期。

二、“主体互涉”叠加“事实互涉”：并案管辖的基本情形

尽管相关司法解释已经明确允许监察检察主体互涉案件既可以采取由监察机关并案管辖的做法，也可以采取分案管辖的做法。但是，上述法条皆未明确何种情形下进行并案管辖，何种情况下进行分案管辖，仅要求人民检察院在遇到此类案件时，“应当及时与同级监察机关沟通”，经沟通之后再作出决定，或者规定监察机关“必要时可以”调查依法由人民检察院直接立案侦查的司法类犯罪，或者监察机关在调查司法机关工作人员涉嫌贪污贿赂等职务犯罪中，“可以”对其涉嫌的司法类犯罪一并调查。[1] 此种规定给了办案机关比较大的自由裁量权。但是，笔者认为，并案管辖和分案管辖是办理此类案件的入口性问题，如果这一问题无法得到妥善处理，那么将极大地影响后续的调查和侦查工作。因此，二机关在沟通的基础上，也应进一步明确并案管辖和分案管辖的基本情形，为办案实践提供指引。如何确定并案管辖和分案管辖的基本情形，就需要结合现实中监察检察主体互涉案件的具体情况来判断了。

正如前文所述，监察检察主体互涉案件的基本特征，一方面是多种违法犯罪具有共同的行为主体，且该行为主体属于司法工作人员；另一方面为同一行为主体分别涉嫌司法类犯罪以及其他职务违法犯罪。易言之，此类案件并不要求同一行为主体涉嫌的多种违法犯罪之间存在任何联系。但是，探究此类案件的实际情况却可以发现，不少监察检察主体互涉案件的不同违法犯罪行为之间，往往还包含事实方面的牵连性，具备“事实互涉”[2] 的特征。

首先，互涉案件的同一行为主体可能先实施了某种职务违法犯罪行为，随后又实施了与之相关的司法类犯罪行为。例如，甲是某法院的审判人员，在审理某起刑事案件期间，收受被告人乙的贿赂，故意违背事实和法律作出

---

① 参见《人民检察院刑事诉讼规则》第17条和《检察立案侦查规定》第3条第1款。

② 应注意，此处所谓的“事实互涉”不同于《刑法》中的共同犯罪。共同犯罪，是指二人以上共同故意犯罪，各共同犯罪主体应具有共同的犯罪行为，即各共同犯罪主体的行为都是指向同一目标，彼此联系紧密，形成一个有机的犯罪行为整体。相比之下，事实互涉不以同一犯罪行为的构成为前提，而是强调不同案件的事实与事实之间虽然分别构成不同的违法犯罪行为，但是存在某种特定的关联性，使不同机关在办理案件过程中不得不衔接合作。

枉法裁判，使乙免受法律制裁。在该案中，甲首先涉嫌受贿罪，依法应接受监察机关的调查。以受贿罪为前提，甲又涉嫌了徇私枉法罪，依法应接受人民检察院的侦查。受贿行为和徇私枉法行为不仅具有同一行为主体，而且二者之间存在事实上的因果关系，既主体互涉，又事实互涉。其次，互涉案件的同一行为主体也可能先实施了司法类犯罪，而后又实施了与之相关的某种职务违法犯罪行为。例如，丙作为监狱工作人员，违法私放在押人员，之后为了掩饰这一行为，丙又向其上级领导丁行贿。在该案中，丙首先涉嫌私放在押人员罪，依法属于人民检察院管辖，随后丙又涉嫌行贿罪，依法属于监察机关管辖。与上个案例类似，私放在押人员和行贿行为也不仅具有同一行为主体，而且二者之间存在事实上的前后关联性，也属于主体互涉和事实互涉兼备的案件。除此之外，互涉案件的同一行为主体还可能围绕某一核心事实而实施多项司法类犯罪和其他职务违法犯罪行为，多种行为分别与该核心事实之间存在或近或远的关系，导致相互之间具有事实上的牵连性。

由此可见，监察检察主体互涉案件又可以分为两种类型：（1）多种违法犯罪行为之间不存在事实互涉关系的案件，即“单纯的主体互涉案件”；（2）多种违法犯罪行为之间存在事实互涉关系的案件，即“主体互涉叠加事实互涉案件”。这两种案件的管辖模式显然应当有所不同。

就单纯的主体互涉案件而言，由于同一行为主体所实施的司法类犯罪和其他职务违法犯罪之间并不存在实质性联系，办案机关在案件办理过程中无须就事实和证据方面进行过多交流，其中一案的调查或者侦查也不会对另一案的调查或者侦查产生太多影响。在这种情况下，各机关完全可以分别办理各自管辖范围内的案件。将案件予以合并，不仅对调查侦查缺乏裨益，而且还可能徒增不少沟通难题。而主体互涉叠加事实互涉案件的情况则有所不同。此类案件中，连接不同案件的关键因素除了同一行为主体以外，还有事实上的牵连性。这意味着，其中某一违法犯罪行为可能是另一违法犯罪行为的原因或者前提条件。将案件予以分别管辖，可能切断事实之间的关联，不利于分析同一行为主体的主观动机以及行为结果等。另外，案件之间的事实互涉往往与证据共享存在千丝万缕的联系。监察机关在调查案件过程中，可能需要用到人民检察院收集的证据材料，反之亦成立。二机关都需要通过某些证据材料，以证明各自调查侦查的事实。因此，证据的交流与共享显得尤为重要，而只有将案件予以合并，才可能充分实现这一目的。总之，一般而言，单纯的主体互涉案件更适宜进行分案管辖，而主体互涉叠加事实互涉案件则更适宜进行并案管辖。

不过，在此基础上仍需注意，对单纯的主体互涉案件进行分案管辖，还存在一定的现实困境。这主要体现在限制人身自由措施的适用上。在我国刑事司法活动中，为了保障诉讼程序的顺利进行，侦查机关有权采取五种强制措施以限制犯罪嫌疑人的人身自由。这五种强制措施分别为拘传、取保候审、监视居住、拘留和逮捕，它们在限权程度上层次分明、互成体系，甚至可以依据必要的程序予以适当转化。而在监察程序中，监察机关对于涉嫌贪污贿赂、失职渎职等严重职务违法或者职务犯罪的被调查人，已经掌握其部分违法犯罪事实及证据，仍有重要问题需要进一步调查，并具有特定妨碍调查情形的，其亦可以对该被调查人采取留置措施，在一定时间范围内限制其人身自由。不过，相较于上述刑事诉讼程序中的强制措施，留置是监察程序中唯一限制被调查人人身自由的措施，缺乏其他可以与之互成体系、相互转化的措施。并且，无论是在适用前提、具体情形、审批权限或者期限限制等诸多方面，留置也无法完全等同于上述任何一种强制措施。①

在此前提下，在监察检察主体互涉案件中，尤其是在单纯的主体互涉案件中，如果监察机关依据《监察法》、检察机关依据《刑事诉讼法》都主张限制同一行为主体的人身自由，那么在分案管辖模式下，究竟应当由监察机关留置，还是应当由人民检察院采取强制措施，是一个现实难题。易言之，不管对该行为主体适用何种限制人身自由的措施，该行为主体处于哪一机关的控制之下，都可能给办案工作带来极大不便。如果该行为主体被采取了刑事强制措施，甚至被关押在看守所，那么监察机关如何进行会见或者审讯；反之，如果该行为主体被采取了留置措施，那么人民检察院如何进行会见或者审讯等。这些问题会给案件的办理带来诸多的不便。

在这种情况下，“一刀切”地要求对单纯的主体互涉案件采取分案管辖模式，似乎也并不可行。监察机关与人民检察院也应当视个案情况进行具体

---

① 参见胡铭：《职务犯罪留置措施衔接刑事诉讼的基本逻辑》，载《北方法学》2019 年第 4 期。

裁量：如果行为主体已经被监察机关采取了留置措施，且是在接受监察调查的过程中才发现其还涉嫌其他依法属于人民检察院管辖的司法类犯罪，那么将案件统一由监察机关进行并案管辖，也未尝不可。如果行为主体已经被人民检察院采取了强制措施，且行为主体还是在接受刑事侦查的过程中才发现其还涉嫌了其他依法属于监察机关管辖的职务违法犯罪行为，那么人民检察院可以在与监察机关沟通的基础上，将案件一并移送监察机关并案管辖，并解除强制措施，由监察机关依法决定是否采取留置措施。或者，人民检察院与监察机关也可以在充分沟通、建立合理的协作机制的基础上，对案件进行分案管辖，人民检察院可以在继续侦查司法类犯罪的前提下，将行为主体涉嫌的其他职务违法犯罪问题线索移送监察机关，由监察机关依法调查处置。当监察机关需要会见或者审讯该主体时，人民检察院应当为其提供协助与便利。除此之外还存在第三种情形，即行为主体尚未被监察机关采取留置措施，也未被人民检察院采取强制措施，然而二机关已经通过适当的调查侦查活动掌握了该主体的违法犯罪线索，都需要对其采取留置或者强制措施，此时根据“监察主导”的相关规定，[①] 原则上人民检察院应当将案件移送监察机关进行并案管辖，由监察机关实施留置措施。但是，如果双方经过充分协商之后认为由检察机关统一控制行为主体的人身自由更为适宜，那么也可以在分案管辖的前提下，由检察机关采取强制措施，并允许监察机关进行必要的会见或者审讯。

综上所述，主体互涉叠加事实互涉的案件更适宜由监察机关进行并案管辖。而单纯的主体互涉案件，一般情况下应当由监察机关和检察机关进行分案管辖；特殊情况下，尤其是涉及限制人身自由措施的适用时，亦可由监察机关进行并案管辖。

三、“监察主导”对比“主罪主导”：监察机关与人民检察院的角色分工

根据上文可知，监察检察主体互涉案件可以采取并案管辖和分案管辖两

① 根据《监察法》第 34 条第 2 款的规定：“被调查人既涉嫌严重职务违法或者职务犯罪，又涉嫌其他违法犯罪的，一般应当由监察机关为主调查，其他机关予以协助。”该规定明确了“监察主导”原则，笔者将在下文予以详细论述。

种管辖模式。在不同管辖模式下，监察机关与人民检察院之间的角色分工机制也应有所区别。我国《监察法》第 34 条第 2 款规定："被调查人既涉嫌严重职务违法或者职务犯罪，又涉嫌其他违法犯罪的，一般应当由监察机关为主调查，其他机关予以协助。"根据这一规定，监察机关与包括人民检察院在内的其他机关构成主体互涉案件时，应遵循"监察主导"原则。

应当明确的是，《监察法》的上述规定仅适用于分案管辖模式。一方面，《监察法》第 34 条第 1 款规定："人民法院、人民检察院、公安机关、审计机关等国家机关在工作中发现公职人员涉嫌贪污贿赂、失职渎职等职务违法或者职务犯罪的问题线索，应当移送监察机关，由监察机关依法调查处置。"另外，根据《监察法实施条例》第 32 条第 1 款的规定："监察机关发现依法由其他机关管辖的违法犯罪线索，应当及时移送有管辖权的机关。"《监察法实施条例》之所以要求根据各机关的管辖范围移送问题线索，是为了强调各机关之间的地位独立、权责清晰，是进行分案管辖的前提条件。且在上述《监察法》第 34 条的规定中，将线索移送的规定置于监察主导原则之前，也在一定程度上意味着监察主导原则仅适用于分案管辖模式。另一方面，只有在分案管辖的前提下，才有研究监察机关与人民检察院具体角色分工的必要性。在并案管辖模式下，由于案件都已经移送监察机关统一管辖，人民检察院不再插手案件的实质性办理事宜，至多在必要情况下提供技术性协助，因此就无须再对二者的角色如何分配、二者地位孰重孰轻予以讨论了。而在分案管辖模式下，各机关都参与案件的直接办理工作，当需要双方进行协作时，究竟何者应当居于主导地位，何者仅起配合协助作用，才值得进一步讨论。

目前，前面提到的《监察法》关于监察检察主体互涉案件角色分工机制的规定，与我国刑事司法领域的相关规定有所区别。根据《刑事诉讼法》及有关司法解释的规定，人民检察院与公安机关分别负责不同类型刑事犯罪案件的侦查工作，二者之间也经常出现主体互涉案件。在司法实践中，此种情形的处理一般遵循的是"主罪主导"原则。根据 2012 年最高人民法院、最高人民检察院、公安部、国家安全部、司法部、全国人民代表大会常务委员会法制工作委员会《关于实施刑事诉讼法若干问题的规定》、2020 年

《公安机关办理刑事案件程序规定》以及 2019 年《人民检察院刑事诉讼规则》的规定，人民检察院办理直接受理侦查的案件涉及公安机关管辖的刑事案件，或者公安机关侦查刑事案件涉及人民检察院直接立案侦查的案件时，应当将案件移送给对方。在上述情形中，如果涉嫌主罪属于公安机关管辖，由公安机关为主侦查，人民检察院予以配合；如果涉嫌主罪属于人民检察院管辖，由人民检察院为主侦查，公安机关予以配合。可见，决定检察公安互涉案件双方角色分工机制的关键因素是涉嫌罪名的性质。正如本章第一节所述，主罪主导原则有其优势，因为它符合刑事案件办理规律，有助于提高犯罪侦查效率。但是，这种模式也存在一定的弊端，尤其是如何区分“主罪”与“次罪”的问题，常常成为现实办案中各机关之间产生冲突的重要原因。

相比之下，监察主导原则不存在上述问题，其要求所有案件都统一由监察机关为主调查，无须就何为“主罪”进行界定，也不涉及“主罪”与“次罪”的转化，可以有效避免不同机关之间的争执甚至冲突。不过，监察主导原则也有其缺陷。该原则“一刀切”地要求无论案件是何种情况都由监察机关为主调查，无形之中给监察机关带来了许多不必要的案件负担。且我国监察机关建立时间不长，人员队伍、内部设施等都不够完善，在成立早期可能还无法承担太过繁重的工作任务。另外，一律由监察机关为主调查，会不会导致司法类犯罪案件的办理工作被忽视，涉案人员的诉讼权利会不会受到侵蚀，也需要考虑。虽然由某一机关为主调查不等于管辖权的转移，但是监察机关的调查逻辑与人民检察院的侦查手段存在较大区别。人民检察院会不会因为缺乏话语权，而无法顺利履行自身的侦查职能，甚至对案件办理工作持消极观望态度，也是需要考虑的问题。

可见，无论是主罪主导原则，还是监察主导原则，都难以完美解决监察机关与人民检察院在互涉案件方面的角色分工问题。对此笔者认为，我国应当在坚持立法规定的监察主导原则的基础上，准确理解由监察机关为主调查的内涵，并适当吸收主罪主导原则的有益因素。具体而言：

第一，监察检察主体互涉案件仍应坚持监察主导原则，即以监察机关为主调查、人民检察院予以协助。这是由监察机关的特殊地位所决定的。监察机关是国家的反腐败专责机关，其与党的纪律检查部门合署办公，是党内监督与国家监督、党内纪律检查与国家监察的一体贯通，在国家治理体系中占据重要地位。根据《监察法》的规定，检察人员作为国家公职人员，依法属于监察机关的监察对象，当其涉嫌职务违法或者职务犯罪时，也应接受监察机关的监督、调查和处置。在此基础上，由监察机关担任主体互涉案件的主导机关，承担主要的调查职责，可以充分发挥其在公职人员监督管理方面的优势，敦促人民检察院及时、适当、合法地完成案件侦查任务，保障此类案件的充分有效处理。

第二，由监察机关为主调查主要指的是监察机关对整体流程的把控和在具体措施上优先适用监察调查措施。正如前文所述，上述监察机关和人民检察院的角色分工都是基于分案管辖模式，而分案管辖应主要适用于单纯的主体互涉案件，且不涉及限制人身自由措施的适用。在这种情况下，案件调查侦查工作的落实对各机关的协作性要求并不高。但是，这并不代表着在整个案件办理过程中，双方之间可以保持截然分离的状态。从宏观层面看，监察机关掌握着案件的整体办理流程。这主要体现在案件移送审查起诉的过程中。一般而言，对于主体互涉案件，在调查终结以及侦查终结，且符合事实清楚、证据确实充分、依法应当追究刑事责任的条件时，二机关仍需将案件合并，统一移交有管辖权的人民检察院进行审查起诉，以方便后续的起诉和审判工作。此时，监察机关应当对双方的案件办理进度进行把控，当双方都确定完成调查工作或者侦查工作时，将案件材料予以整合，并统一移送至承担起诉职能的人民检察院。此外，从微观层面看，监察机关还应享有对某些措施的优先适用权。以证据保全类措施为例，根据我国立法规定，物证、书证等实物类证据一旦被查封、扣押之后，是无法重新由另一机关再次施以类似手段的。此外，具有财产形式的债券、股票、基金份额、银行存款等，在被冻结之后，也不能重复冻结，只能轮候冻结。当监察机关和人民检察院因为办案需要，都必须对同一证据采取查封、扣押或者冻结措施时，原则上应当由监察机关优先适用这些措施，相关财物也应当掌握在监察机关手中。

应注意，监察主导并不意味着人民检察院的地位和作用被忽视。在分案管辖模式下，人民检察院对自身管辖范围内的案件仍然具有侦查权，其应当尽其所能完成案件事实的查明工作和证据的收集工作，保障涉案人员在侦查程序中享有各项诉讼权利。此外，监察机关也应重视与人民检察院的沟通，但当涉及具体程序环节的协调、工作手续的办理以及审查起诉工作的整合时，监察机关应与人民检察院保持必要的联系，尊重检察人员的意见和要求，避免案件办理工作中不必要的冲突。

第三节　监察事实互涉案件的管辖协调

我国《监察法》仅就监察主体互涉案件的处理模式作出规定，但并未就监察事实互涉案件应当如何处理作出规定。根据程序法定原则，我国法律禁止扩张国家权力的类推适用，除非此种类推适用是出于保障公民权利的目的。[①] 处理事实互涉案件与公民权利保障并不存在直接联系，因此无法将当前立法中关于主体互涉案件的规定直接套用于事实互涉案件之中。这就导致实践中对于此类案件应当如何管辖、如何办理，仍然存在疑惑。根据以往查处职务违法犯罪案件的经验，事实互涉案件的出现频率是非常高的。相对于主体互涉案件，此类案件之间虽然不存在行为主体方面的一致性，但在具体事实情节上却有着或多或少的牵连性。简单地将此类案件一律进行分案处理或者并案处理，适用主罪主导或者监察主导原则，似乎都难以圆满解决问题。处理模式的不具体不精确，不仅可能导致办案效率的低下，还可能出现结果的不公正。对此，笔者建议，我国应当在借鉴主体互涉案件相关管辖要求的前提下，以规范性文件的形式确立此类案件的处置原则，并细分案件类别，根据细分后的案件类别再行设置更具体的应对机制，以弥补现行立法之不足。

一、监察事实互涉案件的类型及特点

纯粹从事实角度看，监察机关所承办的案件与公安机关、人民检察院所承办的案件之间，是可能存在多方面的牵连情形的。笔者在前文论及监察公

---

① 参见杨文革：《刑事诉讼法上的类推解释》，载《法学研究》2014 年第 2 期。

安主体互涉案件时，曾在一定程度上提及事实互涉的情形，即包括前罪与后罪、主罪与次罪之间的关系。

案件之间存在前罪与后罪关系，又可称为原发衍生类案件。根据职务违法犯罪在多个案件中的先后次序，这种案件又可细分为两种情形：（1）其他犯罪是由职务违法犯罪衍生而来。例如，甲作为公职人员，利用职务上的便利非法收受他人贿赂，构成受贿罪。为了帮助甲掩饰受贿情况，乙作为非公职人员，将甲受贿所得赃款汇往境外，构成洗钱罪。此时，受贿罪是前罪，或者称为原发案件。而洗钱罪是后罪，或者称为衍生案件。（2）职务违法犯罪是由其他犯罪衍生而来。例如，甲是非公职人员，其实施了绑架儿童的行为，构成绑架罪。丁作为公安机关工作人员，接到儿童家属的报案之后，详细了解绑架情形并知悉解救方案，但不对被绑架儿童予以解救，导致被绑架儿童死亡，造成严重后果，从而构成不解救被绑架儿童罪。此时，绑架罪是前罪，或者称为原发案件。不解救被绑架儿童罪作为职务违法犯罪之一，是绑架罪的后罪，或者称为衍生案件。[①] 需要注意的是，此类原发衍生案件中涉及的职务违法犯罪以渎职类违法犯罪居多。[②]

如果案件之间存在主罪与次罪的关系，那么此类事实互涉案件又可以被称为集团案件，因为包括职务违法犯罪在内的多个案件都是围绕同一个核心人物或者同一个核心事件而展开的。以上文所论及的曹某某行贿、对有影响力的人行贿、串通投标案为例，串通投标罪是主罪，行贿罪和对有影响力的人行贿罪是次罪，因此构成集团案件。除此之外，在我国过去查处过的严重走私案件中，还曾经发现相关公职人员涉嫌受贿罪、滥用职权罪、放纵走私

---

① 参见向泽选：《职务犯罪关联案件侦查管辖的完善》，载《河南社会科学》2011 年第 4 期。需要注意的是，公职人员在滥用职权之前，还可能涉嫌受贿，从而构成滥用职权与受贿之间的牵连犯。对于牵连犯，司法解释中并没有明文规定处理原则。刑法理论上一般认为应从一重处罚，或者从一重从重处罚，亦有学者认为应数罪并罚。如果从一重处罚，那么该职务犯罪仍应构成其他犯罪的衍生案件。如果数罪并罚，滥用职权罪本身是其他犯罪的直接衍生案件，而受贿罪则是其他犯罪的间接衍生案件。参见张明楷：《刑法学》，法律出版社 2016 年版，第 440 页。

② 受贿罪包含不少特殊情形，如公职人员主动索取贿赂，公职人员在利用本人职务便利帮助他人谋取不当利益之后才收受贿赂，公职人员通过其他人为请托人谋取不当利益等。但无论属于上述何种情形，受贿罪都是为了实现其他犯罪而实施的准备性协助性行为，以其他犯罪为出发点，因此仍然属于其他犯罪的衍生案件。参见张明楷：《刑法学》，法律出版社 2016 年版，第 1061－1074 页。

罪、巨额财产来源不明罪等，其他非公职人员涉嫌走私普通货物物品罪、洗钱罪、逃税罪、组织领导参加黑社会性质组织罪等。这些案件之间彼此牵连，共同围绕走私行为展开，因此也构成集团案件。

与主体互涉案件相同，事实互涉案件实际上也涉及两方面的重要问题：(1) 由谁管辖的问题。即是由同一机关进行并案管辖，还是由不同机关进行分案管辖。(2) 由谁主导的问题。即如果分案管辖的话，那么由哪一机关主导案件的办理工作。这两个问题所涉及的基本法理与主体互涉案件有不少相似之处，但也因牵连因素的不同而有些许差异。另外，值得注意的是，正如前文所述，事实互涉案件也极有可能同时构成主体互涉案件。鉴于上文已经就两种互涉因素叠加的情况予以讨论，故本部分仅讨论单纯的事实互涉案件。

二、监察事实互涉案件应并案处理抑或分案处理

在国家监察体制改革之前，在刑事诉讼程序中，人民检察院与公安机关在侦办刑事案件时，也常常发生事实互涉的情况，相关解释性文件也有过处理此类案件的规定。以最高人民法院、最高人民检察院、公安部、国家安全部、司法部、全国人民代表大会常务委员会法制工作委员会《关于实施刑事诉讼法若干问题的规定》为例，其第3条明确规定：“具有下列情形之一的，人民法院、人民检察院、公安机关可以在其职责范围内并案处理：……(四) 多个犯罪嫌疑人、被告人实施的犯罪存在关联，并案处理有利于查明案件事实的。”这似乎表明，当存在事实上互涉的案件时，人民检察院与公安机关之间是可以进行并案管辖的。但是，需要注意的是，并案管辖有两大前提：(1) 职权原则。即各机关进行并案管辖，应当“在其职责范围内”。这意味着各机关都不得超越自身职权范围，办理依法属于其他机关管辖的案件。这是人民检察院与公安机关之间“分工负责”原则的体现。只有各机关各司其职，才能保障不同机关在彼此工作体系中充分发挥作用，刑事诉讼程序也才能得以顺畅运行。就检察公安事实互涉案件而言，如果人民检察院或者公安机关欲对案件予以并案管辖，那么一个大前提就是双方对所有案件都具有法定管辖权。(2) “并案处理有利于查明案件事实”的原则。这是从案件办理的现实视角考虑并案管辖的可行性。一般而言，

如果多种违法犯罪之间存在事实上的关联性，那么多个侦办机关之间极有可能需要在具体办理过程中对相关证据线索予以共享，如此才能达到更高的办案效率，并准确查明事实。因此，如果相较于分案处理，并案处理更有助于实现这一目的，那么二机关之间就可以进行并案。不过在实践操作中，证据线索等信息的共享并不一定需要通过并案处理才能实现。我国过去在扫黑除恶时曾经运用到的联合办案模式，似乎也能解决问题，甚至加强不同机关之间的沟通，构建双方互通的案件信息共享平台，也不失为查明事实互涉案件的一种有效途径。正因如此，《人民检察院刑事诉讼规则》第 18 条第 1 款明确规定："人民检察院办理直接受理侦查的案件涉及公安机关管辖的刑事案件，应当将属于公安机关管辖的刑事案件移送公安机关……"《公安机关办理刑事案件程序规定》第 30 条第 1 款也规定："公安机关侦查的刑事案件涉及人民检察院管辖的案件时，应当将属于人民检察院管辖的刑事案件移送人民检察院……"这两个规定都表明，二机关之间仍以各自管辖、分案处理为基本原则。

依据上述原则，处理监察机关与公安机关、人民检察院之间的事实互涉案件，应注意如下几个要点。

首先，是职权原则的要求。对此，需要注意的是，监察公安事实互涉案件和监察检察事实互涉案件的处理模式是不同的。监察机关奉行"以人立案"原则，但同时也需遵循"以事立案"原则。这就意味着，属于监察机关管辖的案件，不仅其中违法犯罪主体一般具有公职人员身份，而且他们必须涉及贪污贿赂等职务违法犯罪案件，否则监察机关不予办理。而公安机关负责侦查的是普通刑事案件。在国家监察体制改革之后，由于职务犯罪案件已经被监察机关或者人民检察院所包揽，所以职务犯罪案件不可能由公安机关来侦办。由此可知，监察机关与公安机关之间出现案件管辖重合的概率是相当低的。在此情况下，根据职权原则，即便监察机关办理的案件与公安机关办理的案件之间存在前罪与后罪、主罪与次罪之间的关系，但是各机关仍难以逾越各自的职责权限，去办理本应由对方管辖的案件。换句话说，一般情况下，监察公安事实互涉案件只能采取分案管辖原则。监察机关在调查职务违法犯罪案件时，发现应当由公安机关管辖的刑事案件，就应当予以移送；

反之，公安机关也应当将监察机关管辖的案件予以移送。

但对于监察检察事实互涉案件，情况可能有所不同。监察机关是我国的反腐败专责机构，其调查对象限于公职人员或者其他人员所涉嫌的贪污贿赂、滥用职权、玩忽职守、权力寻租、利益输送、徇私舞弊以及浪费国有资产等职务违法和职务犯罪行为。相比之下，国家监察体制改革之后，人民检察院直接立案侦查的范围限于在诉讼活动中实行法律监督发现的司法工作人员利用职权实施的非法拘禁、刑讯逼供、非法搜查等侵犯公民权利、损害司法公正的犯罪，[①] 但人民检察院所侦办的上述罪名却可以为监察机关所管辖，因为这些犯罪行为是由司法工作人员所实施的。而在我国，司法工作人员多具有公务人员身份，属于公职人员，履行的也是国家依法要求的公务行为。另外，这些罪名虽然都与诉讼活动有关，但由于诉讼活动本身也是国家公务的组成部分，因此这些罪名也应属于职务犯罪的范畴。正因如此，监察机关可以对这些案件予以管辖。另外，根据《监察法实施条例》第 52 条的规定："监察机关必要时可以依法调查司法工作人员利用职权实施的涉嫌非法拘禁、刑讯逼供、非法搜查等侵犯公民权利、损害司法公正的犯罪，并在立案后及时通报同级人民检察院。监察机关在调查司法工作人员涉嫌贪污贿赂等职务犯罪中，可以对其涉嫌的前款规定的犯罪一并调查，并及时通报同级人民检察院。人民检察院在办理直接受理侦查的案件中，发现犯罪嫌疑人同时涉嫌监察机关管辖的其他职务犯罪，经沟通全案移送监察机关管辖的，监察机关应当依法进行调查。"总之，从逻辑上看，属于人民检察院直接立案侦查的案件，可以由监察机关予以管辖；而监察机关管辖的案件，则不能由人民检察院处理。在此前提下，一旦出现监察检察事实互涉案件，只有监察机关可以对案件并案管辖。

其次，是有利于查明案件事实原则的适用。由于前文已经表明，只有监察检察事实互涉案件才可以并案处理，且只能由监察机关进行并案管辖。因此，当讨论并案管辖的第二项要求时，即有利于查明案件事实原则，仅需就监察检察事实互涉案件进行研究即可。这一条件的审核需要在实践中结合具

---

① 参见《刑事诉讼法》第 19 条第 2 款。

体情况做具体分析。上文也曾经提及，查明案件事实主要是基于证据线索的共享。此时，建立联合办案机制或者信息共享平台，加强双方的合作，一般即可解决问题，没有必要进行并案处理。只有当案件之间存在千丝万缕的联系，分案处理难以实现案件事实查明的目的，且人民检察院侦办的案件在多个事实互涉案件中处于相对次要的地位时，才有必要进行案件的并案管辖。对此，笔者建议，监察机关与人民检察院应当及时就相关案件做好充分沟通，在彼此协调的基础上决定是否进行并案管辖。

三、监察事实互涉案件应监察主导抑或主罪主导

当案件依法应当由监察机关或者其他机关分别管辖时，就涉及案件办理机关之间的合作关系。即在具体办案过程中，究竟应当由监察机关担任主要调查机关，还是根据案件罪名情况，决定应当由何者担任主导机关。

笔者认为，一般情况下，由监察机关为主调查是相对合理的。理由如下：(1) 监察机关是行使国家监察权的机关，是党内监督和国家监督、党内纪律检查和国家监察的有机统一体。监察机关的法律地位，决定了当其与公安司法机关发生职能或工作机制上的衔接关系时，应当发挥主导性作用。这种主导性作用也体现在互涉案件的处理中。(2) 监察机关的调查对象是国家公职人员。公职人员是国家机关中依法从事公共事务的工作人员，他们承担着党和国家赋予的管理重任，对国家机器是否顺利运转起着决定性作用。调查公职人员的职务违法犯罪行为，是国家对自身管理模式的调整，是执政党对自身执政素养的提升。正因如此，此类调查活动在相关案件办理工作中应当处于主导地位。(3) 相较其他普通刑事犯罪案件，职务违法犯罪的证明亦具有特殊性。根据刑法学界的通说，此类案件的共同特征之一是侵犯了职务行为的廉洁性或公正性，[①] 而判断职务行为是否廉洁、是否公正，可以从公职人员实施该行为之前的铺垫、之后的掩饰以及其他相关的动作中看出来，而这往往能从职务违法犯罪的原发案件、衍生案件或其他牵连案件中得到证明。

---

① 目前，关于贪污贿赂型犯罪的法益应否被界定为“职务行为的廉洁性”或“职务行为的公正性”，刑法学界存在一定的争议。部分学者从受贿罪的特殊性出发，认为其保护法益应当更多元化。参见张明楷：《受贿犯罪的保护法益》，载《法学研究》2018 年第 1 期。

因此，当监察机关与其他机关存在事实互涉案件且进行分案处理时，由监察机关承担主要调查职责，更有利于系统查明职务违法犯罪案件及相关案件的事实情形，更有助于合理公正地对公职人员进行处置。

但是，并非所有监察事实互涉案件都能适应该处理方式。监察调查权与公安侦查权存在实质性的区别，监察机关与公安机关之间也应具备彼此独立和明确分工的关系。[①] 这都意味着，对此类案件一律由监察机关为主调查，也可能产生一些问题。例如，当公安机关不得不服从监察机关的具体指挥时，就有可能出现普通案件的办理得不到必要的重视，非公职人员的诉讼权利得不到充分的保障，侦查程序得不到合法地运作的情况。不过，监察主导毕竟不等同于监察管辖，各机关之间互相干涉的可能性也相对较小。只有各机关之间保证分工明确，才可避免这种情况的发生。另外，明确由监察机关为主调查的内涵也很有必要。监察机关在互涉案件中的主导作用，应主要体现在宏观层面的主动性和控制力，包括办案方向的指引、整体思路框架的拟定以及相关人员的组织协调等。除此之外，从具体案件办理层面看，由监察机关为主调查还意味着三个方面的内容：（1）调查取证措施的优先运用，即当双方皆需要对特定证据提取保全时，应优先适用监察调查措施。（2）律师介入边界的划定，应允许律师介入公安机关和人民检察院侦办的案件中，但如果律师欲了解的相关案件信息属于监察机关调查的范畴，那么是否允许律师介入、律师如何介入、介入范围如何等，则应当由监察机关自行裁量。（3）移送审查起诉的确定，由于案件之间存在一定牵连性，如果并案起诉更有利于提升诉讼效率的话，那么如何整合案件资料、如何协调管辖案件的公诉部门、何时移送审查起诉等事项，也应当由监察机关优先提出方案。

除此之外，某些类型的事实互涉案件，也可能因为其具体情形之特殊性，而需要适用不同的规则。以原发衍生案件为例，此类案件应视不同情况分别讨论，可以适当摄取主罪主导原则的有益经验。先是公安检察管辖的案件是由监察案件衍生的事实互涉类型。此时，监察案件可能构成其他案件的动机，其他案件往往发生在监察案件之后，目的在于协助涉案公职人员逃匿，窝藏、

① 参见林艺芳：《监察机关与公安机关配合衔接机制研究》，载《湘潭大学学报（哲学社会科学版）》2018 年第 5 期。

转移、消灭犯罪所得，毁灭、伪造证据等，从而使公职人员逃避法律处置。其他案件的查明，将为监察案件的查处提供线索证据，并服务于监察案件的认定。在这种情况下，由监察机关为主调查、其他机关予以协助更有助于全面查清案件事实，也符合案件办理逻辑。但是，在监察案件是由其他案件衍生出来的情况下，情况则有所不同。这种情形下，监察案件一般以滥用职权类违法犯罪居多。由于滥用职权类违法犯罪的构成要件之一是致使公共财产、国家和人民利益遭受损失，而要判断该违法犯罪所造成的损害，与其事实上互涉的其他犯罪案件是重要的依据。甚至在特定情况下，其他犯罪案件中的主要事实情节，还可能是职务违法犯罪案件客观要件的重要组成部分。从该角度来分析，由监察机关为主调查似乎是个不错的选择。但是需要注意的是，在此类案件的互涉关系中，其他案件才是原发性案件。在很多情况下，监察案件是围绕其他犯罪案件展开的，是导致其他案件构成既遂的客观要件之一。也就是说，其他案件的查处在互涉关系中居于主导地位。如果一味地由监察机关为主调查，可能无法满足其他犯罪案件的查处要求。此时，适当提高公安机关或者人民检察院在案件办理中的地位，甚至赋予公安机关、人民检察院以主要侦查地位，也未尝不可。

再看集团案件，也可能出现监察主导的例外。相较原发衍生型案件，集团案件的情况更为复杂。集团案件是围绕同一核心人物或同一核心事件展开的多个具有紧密联系的案件，这些案件事实之间可能存在原发衍生关系、前因后果关系、前后相继关系、并列类似关系等，而这些关系还可能交叉重叠，形成网状结构。笔者认为，既然集团案件事实复杂、线索繁杂、涉案人员较多，那么应视具体情况采取不同的办案模式。如果案件的核心人物具备公职人员身份，且涉嫌的是监察机关管辖的职务违法犯罪行为，那么由监察机关为主对案件进行调查，其他机关予以协助，是不存在疑问的。但如果案件的核心人物不具备公职人员身份或者仅具备司法工作人员身份，且核心事件不属于监察机关管辖的职务违法犯罪案件，那么从有利于案件事实发现的角度出发，则不应强制要求由监察机关为主调查。当属于监察机关管辖的案件与核心人物或者核心事件之间的关联性不强时，或者该属于监察机关管辖的案件并非该集团案件的重点办理对象时，可以由公安机关或者人民检察院为主侦查，并由公安机关加强各机关之间的协调合作与信息共享。

第三章

监察调查与刑事侦查的衔接配合

国家监察体制改革，是将过去分散在各个部门的反腐败力量予以整合，形成统一、权威、高效的监察体系。在此过程中，原先属于人民检察院直接立案侦查的职务犯罪案件，也相应地转移至监察机关手中，由监察机关调查处置。从某种程度上看，监察机关吸收了部分具有刑事侦查属性的权力。正因如此，在国家监察体制改革试点之初，不少学者将监察机关的职务犯罪调查权等同刑事侦查权，认为“监察调查权的本质系收集证据、查明事实，这与侦查并无明显区别”，法律的调整“改变不了调查和侦查都是取证过程，即证据收集、固定、保全之过程”。[①] 诚然，监察调查权与刑事侦查权有共通之处，《监察法》关于职务违法犯罪调查的法律规定也确实在一定程度上借鉴了《刑事诉讼法》关于刑事侦查的法律规定。但是，这无法否认二者分属不同制度体系、具有不同程序特征这一事实。监察调查属于监察程序，它遵循《监察法》的规定，旨在通过开展职务违法和职务犯罪调查，加强反腐败工作和廉政建设，推进国家治理体系和治理能力的现代化。刑事侦查是刑事诉讼程序的重要环节，它的任务是通过适用对人或者对物的强制性措施，查明刑事案件事实，收集犯罪证据，并在此过程中实现打击犯罪与权利保障两项价值。

正因为监察调查与刑事侦查之间隶属不同制度、具有不同特征，所以二者之间应当形成分工负责、互相配合的良性关系。也就是说，监察机关与刑

---

① 程雷：《“侦查”定义的修改与监察调查权》，载《国家检察官学院学报》2018 年第 5 期。

事侦查机关首先应坚守本职工作，独立完成任务，分工明确且不越位，不相互干扰彼此的日常办案工作。在此基础上，二机关应当依照法律规定相互支持、相辅相成。监察机关在办理职务违法犯罪案件时，经常会发现属于公安机关管辖的案件线索，此时它们应当将案件线索及时移送至公安机关办理。反之，公安机关也应当及时将属于监察机关管辖的案件移送监察机关办理。[①]监察机关适用监察措施办理职务违法犯罪案件过程中，经常需要公安机关配合协助。公安机关应当从技术设备、人力资源等方面为监察机关提供帮助，促使其更好地完成调查任务。

第一节　监察调查与刑事侦查的关系

根据《监察法》的规定，监察机关具有三项重要职权，即监督、调查和处置。其中，监察调查权是指监察机关运用特定监察措施和监察程序，针对国家公职人员所涉嫌的职务违法犯罪行为所进行的一系列收集证据、查明事实的活动。而刑事侦查是刑事诉讼程序的重要组成部分，它是指公安机关、人民检察院等侦查机关对于刑事案件，依照法律规定进行的收集证据、查明案情的工作和有关的强制性措施。不可否认的是，监察调查与刑事侦查之间存在不少共通之处，《监察法》关于监察调查的相关规定也确实有借鉴《刑事诉讼法》的可能性。但与此同时，监察调查与刑事侦查在内在性质、目的功能和程序机制等诸多方面也有着本质差异。二者的共通性与异质性是监察调查与刑事侦查进行衔接的基本前提，也是二者在具体程序环节中进行配合的合理性基础和存在冲突的根本缘由。

一、监察调查与刑事侦查的相似性

国家监察体制改革之后，监察机关的调查活动在某种程度上涵盖了人民检察院过去在刑事诉讼程序中的职务犯罪侦查活动，这是监察机关职务违法

① 这里面可能涉及互涉案件的办理问题，本书已经在第二章予以详细解析，此处便不再赘述。

犯罪调查与刑事侦查存在共通之处的重要原因。比较现行《监察法》与《刑事诉讼法》，不难发现二者在基本功能、具体措施等方面有着不少相同之处。

（一）监察调查与刑事侦查的功能具有相似性

就监察调查的基本功能而言，《监察法》第 18 条第 1 款规定："监察机关行使监督、调查职权，有权依法向有关单位和个人了解情况，收集、调取证据。有关单位和个人应当如实提供。"由此可知，监察机关行使调查权的直接目的在于获取案件的相关证据，查明案件事实，并为后续的处置工作做好准备，甚至为案件移送刑事诉讼程序提供最原始的证据材料和事实依据。这与《刑事诉讼法》第 115 条关于侦查功能的描述如出一辙，根据该条的规定，公安机关对已经立案的刑事案件，应当进行侦查，收集、调取犯罪嫌疑人有罪或者无罪、罪轻或者罪重的证据材料。可见，刑事侦查的直接目的也是获取证据、查明事实，二者之间并无太大区别。

不过，从更深层面上看，监察机关进行职务违法犯罪调查，除了服务于事实查明和证据收集之外，还包含了"加强对所有行使公权力的公职人员的监督"以及"开展廉政建设和反腐败工作"的国家治理功能。这是基于国家监察体制独特的制度目标以及监察机关特有的管辖范围而产生的功能导向。而刑事侦查行为则不一定具备这一功能，当前只有人民检察院现存的直接立案侦查权与之有一定的相似之处。人民检察院对诉讼活动实行法律监督过程中发现的司法工作人员利用职权实施的非法拘禁、刑讯逼供、非法搜查等侵犯公民权利、损害司法公正的犯罪，仍可以进行立案侦查。人民检察院侦查上述案件，既具有法律监督性质，也服务于诉讼领域的反腐败工作，因此与监察职务违法犯罪调查具有异曲同工之处。

（二）监察调查与刑事侦查的措施具有相似性

在调查侦查的具体措施方面，监察机关调查职务违法犯罪案件与公安机关、人民检察院等履行刑事侦查权一样，"均通过对物、对人较高程度的强制手段实现查证犯罪"。[①] 通过梳理《监察法》相关法条，可以发现用于职务

① 左卫民、安琪：《监察委员会调查权：性质、行使与规制的审思》，载《武汉大学学报（哲学社会科学版）》2018 年第 1 期。

违法犯罪调查的监察措施包括谈话、讯问、询问、留置、查询、冻结、搜查、调取、查封、扣押、勘验、检查、鉴定、技术调查、通缉和限制出境等。其中，有些措施涉及人身自由的限制或者剥夺，以保障监察调查的顺利进行为目的，包括留置、通缉和限制出境。另有些措施则涉及公民财产权、隐私权等其他基本权利的限制或者剥夺，并以收集和固定证据、查明事实为目的，包括谈话、讯问、询问、留置、查询、冻结、搜查、调取、查封、扣押、勘验、检查、鉴定、技术调查等。而在刑事侦查程序中，根据《刑事诉讼法》的规定，可供侦查机关行使的措施也可分为两种，即侦查行为和强制措施。前者用于收集各种证据、查明案情，主要涉及对公民财产权、隐私权等的限制，具体包括讯问、询问、勘验、检查、搜查、查封、扣押、冻结、鉴定、技术侦查、辨认等。① 强制措施则是为了确保刑事诉讼程序的顺利进行，而依法对犯罪嫌疑人人身自由采取限制或者剥夺的措施，属于对人实施的强制手段。我国目前刑事诉讼程序中有五大强制措施，即拘传、取保候审、监视居住、拘留、逮捕。

通过上述列举可知，监察机关的职务犯罪调查措施与侦查机关的侦查行为之间存在大范围的重合，这也为二机关在办案过程中进行衔接配合奠定了基础。另外，监察程序和刑事侦查程序中都具有限制或者剥夺人身自由的措施。虽然二者的具体种类不同，但不可否认的是，此类监察措施在立法过程中有借鉴刑事强制措施的痕迹，在适用目的、情形、方式等方面与刑事强制措施有不少相似之处。以留置为例，其无论在适用前提和执行方式等方面都与逮捕、拘留等羁押性强制措施非常相似。正因如此，在《监察法》出台之初、对监察实践缺乏具体解释说明的时候，不少学者和实务人员将留置与这几项措施予以类比，要求将逮捕或者拘留的相关权力制约手段和权利保障机制套用于留置措施之上。②

---

① 需要注意的是，在我国《刑事诉讼法》中，通缉通常被认为是侦查行为的一种，不在刑事强制措施体系之内。但是，与其他侦查行为不同的是，通缉措施并非对物的强制手段，而是对人身自由的限制，是对人的强制手段，从理论上看应属于强制措施的一种。

② 参见陈瑞华：《论监察委员会的调查权》，载《中国人民大学学报》2018 年第 4 期。

二、监察调查与刑事侦查的异质性

在承认监察机关的职务犯罪调查权与刑事侦查权具有一定相同特征的前提下，二者之间的本质性差异亦值得关注。

（一）监察调查与刑事侦查的价值导向存在根本区别

监察机关不是单纯的行政机关或者司法机关，而是代表党和国家行使监察权的政治机关。我国构建国家监察体制，主要目的之一在于实现党内监督与国家监察的有机统一。体现在具体架构方面，监察机关自诞生以来便与党的纪律检查部门合署办公，实现“纪法全面贯通”，既要执法，又要执纪，加强对所有行使公权力的公职人员的监督，从而在党和国家层面形成巡视、派驻、监察三个全覆盖的统一的权力监督格局。正因如此，监察机关在具体调查工作中，既要以《监察法》等法律规定为基本依据，又应当遵循党的“四种形态”理论，以此为指导实现“惩前毖后、治病救人”的最核心价值导向。根据《中国共产党党内监督条例》第7条的规定，所谓的“四种形态”理论，是指“经常开展批评和自我批评、约谈函询，让‘红红脸、出出汗’成为常态；党纪轻处分、组织调整成为违纪处理的大多数；党纪重处分、重大职务调整的成为少数；严重违纪涉嫌违法立案审查的成为极少数”。从其内涵可知，“四种形态”强调的并不是平均主义，而是针对不同情形有不同的处理方式，将预防放在前面，通过警示大多数、惩戒极少数，避免小错炼成大错，达到“惩前毖后、治病救人”的预防目的。在上述理论指导之下，监察机关在进行职务犯罪调查时，除了实现打击腐败犯罪、维护宪法和法律的尊严等目的之外，还更加注重对有关国家公职人员和其他履行公职的人员的教育和预防，通过调查工作教育涉案人员及时扭转错误思想，使其在受到惩处的同时得到矫治，传播正确思想，敦促社会公众加强对公权力行使的监督，遏制其他公职人员违法违纪倾向。而这与人民检察院进行刑事侦查的价值取向不完全一致。

根据我国《刑事诉讼法》的相关规定，我国进行刑事侦查主要是为了惩罚犯罪、保障人权。惩罚犯罪是刑事司法的本质价值，公安机关、人民检察院等运用侦查权力查证个案，是服务于犯罪的打击与遏制，维护社会公共利益和公权力的合理运转，而保障人权是刑事司法的重要价值。我国过去的刑事司法有“重打击、轻保护”的传统，由此也产生了一些错案。惩罚犯罪分子的同时，应当保障无罪的人不受刑事追究，坚持疑罪从无原则，从程序的方方面面入手确保犯罪嫌疑人、被告人享有各种诉讼权利和其他基本权利。不可否认的是，侦查机关进行刑事侦查活动，必然潜在地带有一定的预防性和教育性价值，侦查过程和侦查结果也可能从侧面纠正有关人员的错误思想。但这毕竟不是其主要价值，也并不能决定公安机关、人民检察院等侦查主体的主要侦查工作方向。进一步说，监察机关的犯罪调查与公安机关、人民检察院等的刑事侦查在价值取向方面虽有相似之处，但根本上是存在差异的。

（二）监察调查和刑事侦查的管辖原则存在实质差异

国家监察体制改革旨在加强对所有行使公权力的公职人员的监督。因而，其发挥作用、运行程序时是围绕“人”展开的，“事”为“人”的处置提供依据，职务违法犯罪的调查也不例外。这最典型地体现在管辖方面。监察机关管辖职务违法犯罪的主要原则是“以人立案”，即首先考虑涉案人员的身份，在此基础上再结合其所涉嫌的罪名类型，确定最终的管辖范围。《监察法》第15条明确规定了六种必须接受职务犯罪调查的人员范围，包括“（一）中国共产党机关、人民代表大会及其常务委员会机关、人民政府、监察委员会、人民法院、人民检察院、中国人民政治协商会议各级委员会机关、民主党派机关和工商业联合会机关的公务员，以及参照《中华人民共和国公务员法》管理的人员；（二）法律、法规授权或者受国家机关依法委托管理公共事务的组织中从事公务的人员；（三）国有企业管理人员；（四）公办的教育、科研、文化、医疗卫生、体育等单位中从事管理的人员；（五）基层群众性自治组织中从事管理的人员；（六）其他依法履行公职的人员”。这些人员要么属于依法履行公职的国家机关公职人员，要么属于虽然不具备公职人员身份但属于依法行使公权力的人员。因此，当其实施职务违法犯罪行为时，理当隶属监察机关管辖，由监察机关履行调查职责。除此之外，“以人立案”还体现在监察机关内部管辖权限的划分方面。根据《监察法》的规定，各级监察机关应当按照管理权限管辖上述公职人员所涉监察事项。这里所谓的“管理权”在实践中主要体现为干部管理权限和公职人员所在辖区。根据《监察法实施条例》第46条第1款的规定，设区的市级以上监察委员会按照管理权限，依法管辖同级党委管理的公职人员涉嫌职务违法和职务犯罪案件。例如，国家监察委员会管辖中管干部所涉监察事项；省级监察委员会管辖本省省管干部所涉监察事项；基层群众性自治组织中从事管理的人员所涉监察事项，由其所在地的县级监察委员会管辖。[①] 这是干部管理权限在“以人立案”管辖原则方面的直接体现。另外，根据《监察法实施条例》第46条第2款和第3款的规定，县级监察委员会和直辖市所辖区（县）监察委员会依法管辖本辖区内公职人员涉嫌职务违法和职务犯罪案件。地方各级监察委员会可以依法管辖工作单位在本辖区内的有关公职人员涉嫌职务违法和职务犯罪案件。这说明，公职人员所在辖区是确定“以人立案”管辖原则的另一标准。

不可否认的是，除了遵循“以人立案”原则以外，在很多情况下，监察机关调查实践中判断一个案件是否属于自己管辖，还应结合案件本身的性质来判断。根据《监察法》第11条的规定，监察机关作为反腐败专责机构，仅负责调查公职人员等涉嫌贪污贿赂、滥用职权、玩忽职守、权力寻租、利益输送、徇私舞弊以及浪费国家资财等职务违法和职务犯罪行为。除此之外，《监察法实施条例》第26~31条，详细列举了属于监察机关管辖的六大类案件及其具体罪名，囊括了《刑法》第八章和第九章中绝大多数罪名以及其他章节中与职务违法犯罪有关的罪名。如果有关人员涉嫌的并非职务违法犯罪行为，那么即使其具有公职身份、行使公权力，也不属于监察机关管辖的范围。另外，某些非涉案人员，虽然不具备公职身份，但由于其与其他公职人员共同实施了职务违法犯罪行为，因此也可能需要接受监察机关的调查。总之，确定监察调查管辖范围的原则是“以人立案为主、以事立案为辅”。

相比之下，在我国刑事侦查中，“以事立案”才是其根本原则。目前我

---

① 参见中共中央纪律检查委员会法规室、中华人民共和国国家监察委员会法规室编写：《〈中华人民共和国监察法〉释义》，中国方正出版社2018年版，第116页。

国刑事司法中共有六类侦查机关类型，其中人民检察院直接立案侦查的是“在对诉讼活动实行法律监督中发现的司法工作人员利用职权实施的非法拘禁、刑讯逼供、非法搜查等侵犯公民权利、损害司法公正的犯罪”；[①] 国家安全机关负责侦查的是危害国家安全的案件；军队保卫部门对军队内部发生的刑事案件行使侦查权；中国海警局履行海上维权执法职责，对海上发生的刑事案件行使侦查权；监狱侦查的是罪犯在监狱内犯罪的案件；[②] 除此之外的其他普通刑事案件，则由公安机关负责侦查。可见，上述不同侦查机关之间划分彼此案件管辖权限的标准是案件的性质本身，充分体现了“以事立案”的特征。除此之外，在侦查机关内部，划分上下级、同级机关之间的案件管辖权，也是以案件本身性质作为主要标准。以公安机关为例，就地域管辖而言，《公安机关办理刑事案件程序规定》第 15 条第 1 款规定：“刑事案件由犯罪地的公安机关管辖。如果由犯罪嫌疑人居住地的公安机关管辖更为适宜的，可以由犯罪嫌疑人居住地的公安机关管辖。”就级别管辖而言，根据《公安机关办理刑事案件程序规定》第 24 条第 1 款和第 2 款的规定：“县级公安机关负责侦查发生在本辖区内的刑事案件。设区的市一级以上公安机关负责下列犯罪中重大案件的侦查：（一）危害国家安全犯罪；（二）恐怖活动犯罪；（三）涉外犯罪；（四）经济犯罪；（五）集团犯罪；（六）跨区域犯罪。”可见，无论是横向视角还是纵向视角来看，区分不同公安机关之间管辖范围的主要标准都是案件本身所自带的属性。当然，正如上述《公安机关办理刑事案件程序规定》第 15 条第 1 款的规定，在划分地域管辖时，有时也适用“犯罪嫌疑人居住地”这一标准。不过，这只是作为确定地域管辖的辅助性标准存在而已，并未左右侦查管辖的主导方向。

（三）监察调查与刑事侦查的程序机制存在显著不同

尽管根据前文所述，监察调查与刑事侦查在措施种类上有不少重合之处，但是这些措施在具体程序机制方面却存在一定差异。例如，在我国刑事诉讼程序中，辩护权是犯罪嫌疑人、被告人依法享有的诉讼权利，旨在弥补其在

---

① 参见《刑事诉讼法》第 19 条第 2 款。

② 参见《刑事诉讼法》第 308 条。

法律专业能力上的不足，平衡控辩双方的力量对比，确保其合法权益不受非法侵犯。根据《刑事诉讼法》的规定，犯罪嫌疑人自被侦查机关第一次讯问或者采取强制措施之日起，就有权委托律师作为辩护人。侦查机关在第一次讯问犯罪嫌疑人或者对犯罪嫌疑人采取强制措施的时候，应当告知其有权委托辩护人。犯罪嫌疑人因经济困难或者其他原因没有委托辩护人的，本人及其近亲属可以向法律援助机构提出申请，对符合法律援助条件的，法律援助机构应当指派律师为其提供辩护。犯罪嫌疑人是盲、聋、哑人，尚未完全丧失辨认或者控制自己行为能力的精神病人，可能被判处无期徒刑、死刑的人，或者未成年人，没有委托辩护人的，人民检察院、公安机关等应当通知法律援助机构指派律师为其提供辩护。可见，犯罪嫌疑人自侦查阶段开始即享有辩护权，他们既可以自行辩护，也可以委托他人为其辩护，甚至可以由法律援助机构指派律师为其提供辩护。辩护律师在侦查阶段有权为犯罪嫌疑人提供各种法律帮助，包括代理申诉、控告，申请变更强制措施，向侦查机关了解犯罪嫌疑人涉嫌的罪名和案件有关情况、提出意见。辩护律师还可以同在押的犯罪嫌疑人会见和通信，并拥有一定的调查取证权。与之相比，我国《监察法》并未明确监察调查过程中可否允许律师介入。实践中，基于国家公职人员身份的敏感性和职务犯罪案件的特殊性，多数监察机关不允许律师在此阶段代理案件，也不允许律师为被调查人提供法律服务。只有当案件移送审查起诉之后，律师才能以刑事辩护人身份介入程序，根据《刑事诉讼法》的规定行使职务犯罪案件的辩护权。①

又如，就留置与强制措施，尤其是与拘留、逮捕等羁押性强制措施的关

---

① 对此，理论界存在不同见解。有学者认为，“从限制公民权利的角度看，冻结、查封和扣押限制了财产权，留置限制了人身自由权，而搜查同时限制了两种公民基本权利。这些强制性措施的行使毫无疑问将影响被调查人权利的实现……为保障被调查人的合法权利，最重要的措施之一就在于引入律师帮助”。即从被调查人权利保障的角度，主张应允许律师介入监察程序。参见陈卫东：《职务犯罪监察调查程序若干问题研究》，载《政治与法律》2018 年第 1 期。

亦有学者提出不同意见，“要保持查办案件的高压态势，及时有效地侦破职务犯罪案件，就必须适应职务犯罪高智能、隐蔽性特点和规律……律师的提前介入虽有利于被调查人的人权保障，但存在极大的证据的风险，这种风险可能导致应该查证的腐败分子逍遥法外”。即从案件办理风险规避的角度，主张不应允许律师介入监察程序。参见吴建雄：《监察体制改革试点视域下监察委员会职权的配置与运行规范》，载《新疆师范大学学报（哲学社会科学版）》2018 年第 5 期。

系而言，它们之间确实有一定相似之处，但本质上仍有差异。留置与拘留、逮捕措施都适用于可能逃跑、自杀，可能串供或者伪造、隐匿、毁灭证据等可能妨碍程序顺利进行的情况，也都是通过限制剥夺公民人身自由的方式来实施。不过，由于拘留和逮捕措施位于刑事司法体系内，除此二者之外，另有拘传、取保候审、监视居住三个强制措施与之形成可相互转化的强制措施系统，而留置措施是监察程序中唯一直接限制剥夺公民人身自由的措施，因而它们在适用条件和具体期限方面有一定区别。就适用条件而言，留置适用于监察机关已经掌握被调查人部分违法犯罪事实及证据、仍有重要问题需要进一步调查的情况，可见其服务于案件调查工作本身。而拘留的适用前提是现行犯或者重大嫌疑分子，且具有法定紧急情况的情形。逮捕的适用条件有三项，包括有证据证明有犯罪事实这一证据条件，可能判处徒刑以上刑罚这一罪责条件，以及采取取保候审尚不足以防止社会危险性这一危险性条件。三者之间是无法简单等同的。再就适用期限而言，留置时间不得超过 3 个月，在特殊情况下可以延长一次，延长时间不得超过 3 个月。而拘留的时间较短，公安机关负责侦查的案件，最长拘留时间为 37 天，人民检察院负责立案侦查的案件，最长拘留时间为 17 天。逮捕的时间限制较为宽松，一般情况下侦查羁押期限不得超过 2 个月，但为特殊原因，在报请上级人民检察院批准的前提下，可以再予延长。可见，期限方面三者也是大相径庭的。

再如，监察调查与刑事侦查活动中存在所谓的认罪认罚从宽制度，但二者之间在适用前提条件和程序机制方面亦有所差异。根据《刑事诉讼法》第 15 条的规定，启动认罪认罚从宽制度的前提是犯罪嫌疑人如实供述自己的罪行，承认指控的犯罪事实，愿意接受处罚。换言之，在侦查程序中犯罪嫌疑人仅需符合“认罪”“认罚”要求，即可适用该制度。但是，在监察程序中，适用认罪认罚从宽制度除了要具备“认罪”和“认罚”要件之外，还应符合《监察法》第 31 条规定的四种情形之一，即：（1）自动投案，真诚悔罪悔过的；（2）积极配合调查工作，如实供述监察机关还未掌握的违法犯罪行为的；（3）积极退赃，减少损失的；（4）具有重大立功表现或者案件涉及国家重大利益等情形的。再看程序机制，在刑事侦查程序中，犯罪嫌疑人自愿认罪的，应当记录在案，随案移送，并在起诉意见书中写明有关情况。同时，如果犯罪嫌疑人有重大立功或者涉及国家重大利益的，经最高人民检察院核准，公安机关可以撤销案件。相比之下，在监察调查程序中，被调查人主动认罪认罚，并符合上述情形之一的，监察机关经领导人员集体研究，并报上一级监察机关批准，可以在移送人民检察院时提出从宽处罚的建议。监察机关不能作出撤销案件的决定。

除此之外，对于被调查人或者犯罪嫌疑人死亡的情形，监察机关和侦查机关的处理方式也有区别。在监察调查程序中，尤其是在职务犯罪案件的调查过程中，如果被调查人死亡，有必要继续调查的，经省级以上监察机关批准，应当继续调查并作出结论。与之相比，在侦查程序中，犯罪嫌疑人死亡是终止诉讼的情形之一，一般情况下侦查机关应当撤销案件，不再追究其刑事责任。二者之间稍有差异。不过，对于被调查人或者犯罪嫌疑人死亡的情形，无论是在监察调查程序还是在侦查程序中，都是提请人民检察院申请没收违法所得的前提之一。从这个视角看，监察调查与刑事侦查也有相似之处。

第二节　公安机关对监察调查的配合协助

监察调查与刑事侦查之间的衔接配合是相互的。监察机关在办案过程中发现的依法属于刑事侦查机关管辖的案件线索，或者刑事侦查机关在办案过程中发现的依法属于监察机关管辖的案件线索，都应当及时移送。另外，监察机关落实调查措施时，需要侦查机关从软硬件方面提供协助配合的，可以向相应机关提出要求。反之，侦查机关如有需要，也可以商请监察机关协助配合。本节将把重点放在公安机关对监察机关的配合协助方面，这也是监察调查与刑事侦查衔接配合在实践中最典型的体现。我国素有要求公安部门协助配合反腐败专门机构办理案件的传统。1989 年，我国原监察部、公安部曾经联合出台《关于监察机关在查办案件中公安机关予以协助配合的问题的通知》，规定监察机关在办案取证过程中如需采取询问、讯问、限制出境、鉴定等措施，且需要公安机关协助时，可以通过必要的审批程序，通知公安机关予以协助执行。虽然由于当年尚未开展国家监察体制改革，当时的监察机关也不同于如今的监察委员会，不过该机关也是作为反腐败专门机构开展工作的，其要求公安机关提供配合协助的相关做法也值得现在的监察委员会所借鉴。根据《监察法》的规定，监察委员会有权采取一定的措施对职务违法犯罪案件进行调查。其中不少措施，由于其技术门槛的特定限制或者对人力资源的较高要求，监察机关仅凭一己之力无法有效落实，需要公安机关的协助。公安机关协助监察机关执行调查措施，不仅体现在技术调查、搜查、调取、查封、扣押、通缉、限制出境等具体措施的协助上，也体现在提供协助前对口管理机制的完善和协助过程中审批机制的建设上。公安机关应当严格按照《监察法》的规定和监察机关的授权进行，为监察机关提供高质量的措施执行效果，并确保涉案人员的合法权益得到适当保障。

一、公安机关对口管理机制的建设

对口管理机制是公安机关配合监察调查的直接窗口与首要环节。公安机关内部应设立与监察机关进行对接的牵头部门，其他内设部门为该部门提供支持。同时，公安机关内部还应明确案件对口管理的保障机制。如此一来，监察机关才不会求助无门，公安机关的配合衔接工作也才能有序进行。目前，我国不少省份都分别出台了加强监察机关与公安机关协助配合机制或者公安机关配合监察机关查办案件的规范性文件，要求公安机关依法依规、积极配合、规范高效地支持配合监察机关查办案件的工作，以整合监察机关的政治优势、组织优势以及公安机关的专业优势、硬件优势，提升反腐败合力。从现行规定看，对口管理机制主要涉及如下三个层面的内容：（1）对口部门的确定。（2）其他部门的支持。（3）保障措施的提供。

（一）对口部门的确定

各公安机关应当根据其内设部门的职能，以及监察机关办理职务违法犯罪案件的要求，确定某一特定部门作为衔接牵头部门，专门负责就监察机关提出的各项配合协助要求进行统一对接，并协调内部各警种部门予以配合。目前在部分省份，这一职责由公安机关内部的法制部门承担。根据《湖南省公安机关配合监察委员会查办案件办法（试行）》第 3 条的规定，各级公安机关法制部门为公安机关支持配合监察委员会查办案件的牵头部门，具体负责与监察委员会案件监督管理部门统一对接，负责根据公安机关内部警种部门职能职责，分派监察委员会提出的支持配合查办案件要求。法制部门是公安机关内部的综合性职能部门，负责监督公安机关的执法工作，就执法行为的合法性进行审查，指导公安机关进行法制建设和宣传。由法制部门担任监察委员会的对口衔接部门，符合该部门的职能定位，有助于发挥其在法律法规方面的长处以及在协调各部门方面的能力。作为监察委员会的对口衔接部门，法制部门应当在接收到监察委员会具体的配合协助要求之后，及时向其他部门传达或转办，并在工作任务落实之后，再向监察机关反馈，起到承前启后的作用。

（二）其他部门的支持

虽然公安机关的对口衔接部门可以做好协助工作的承接与分派，但是对口管理机制的建设还有赖于公安机关其他警种部门的支持，它们才是具体执行各项协助职能的主体。根据各地的实践经验，针对不同监察措施的不同协助工作，应分别由公安机关内部不同警种部门提供协助。例如，监察机关在需要公安机关配合开展现场勘验、检查工作时，公安对口衔接部门一般会将任务分派给刑事技术部门，由刑事技术人员在监察人员的主持下开展工作。又如，监察工作人员需要到公安机关管理的羁押场所向被羁押人员调查取证的，公安对口衔接部门应当将任务分派给监管部门让其协助办理。再如，监察机关需要公安机关协助采取技术调查措施的，公安对口衔接部门则应当将任务分派至技术侦查部门，由其工作人员按照相关规定提供协助。总之，公安机关内部不同警种部门应当在法制部门的协调统筹下为监察调查提供必要协助。

各级公安机关的其他警种部门在接到对口部门分派的配合协助监察机关的具体要求时，应当及时作出回应，并根据自己的职能范围履行工作任务。其他内设部门应当明确自己在配合协助监察机关办案过程中的职责权限，不得以不合理的借口随意推诿分配的任务。如果因为职能所限无法完成所分派的任务，也应当及时与对口衔接部门进行协调，申请由其他部门完成任务。总之，其他警种部门的支持是对口管理机制得以落实的重要保证。

（三）保障措施的提供

公安机关还应当为承担对口衔接任务的部门提供必要保障，确保对口部门能顺利履行自己的职责。《湖南省公安机关配合监察委员会查办案件办法（试行）》第4条对此作出规定，各级公安机关应当为法制部门配置配备与其履行支持配合监察委员会查办案件职责相适应的保障，明确其职责、职能及任务要求。此类保障措施首先指的是人力的保障，对口部门应当指派专人负责履行与监察委员会协作的工作任务的承接、移送、转派。此外，此类保障措施还应当包括制度的保障，公安机关应当制定相关规章制度，明确对口管理机制的具体操作流程与规则，使对口部门及其他支持部门在履行对监察委员会的配合协助任务时有的放矢、有据可凭。

二、公安机关对具体调查措施的协助

公安机关对监察调查的配合协助，主要体现在具体调查措施的协助执行方面。公安机关是我国传统的行政执法和刑事侦查部门，并具有一定的武装力量作为执法后盾。长期以来的实践经验使它们拥有较强的搜证能力和人力资源水平。而监察机关是我国近年来新成立的国家机关，无论是在硬件设备还是软件技术方面，皆与公安机关有一定差距，再加上其并不具备独立的武装建制，且很多调查措施都是通过对人或者对物施以强制手段的方式实现取证目的，因此监察机关常常在调查过程中遭遇现实困难，需要公安机关的配合协助。

目前，根据《监察法》的规定，监察机关有权实施谈话、询问、讯问、留置、查询、冻结、搜查、调取、查封、扣押、鉴定、技术调查、通缉、限制出境等措施。其中，技术调查措施由于其涉及公民个人信息和社会信息的提取，涉及特殊设备的运用，因此经常需要公安机关从技术上、硬件上提供协助。搜查、查封、扣押等措施涉及公民财产权的限制，难免遭遇财产占有人的抵触，因此需要公安机关的武装力量作为后盾。询问和讯问属于言词性调查措施，一般情况下监察机关可以独立完成，不过如果被调查人被依法关押在隶属公安机关管理的羁押场所，那么监察机关也需要与公安机关进行协调沟通，才能接触到被调查人并达到调查目的。发布通缉令、限制出境等措施与公安机关的基层社区管理能力和出入境管理职能密切相关，只有公安机关才能配合落实。留置措施旨在限制相关人员的人身自由，该措施的执行可能需要占用公安机关的羁押场所，并要求公安机关在人员看护方面提供支持。总之，各种措施的实施都可能涉及公安机关的协助配合。

（一）公安机关对技术调查措施的协助

《监察法》第28条明确规定，监察机关有权采取技术调查措施调查职务犯罪案件。技术调查措施，是指监察机关根据调查需要，依法运用现代科技设备秘密地收集被调查人犯罪证据的一种特殊监察措施。有关反腐败国际公约规定，为有效打击腐败，各缔约国均应当在其本国法律制度基本原则许可的范围内并根据本国法律规定的条件在其力所能及的情况下采取必要措施，允许其主管机关在其领域内酌情使用控制下交付和在其认为适当时使用诸如电子或者其他监视形式和特工行动等其他特殊侦查手段，并允许法庭采信由这些手段产生的证据。[①] 据此，我国立法赋予监察机关进行技术调查的权力，监察机关在重大贪污贿赂等职务犯罪案件调查过程中，经过严格的批准手续，并在公安机关等的协助配合下，有权对被调查人或重要涉案人员采取记录监控、行踪监控、通信监控、场所监控等技术性调查措施，以及进行控制下支付和隐匿身份调查等特殊措施。

从立法层面看，监察机关采取技术调查需同时符合三大条件：（1）被调查人涉嫌的是“重大贪污贿赂等职务犯罪”。这一方面排除了监察机关在调查职务违法行为时适用技术调查措施的可能性，另一方面又将可适用的职务犯罪案件范围予以限缩。根据《监察法实施条例》第153条第2款的规定，此处所谓的“重大贪污贿赂等职务犯罪”是指：第一，案情重大复杂，涉及国家利益或者重大公共利益的；第二，被调查人可能被判处十年以上有期徒刑、无期徒刑或者死刑的；第三，案件在全国或者本省、自治区、直辖市范围内有较大影响的。（2）监察机关必须“根据需要”对上述案件采取技术调查措施。即监察机关只有在采取常规的调查手段无法实现调查目的的情况下，才可选择适用技术调查措施。也就是说，采取技术调查应遵循比例原则，确保调查手段对公民权利的侵犯程度最低。（3）启动技术调查措施要“经过严

① 参见陈立：《卧底侦查司法实践的比较法分析——兼论卧底侦查行为的正当化根据》，载《河北法学》2010年第11期。

格的批准手续”。根据《监察机关监督执法工作规定》（下文简称《监督执法规定》）的要求，对领导干部采取技术调查措施，应当根据人员级别和干部管理权限，分别由不同级别的党委和监察机关主要负责人批准。[①] 技术调查措施的时限为3个月，自签发之日起算。对于复杂、疑难案件，期限届满仍有必要继续采取技术调查措施的，经过批准，有效期可以延长，但每次延长不得超过3个月。[②]

在整个监察措施体系中，技术调查是一种比较特殊的存在，它具有专业性强、技术要求高、隐秘性大等特点。[③] 根据我国《监察法》的规定，监察机关采取技术调查措施，应“按照规定交有关机关执行”。监察机关具有适用技术调查措施的决定权，但受技术、人力、经验等种种条件限制，其很难单独直接地开展这一措施。而目前在国家专门机关中，最适宜协助监察机关落实技术调查措施的当数公安机关。公安机关是刑事司法中最主要的侦查机关，而技术侦查又是其查办案件的重要手段。近年来，随着硬件设施的不断完善以及技术水平的不断提高，依靠技术侦查措施侦破案件已经成为公安机关办案过程中的常态，公安机关也在日常工作中积累了不少适用技术侦查措施的经验。《监察法》关于技术调查的规定明显借鉴自《刑事诉讼法》中的技术侦查措施。在此前提下，监察机关如欲有效完成技术调查任务，可以提请公安机关协助。

监察机关提请公安机关协助采取技术调查措施时，应当由其案件监督管理部门出具《采取技术调查措施委托函》《采取技术调查措施决定书》《采取技术调查措施适用对象情况表》等有关文书给公安机关的对口衔接部门。其

① 参见《监督执法规定》第35条第2~4款的规定：“对同级党委管理的正职领导干部采取技术调查措施，在履行纪委、监委和党委政法委批准手续基础上，应当报同级党委主要负责人审批。其中，省级以下监委采取技术调查措施，还应当报上一级监委批准。对同级党委管理的副职领导干部采取技术调查措施，应当按照以下程序报批：（一）国家监委采取技术调查措施，由中央纪委书记、监委主任批准后，报中央政法委书记审批。（二）省级和设区的市级监委采取技术调查措施，由同级监委主要负责人批准后，报党委政法委主要负责人审批。对前两款规定以外的人员采取技术调查措施，应当报同级监委分管领导审批。其中，设区的市级监委应当报监委主要负责人批准。县级监委和直辖市所辖区（县）监委采取技术调查措施，应当报上一级监委主要负责人批准。”

② 参见《监察法》第28条第2款。

③ 参见程雷：《论检察机关的技术侦查权》，载《政法论坛》2011年第5期。

中，设区的市级以下监察机关委托公安机关采取技术调查措施，还应当提供《立案决定书》。对口衔接部门随后将任务分派至其内部的技术侦查部门，由其按照相关规定予以协助。技术侦查部门接到任务之后，应当按照监察机关的具体要求，采取一定的技术手段调查案件，不得随意扩大技术手段的适用对象和适用范围。在技术手段进行到一定程度时，还应当及时将收集到的相关证据线索移送监察机关。公安机关执行技术调查措施时，应当注意防止相关信息的泄露，遵守保密义务。对采取技术调查措施获取的与案件无关的材料，应当及时销毁。公安机关还应当防止技术调查手段被滥用，保护被调查人及其他相关人员的人身和财产权利不受到过分侵犯，技术调查措施到期自动解除。对于不需要继续采取技术调查措施的，监察机关应当按规定及时报批，并将《解除技术调查措施决定书》送交公安机关执行。需要依法变更技术调查措施种类或者增加适用对象的，监察机关应当重新办理报批和委托手续，并送交公安机关执行。对采取技术调查措施收集的信息和材料，依法需要作为刑事诉讼证据使用的，监察机关应当按规定报批，出具《调取技术调查证据材料通知书》向公安机关调取。

此外，为了保障公安机关的该项协助义务能得到切实履行，技术调查措施的制度化也应当被提上日程。目前，我国《监察法》仅用第 28 条这一个法条对技术调查措施进行了规定。虽然该法条已经对监察机关采取技术调查措施的案件范围、批准决定、有效期限等予以明确，但是究竟技术调查措施的内涵是什么、包含哪些不同类型，各种技术调查措施又分别对应何种适用情形、应当如何操作，《监察法》皆没有做具体规定，随后出台的《监督执法规定》和《监察法实施条例》亦未做补充。这些问题都将对公安机关顺利完成技术调查任务造成影响。对此，监察机关和公安机关应当借鉴刑事诉讼程序中的技术侦查措施，共同出台规范性文件，明确技术调查措施的内涵和程序机制，细化技术调查措施的类别及适用范围，以指导具体的协助实践工作。目前，我国不少省份已经单独出台了公安机关协助配合监察机关采取技术调查措施的相关规定。例如，湖南省公安厅出台了《湖南省公安机关配合监察委员会采取技术调查措施办法》。这些文件详细规定了公安机关落实技术调查措施的具体流程与职责权限，为公安机关开展技术调查工作提供了制度保障。今后，随着监察实践的不断深入以及二机关配合衔接经验的不断积累，国家监察委员会和公安部应当在选取各地实践精华的基础上，共同制定统一法律文本，以约束各机关行为，实现技术调查的规范化。

（二）公安机关对搜查、查封、扣押措施的协助

除了协助监察机关执行技术调查措施之外，根据《监察法》的规定，公安机关还应当协助监察机关进行搜查。同时，为了满足实践需要，监察机关在落实查封、扣押等其他措施时，也可能需要公安机关提供技术支持和安全保障。

搜查，是指监察机关对涉嫌犯罪的被调查人以及可能隐藏被调查人或者犯罪证据的人的身体、物品、住处和其他有关地方进行搜寻检查的一种监察措施。搜查是抓捕被调查人以及查获实物类证据材料的有力措施，它经常与查封、扣押等保全类措施一同适用。由于该措施具有较强的强制性，滥用此措施可能侵犯被调查人及其他涉案人员的财产权利，故《监察法》将搜查的适用范围仅限于职务犯罪案件。这意味着，与技术调查一样，监察机关在调查职务违法行为时是无权进行搜查的。此外，监察机关行使搜查措施，还应当经过严格的审批程序，并签发《搜查证》。同样根据《监督执法规定》的要求，根据拟搜查对象的人员基本情况和干部管理权限，搜查的审批主体也有所不同，分别对应不同级别的党委和监察机关主要负责人或者分管领导。《搜查证》上应当写明被搜查人的有关信息、搜查目的、搜查机关、执行人员以及搜查日期等内容。遇到紧急情况时，如被搜查人可能携带、隐藏危险物品，可能隐匿、毁弃、转移犯罪证据或隐匿其他涉嫌犯罪人员等情况，可以先实施搜查，再及时补办相关审批手续。搜查应当有被搜查人或者其他见证人在场，并对全过程进行录音录像，留存备查。搜查应形成搜查笔录，并由在场的被搜查人以及见证人签字盖章。

《监察法》第24条第3款规定："监察机关进行搜查时，可以根据工作需要提请公安机关配合。公安机关应当依法予以协助。"该条明确规定了监察机关执行搜查措施有权要求公安机关提供配合协助，为监察机关实施搜查行为提供协助也是公安机关的法定职责之一。由于搜查涉及公民财产权利的

限制，因此在实践中监察机关执行这一措施可能遭到财产持有人的抵触甚至反抗。而监察机关作为新生部门，人力资源向来紧缺，且不具备独立建制的武装力量，因此在执行搜查任务时，有时不得不向公安机关求助。监察机关根据工作需要提请公安机关协助落实搜查措施时，应当按照规定报批，并向同级公安机关提出协助要求。提请协助时，应出具《提请协助采取搜查措施函》，列明提请协助的具体事项和建议，以及搜查时间、地点、目的等内容，附《搜查证》复印件。需要提请异地公安机关协助采取搜查措施的，应当按规定报批，向协作地同级监察机关出具协作函件和相关文书，由协作地监察机关提请当地公安机关予以协助。

公安机关应严格依照《监察法》相关规定协助监察机关采取搜查措施。搜查应当在调查人员主持下进行，搜查人员不得少于2人。搜查女性身体时，应当由女工作人员进行。搜查时，应当有被搜查人或者其家属、其所在单位工作人员或者其他见证人在场。搜查人员应当向被搜查人或者其家属、见证人出示《搜查证》，要求其签名。被搜查人或者其家属不在场，或者拒绝签名的，搜查人员应当在文书上记明。搜查时，应当要求在场人员予以配合，不得进行阻碍。对以暴力、威胁等方法阻碍搜查的，应当依法制止。搜查时，应当避免未成年人或者其他不适宜在搜查现场的人在场。搜查人员应当服从调查人员指挥、文明执法，不得无故损坏搜查现场的物品，不得擅自扩大搜查对象和范围。搜查的具体实施时间、方法，在实施前应当严格保密。公安机关完成搜查任务或者搜查任务受阻时，应及时与监察机关取得联系，将相应情况予以沟通汇报。在搜查任务完成时，公安机关应当将搜查情况及相应的文书交给监察机关，并将搜查过程中查封、扣押的财物和文件，按照相关规定办理移交手续。

查封、扣押，是指监察机关在进行调查活动时，为了发现、固定证据，依法对涉案物品、文件和电子数据等进行强制提取、留置和封存的监察措施。查封多针对的是当事人的不动产或者汽车等大型动产，扣押则多针对的是当事人的动产。查封、扣押措施经常与搜查措施共同适用，监察机关在通过搜查措施发现涉案财物时，可以通过查封、扣押措施保全上述财物，以避免这些财物发生损毁、丢失或者被藏匿的情况，确保上述证据材料在后续的监察程序和诉讼程序中可以充分发挥证明作用。与搜查有所区别的是，查封、扣押的适用范围较广，不仅适用于职务犯罪案件，也适用职务违法案件。采取查封、扣押措施，需报同级监察机关分管领导审批，并出具《查封/扣押通知书》，附《查封/扣押财物、文件清单》，明确记载查封、扣押证据和财物的种类、数量等信息。对查封、扣押的财物、文件，监察机关应当设立专用账户、专门场所，确定专门人员妥善保管，严格履行交接、调取手续，定期对账核实，不得毁损或者用于其他目的，对价值不明物品应当及时鉴定，专门封存保管。查封、扣押的财物、文件经查明与案件无关的，应当在查明后三日内解除查封、扣押，予以退还。

《监察法》并未明确监察机关进行查封、扣押时提请公安机关配合协助的权利。但是在实践中，由于查封、扣押与搜查往往是一同适用的，公安机关在协助搜查时难免需要经手查封、扣押事宜。另外，与搜查一样，查封、扣押涉及相关人员财产权的限制，也可能遭到抵触和反抗，此时公安机关的协助就很有必要了。监察机关提请公安机关配合协助查封、扣押的，也需出具相应的法律文书给公安机关衔接对口部门，载明查封、扣押的时间、地点、范围等内容。执行查封、扣押的公安人员应严格遵循《监察法》相关规定，协助监察机关完成查封、扣押任务。查封、扣押应当在调查人员的指挥下进行。查封、扣押时，应当出具《查封/扣押通知书》，且执行查封、扣押的人员不得少于二人。持有人拒绝交出查封、扣押的财物和文件的，可以依法强制查封、扣押。查封、扣押时，应当会同在场见证人和被查封、扣押财物持有人进行清点核对，开列《查封/扣押财物、文件清单》，并签名盖章。持有人不在场或者拒绝签名盖章的，应当在清单上记明。查封、扣押的对象是不动产或者大型动产的，必要时可以依法扣押其权利证书，经拍照或者录像后原地封存。公安机关完成委托的查封、扣押任务之后，应当及时将查封、扣押的财物转交监察机关，同时协助监察机关办理财物保管手续。查封、扣押动产的期限不得超过一年，查封不动产的期限不得超过二年，到期自动解除。对于不需要继续采取查封、扣押措施的，监察机关应当按规定报批，并将《解除查封/扣押通知书》和《解除查封/扣押财物、文件清单》送交公安机关执行。有特殊原因需要延长的，监察机关应当重新报批，并送交公安机关执行。

（三）公安机关对谈话、询问、讯问措施的协助

谈话、询问和讯问都是监察机关获取言词性证据的调查措施。其中，谈话是指对可能发生职务违法的监察对象，监察机关按照管理权限，可以直接或者委托有关机关、人员进行谈话或者要求说明情况。相对于其他言词证据获取手段，谈话是一种相对特殊的调查措施，它产生于纪检监察工作中，针对的不仅是已经涉嫌职务违法的监察对象，还可能是尚未实施职务违法犯罪行为但已具备廉政风险的对象。谈话的作用也比较独特，除了获取言词性证据以外，还带有教育批评的功能，使监察对象“红红脸”“出出汗”。谈话应当选在工作地点等场所进行，明确告知谈话事项，注重谈清问题、取得教育效果。采取谈话方式处置问题线索的，经审批可以由监察人员或者委托被谈话人所在单位主要负责人等进行谈话。监察机关谈话应当形成谈话笔录或者记录。谈话结束后，可以视情况要求被谈话人在 15 个工作日内作出书面说明。委托谈话的，受委托人应当在收到委托函后的 15 个工作日内进行谈话。谈话结束后，及时形成谈话情况送监察机关，必要时附被谈话人的说明材料。与被调查人首次谈话时，应当出示《被调查人权利义务告知书》，对于被调查人未被限制人身自由的情形，应当在首次谈话时出具《谈话通知书》。与涉嫌严重职务违法的被调查人进行谈话的，应当全程同步录音录像，并告知被调查人。谈话笔录应当在谈话现场制作。笔录制作完成后，应当交给被调查人核对。

询问，是指监察机关通过言词交流形式，向证人等人员了解案件有关情况的监察措施。监察询问的对象往往了解监察机关所调查案件情况，且属于当事人以外的第三人。职务违法犯罪案件一般具有隐秘性、长期性和后发性等特点，常常缺乏明显的犯罪现场，也难以发现太多物理性证据。此时知晓案情的证人所作的证言，便成为证明案件事实、获取其他线索材料的重要依据。需要注意的是，根据《监察法》第 21 条的规定，询问的对象是“证人等人员”，此处的“等”字意味着对询问对象的列举未尽，即除了上述证人以外，还可能包含其他了解案件事实且并非当事人的人。典型的当数被害人

这一主体。由于职务违法犯罪案件侵犯的是公职行为的廉洁性，极少存在被害人，但是在几类特殊的罪名中，如不解救被拐卖、绑架妇女、儿童犯罪案件中，也可能出现特定的被害人。此时，监察机关也可以对了解案情的被害人采取询问措施，获取他们的陈述。询问只能由调查人员进行，询问应当个别进行，调查人员不得少于二人。首次询问时，应当向证人出示《证人权利义务告知书》，证人未被限制人身自由的，应当在首次询问时向其出具《询问通知书》。询问时，应当核实证人身份，问明证人的基本情况，告知证人应当如实提供证据、证言，以及作伪证或者隐匿证据应当承担的法律责任。询问重大或者有社会影响案件的重要证人，应当对询问过程全程同步录音录像，并告知证人。询问未成年人，应当通知其法定代理人到场。询问聋、哑人，应当有通晓聋、哑手势的人员参加。

讯问，是指监察机关通过言词交流形式，向被调查人了解案件有关情况的监察措施。讯问也是获取言词性证据的重要手段，但是与询问相比，它的适用对象有所不同。询问指向的是与案件不存在直接利害关系的证人等人员，而讯问的对象则是涉嫌贪污贿赂、失职渎职等职务犯罪的被调查人。在监察实践中，讯问对于获取案件信息、查获证据具有不可替代的重要价值。这是因为被调查人往往可能是最了解案件情况的人，他们如果愿意作出供述，那么就可以在很大程度上证明案件事实，甚至获得其他线索材料。不过也正因如此，讯问也是最容易产生侵权风险的环节，为了获取被调查人的有罪供述，某些监察人员可能会采取不合法的讯问手段，甚至侵犯被调查人的合法权益。因此，监察机关在进行讯问时，既要满足监察调查的实际需要，也要遵循讯问的一般规律，坚守法治底线。与询问规则相似，讯问应当个别进行，调查人员不得少于二人。首次讯问时，应当向被讯问人出示《被调查人权利义务告知书》，被讯问人未被限制人身自由的，应当在首次讯问时向其出具《讯问通知书》。讯问时，应先核实被讯问人的基本情况，告知其如实供述自己罪行可以依法从宽处理的法律规定；然后再讯问被讯问人是否有犯罪行为，让其陈述有罪的事实或者作出无罪的辩解，应当允许其连贯陈述。调查人员的提问应当与调查的案件相关，被讯问人对调查人员的提问应当如实回答，调查人员对被讯问人的辩解，应当认真查核。讯问时，应当告知被讯问人将进行全程同步录音录像，讯问时应制作讯问笔录，并在讯问结束后交被讯问人核对。

谈话、询问和讯问不涉及相关人员权利的限制，也不具备太高的技术门槛，因此一般情况下，监察机关采取上述措施，无须公安机关提供协助。不过，当被调查人被关押在由公安机关管理的羁押场所时，监察机关如欲接触到被调查人，就不得不寻求公安机关的协助配合了。目前，公安监管场所的种类多样，包括看守所、拘留所、强制隔离戒毒所、安康医院等，这些监管场所分别发挥不同的监管作用，面对不同的监管对象。如果监察机关需要到上述监管场所与被羁押人员谈话、进行询问或者讯问的话，那么其案件监督管理部门应当出具介绍信以及相应法律文书，交公安机关对口衔接部门，由其将任务分派至监管部门协助办理。监管部门应当及时为监察机关安排进行谈话、询问和讯问的时间和地点，并提供调查过程中的人员安全保障。监察机关在上述监管场所进行谈话、询问和讯问时，也应当遵守这些部门的日常管理规定，严格依法落实上述调查措施。除此之外，对于谈话措施而言，如果被调查人属于公安机关工作人员，即便其未处于羁押状态，监察机关也可以就其可能涉嫌的轻微职务违法行为或者问题线索，委托公安机关代为谈话。

（四）公安机关对通缉、限制出境措施的协助

通缉，是指在监察调查过程中，经监察机关决定，由公安机关发布通缉令，将应当留置而在逃的被调查人追捕归案的监察措施。通缉的对象是应当留置而在逃的被调查人。这些被调查人出于逃避惩治的目的，可能选择脱逃藏匿，而现代社会交通的便利性和社会关系的复杂性，给监察机关的抓捕行动带来了极大的困难。为了尽快找到并抓获此类被调查人，监察机关可以请求公安机关予以协助，对这些被调查人予以通缉。公安机关是国家治安行政机关，它的基层组织遍布各地。公安机关具有强大的信息发布和收集能力，具备抓捕嫌犯的武装力量，并在刑事侦查活动中积累了不少查缉犯罪嫌疑人的实践经验。综合考虑公安机关的机构性质、职责能力和实践经验，由其协助监察机关发布通缉令具有一定的现实意义。根据《监察法》的规定，监察办案过程中通缉措施的适用，奉行的是决定权与执行权相分离的原则，即监

察机关有权决定对被调查人采取通缉措施，但是具体发布通缉令、将被调查人捉拿归案的往往是公安机关。

县级以上监察机关对在逃的应当被留置的人员，依法决定在本行政区域内通缉的，应按规定报批，送交同级公安机关执行。送交执行时，应当出具《通缉决定书》，附《留置决定书》等法律文书和被通缉人员信息，以及承办单位、承办人员等有关情况。通缉范围超过本行政区域的，应当报有决定权的上级监察机关出具《通缉决定书》，并附《留置决定书》及相关材料，送交同级公安机关执行。国家监察委员会依法需要提请公安部对在逃人员发布公安部通缉令的，应当先提请公安部采取网上追逃措施。如情况紧急，可以向公安部同时出具《通缉决定书》和《提请采取网上追逃措施函》。省级以下监察机关报请国家监察委员会提请公安部发布公安部通缉令的，应当先提请本地公安机关采取网上追逃措施。监察机关接到公安机关抓获被通缉人员的通知后，应当立即核实被抓获人员身份，并在接到通知后 24 小时以内派员办理交接手续。边远或者交通不便地区，至迟不得超过 3 日。公安机关在移交前，将被抓获人员送往当地监察机关留置场所临时看管的，当地监察机关应当接收，并保障临时看管期间的安全，对工作信息严格保密。监察机关需要提请公安机关协助将被抓获人员带回的，应当按规定报批，请本地同级公安机关依法予以协助。提请协助时，应当出具《提请协助采取留置措施函》，附《留置决定书》复印件及相关材料。监察机关对于被通缉人员已经归案、死亡，或者依法撤销留置决定以及发现有其他不需要采取通缉措施情形的，应当经审批出具《撤销通缉通知书》，送交协助采取原措施的公安机关执行。

限制出境，是指为了防止被调查人及相关人员逃避调查，甚至潜逃境外，实施其他干扰监察工作顺利进行的行为，监察机关有权在一定期限内限制被调查人出境的监察措施。在现实案件中，某些涉嫌职务违法犯罪的被调查人及相关人员具有较高的社会地位且掌握大量钱财，案发之后，他们可能选择携款潜逃，企图逃往国外以避免遭到法律的制裁。为了防止上述人员潜逃境外，妨碍监察办案顺利进行，监察机关有权对他们采取限制出境措施，在特定时期内不允许他们出境。根据《监察法》的规定，限制出境措施的启动需经省级以上监察机关批准。由于涉及与其他移民管理机构的协调衔接，基层监察机关无权采取这一措施，只能上报上级监察机关作出决定。但是，与通缉措施类似，限制出境的落实单靠监察机关一家的力量是难以完成的。监察机关具有采取限制出境措施的决定权，但具体的落实仍要依靠移民管理机构的协助配合。目前在我国，中国公民出入国境管理事宜、口岸证件查验事宜等主要由公安部下属的中国移民局负责。因此，限制出境措施也属于公安机关协助配合监察调查的体现之一。

监察机关决定对被调查人及相关人员采取限制出境措施的，应按规定报批，并交由移民管理机构执行。监察机关采取限制出境措施应出具函件，与《采取限制出境措施决定书》一并送交移民管理机构执行。其中，采取边控措施的，应当附《边控对象通知书》；采取法定不批准出境措施的，应当附《法定不批准出境人员通报备案通知书》。限制出境措施有效期不超过3个月，到期自动解除。到期后仍有必要继续采取措施的，应当按原程序报批。承办部门应当出具有关函件，在到期前与《延长限制出境措施期限决定书》一并送交移民管理机构执行。延长期限每次不得超过3个月。监察机关接到口岸移民管理机构查获被决定采取留置措施的边控对象的通知后，应当于24小时内到达口岸办理移交手续。无法及时到达的，应当委托当地监察机关及时前往口岸办理移交手续，当地监察机关应当予以协助。对于不需要继续采取限制出境措施的，应当按规定报批，及时予以解除。承办部门应当出具有关函件，与《解除限制出境措施决定书》一并送交移民管理机构执行。县级以上监察机关在重要紧急情况下，经审批可以直接向口岸所在地的口岸移民管理机构提请办理临时限制出境措施。

（五）公安机关对留置措施的协助

留置措施是监察调查中唯一直接指向监察对象人身自由限制和剥夺的措施。它是指对于涉嫌职务违法犯罪的被调查人或者相关涉案人员，监察人员已经掌握其部分违法犯罪事实及证据，但仍有重要问题需要进一步调查，在符合特定情形的前提下，在一定时期内限制其人身自由的措施。从其性质上看，留置可以用于限制被调查人及其他相关涉案人员人身自由，且应遵循特定的程序要求，这与刑事诉讼中的强制措施，尤其是拘留、逮捕等羁押性强制措施有异曲同工之处。留置是法治理念在国家监察体制中的具体落实，它遵循一定的程序机制，并保障被留置人的合法权益，这决定了它不同于以往纪委办案中的“两规”“两指”。

根据《监察法》的规定，适用留置措施需符合三大要件：（1）涉案要件，即被调查人涉嫌贪污贿赂、失职渎职等严重职务违法或者犯罪行为；（2）证据要件，即监察机关已经掌握被调查人部分违法犯罪事实及证据，但仍有重大问题需要进一步调查；（3）危险性要件，即不采取留置措施将导致监察程序难以顺利进行。各级监察机关采取留置措施，应当经本机关领导人员集体决定。留置措施有期限限制，一般不得超过3个月，在特殊情况下，可以延长一次，延长时间不得超过3个月。监察机关发现采取留置措施不当的，应当及时予以解除。对被调查人采取留置措施后，应当在24小时以内，通知被留置人员所在单位和家属。监察机关应当保障被留置人员的饮食、休息和安全，提供医疗服务。讯问被留置人员应当合理安排讯问时间和时长。可见，现行立法已经对留置措施做了相对系统的规定。不过，由于监察机关是国家监察体制改革之后新设立的国家机构，各方面的硬件条件仍未发展完善。在实际办案过程中，监察机关独立执行留置措施存在一定的困难，需要公安机关的协助配合，这主要体现在被留置人员的抓捕、留置场所的设置和被留置人员的看护三个方面。

1. 被留置人员的抓捕

在现实办案中，人员抓捕是危险性相对较大的一项活动。监察机关作为专门的职务违法犯罪办案机关，并不具备相应的武装力量，如果面对的被留置人员比较凶恶，或者被留置人员逃匿尚未发现其踪影，那么监察机关不得不请求公安机关提供协助。对于前者而言，在监察机关决定对某一被调查人及其他相关人员采取留置措施，且需要公安机关协助的情况下，县级以上监察机关需要提请公安机关采取留置措施的，应当按规定报批，请同级公安机关依法予以协助。提请协助时，应当出具《提请协助采取留置措施函》，列明提请协助的具体事项和建议，协助采取措施的时间、地点等内容，附《留置决定书》复印件。因保密需要，不适合在采取留置措施前告知留置对象姓名的，可以作出说明，进行保密处理。需要提请异地公安机关协助采取留置措施的，应当按规定报批，向协作地同级监察机关出具协作函件和相关文书，由协作地监察机关提请当地公安机关依法予以协助。公安人员应当同监察调查人员一同到达被留置人员所在地，并实施抓捕工作。如果被留置人员抵抗不予配合，公安人员可以采取强制性措施。公安机关协助采取留置措施过程中，应当保障被留置人员的合法权益，尊重其人格和民族习惯。对于被留置人员已经逃匿，且监察机关并不清楚其行踪的情形，监察机关可以决定对其采取通缉措施和限制出境措施，并送交公安机关执行。

2. 留置场所的设置

目前，我国不少地区的监察机关尚未建立专门的留置场所，这给留置的适用带来巨大障碍。试点时期，很多地区规定以公安机关的看守所作为留置场所，承担留置看护义务。看守所是公安机关羁押依法被逮捕的犯罪嫌疑人、被告人，或者余刑在3个月以下的罪犯的场所。近年来，随着法治水平的不断提高，各地看守所不仅普遍具有较为完备的监控系统和硬件设施，而且拥有较为完善的安全措施和监督投诉机制。[①] 这不仅能满足监察机关临时限制被留置人员人身自由的要求，而且能在一定程度上保证被留置人员的人身安全。

为了配合留置措施的适用，看守所应当设置留置专区，将被留置人员与其他在押人员隔离开来。公安看守所虽然近年来管理相对严格，但内部在押人员来源复杂，不少地方甚至存在所谓的“牢头狱霸”。如果将监察对象与其他在押人员混关混住，难免危及被留置人员的人身安全。另外，看守所内关押的在押人员可能涉嫌不同的犯罪行为，不少人存在极其恶劣的行为习惯，如果将监察对象与其他在押人员一起关押，可能出现交叉感染的情况。因此，设置专区是看守所关押被留置人员的首要要求。不过，某些地区被留置人员相对有限，如果每个看守所都设置留置专区，那么也可能造成极大的资源浪费。对于这种情况，不必设置大规模的留置专区，采取留置单间管理，并设置专门的留置审讯室即可。[②] 此外，看守所还应当健全留置专区的硬件设备

---

① 参见程雷、孙皓、林艺芳、吕晓刚：《看守所立法问题研究》，中国法制出版社2014年版，第207页。

② 参见甘新萍：《监察留置场所法治化建设及规范化运行刍议》，载《北京警察学院学报》2018年第3期。

并做好规范化管理，即根据看守所的地理条件和现有基础设施建设情况，进行留置室和留置审讯室的改造，加装技术防控、安全防控设施；同时提升留置专区的监管水平，运用信息技术加强留置区域的视频监控、进出入管理，并提升留置专区巡查人员的规范意识和技术水平。

3. 被留置人员的看护

监察机关作出留置决定后，应当及时将被留置人员转交看守所，同时出示《留置决定书》等法律文书。看守所留置专区应先行查验留置文书，对被留置人员开展身体检查、安全检查，登记被留置人员个人信息和案件信息，并安排留置室，分派看护任务。在留置过程中，看守所还承担着看护被留置人员的责任。目前，湖南省制定了《湖南省公安机关配合监察委员会看护留置对象办法（试行）》。根据这一文件，公安机关负责被留置人员在除谈话讯问期间之外的安全看护工作，隔绝被留置人员与外界的任何联系，并记录看护日志，遇到突发事件迅速报告并协助处置。公安机关还应配合做好留置场所巡控工作，接受监察机关对看护工作的管理和监督，并应当结合实际情况及时调整改进工作方式和方法，确保被留置人员的安全。为了完成上述看护职责，各地公安机关还应当组建专门的看护队伍，明确其主管部门，配备足够警力，加强辅警管理并统筹使用。此外，各地公安机关还应当经常与同级监察机关进行沟通协调，尽快出台相关工作制度，确保被留置人员的看护工作规范、高效、安全地开展。①

① 参见林艺芳：《监察机关与公安机关配合衔接机制研究》，载《湘潭大学学报（哲学社会科学版）》2018 年第 5 期。

第四章

监察案件审查起诉的程序流转

法法衔接最直接的体现就是监察调查与审查起诉的衔接。监察机关调查终结之后，依据调查结果可以依法作出多种处置手段。其中，对于涉嫌职务犯罪的，监察机关经调查认为犯罪事实清楚，证据确实、充分的，应当制作起诉意见书，连同案卷材料、证据一并移送人民检察院依法审查起诉。一般而言，监察案件进入刑事诉讼程序之后，就应当转化为刑事案件，应当与其他普通刑事案件被一视同仁。然而，监察程序毕竟不是刑事侦查程序，监察机关也与公安机关等刑事侦查机关有实质性的差异，这就导致了监察案件在初入刑事诉讼的审查起诉环节时，会出现一些障碍。

为了打通监察案件进入刑事诉讼程序的路径，2018 年我国修正了《刑事诉讼法》，对审查起诉中的相关内容予以调整，具体表现为：(1) 新增监察案件移送审查起诉之后的退回补充调查与自行补充侦查机制，规定“人民检察院经审查，认为需要补充核实的，应当退回监察机关补充调查，必要时可以自行补充侦查”。[①] 但是，为何退回监察机关补充调查相对于人民检察院自行补充侦查具有优先顺位，如何界定退回监察机关补充调查的程序性质等，都是实践中屡屡出现的难题。(2) 新增监察机关留置措施与刑事强制措施的衔接转化机制，规定：“对于监察机关移送起诉的已采取留置措施的案件，人民检察院应当对犯罪嫌疑人先行拘留，留置措施自动解除。人民检察院应当在拘留后的十日以内作出是否逮捕、取保候审或者监视居住的决定。在特

---

① 参见《刑事诉讼法》第 170 条第 1 款。

殊情况下，决定的时间可以延长一日至四日。人民检察院决定采取强制措施的期间不计入审查起诉期限。”① 不过，如何确定留置措施和刑事强制措施之间的联系与区别，先行拘留模式相对于其他衔接模式有何优势，逮捕、取保候审和监视居住之间是否存在先后顺位等，留置分别与这三项措施之间又应如何转化等，也是目前法律适用中亟待解决的问题。

除此之外，由于监察案件是从审查起诉阶段开始进入刑事诉讼程序，那么在对该类案件进行审查起诉之前，是否应当经过立案程序的过滤，监察程序中的立案可否替代刑事诉讼程序中的立案等，也是需要思考的问题。再者，人民检察院对监察案件进行审查起诉，是否完全遵循《刑事诉讼法》及相关司法解释的规定，与其他刑事案件保持统一标准；人民检察院经审查依法决定对监察案件作出不起诉决定的，又应当采取何种特殊审批机制，对此监察机关又具备何种救济途径等，也应当纳入研究范畴。

总而言之，审查起诉阶段由于处于监察与刑事诉讼衔接的最前线，因此难免出现问题。解决这些问题，不仅关乎两部法律的有效贯通，而且关乎实践中职务犯罪案件的有效查处，关乎后续审判程序的顺利运转。对此，应当在遵循监察与刑事诉讼衔接基本原则的基础上，从两大程序的独特属性出发，进一步解读立法规定、完善衔接机制。

第一节 监察案件立案转化机制

根据立法规定，我国现行刑事诉讼程序一般分为立案、侦查、审查起诉、审判、执行等五大前后相继的环节。学界通说认为，立案是刑事诉讼程序的起点，只有经过立案程序，案件才算是进入了刑事诉讼程序，才可以适用其他规定。并且，五大程序环节之间是前后相继的，缺失前一道环节，是不可能进入下一环节的。但是，在国家监察体制改革之后，情况似乎发生了变化。根据《监察法》的规定，监察案件在调查终结之后，如果案件事实清楚、证

① 参见《刑事诉讼法》第170条第2款。

据确实充分且涉嫌职务犯罪依法应当追究刑事责任，是要直接移送审查起诉的。那么在该类案件审查起诉之前，还需经过刑事立案程序吗？另外，在侦查启动领域，目前世界上存在两种模式，一种是随机型侦查启动模式，即侦查机关一旦获取了犯罪信息，就应当立即着手进行侦查工作，此前仅需进行事务性登记且不具备实质性法律意义。另一种是程序型侦查启动模式，即设置专门程序限制侦查的启动，只有在符合特定证明标准的情况下才能启动侦查程序，否则只能实施不限制公民权利的简单调查措施。① 我国目前奉行的是程序型启动模式。这意味着立案是侦查的门槛，限制的是侦查行为的适用，以防止侦查行为侵犯公民权利的情况。但是，在国家监察体制改革之后，职务犯罪案件仅需经过监察机关的调查，不再适用刑事侦查程序。那么在这种情况下，既然不存在侦查程序，那么作为限制侦查启动的立案程序还有存在的必要吗？无论在过去的改革试点过程中还是如今的《监察法》实施过程中，无论是在理论界还是实务界，监察案件是否需要进行立案转化仍未形成相对统一的主张，值得进一步深入研讨。

一、监察案件立案转化的试点模式与现行规定

2016 年我国曾经在北京市、山西省、浙江省开展国家监察体制改革试点。各试点地区根据本地区实际情况，在遵循改革基本精神的前提下，奉行了有所区别的改革方案。对于监察案件进入刑事诉讼时，应否先行立案以及如何立案等问题上，各地区试行了不同的做法。

山西省首先试行的是收案登记制，即在监察机关调查终结移送审查起诉之后，人民检察院的案件管理部门收入案件，并在统一业务应用系统中对案件予以登记。如此，案件便进入了刑事诉讼程序。② 这种收案登记制并非真正意义上的立案程序。我国刑事立案程序是一个独立且具有实质性意义的程序，它要求侦查机关对报案、控告、举报、自首或者移送的材料进行严格审查。除此之外，侦查机关在必要时还可以采取勘验、检查、鉴定、询问知情

---

① 参见林艺芳：《论侦查启动模式——以立案与初查为线索》，载《理论界》2014 年第 9 期。
② 参见楼丽：《监察机关移送案件刑事立案相关问题研究》，载《法治研究》2020 年第 6 期。

人等一般调查方法。经过审查，认为有犯罪事实，需要追究刑事责任的，才能依法作出立案决定。须知，在案件发生之初，“有犯罪事实，需要追究刑事责任”已经属于较高的证明标准。这不是经过简单的事务性登记即可达到的要求。而山西省对于监察案件，采取的是一旦登记即进入刑事诉讼程序的做法，实际上更类似于域外的随机型启动模式。只不过，此时启动的并不是侦查程序，而是审查起诉程序。

近年来，我国在民事诉讼和行政诉讼领域进行了立案登记制改革，对于当事人提起的诉讼，有明确的被告、具体的诉讼请求和事实依据，属于人民法院主管和受诉人民法院管辖的，一律登记立案，从而实现“有案必立、有诉必理”，保障当事人的诉权，充分发挥司法应有的纠纷解决功能。① 山西省试点期间对于监察案件采取的收案登记制颇有在刑事诉讼领域实行立案登记制的风范。这种做法表明人民检察院对于监察案件办理的高度重视，对于提高监察案件的诉讼效率，确保国家和社会公共利益得到及时保障具有重要价值。与此同时，收案登记制也有助于减轻人民检察院工作负担，减少人民检察院与监察机关之间因为案件受理而引发的矛盾，打通监察与刑事诉讼的衔接路径。正因如此，在山西省首先试行收案登记制之后，不少省份也紧随其后，采取类似的案件受理机制，免去了监察案件的立案审查工作。不过，我国民事诉讼和行政诉讼领域的立案登记制并不否认立案审查的存在，而是改以往的“先审查后立案”为“先立案后审查”。而山西省对监察案件试行的收案登记制，缺少了立案审查过程，等于废除了刑事立案的案件过滤功能。这么做会不会引发新的问题，也引发了许多讨论。

除此之外，北京市和浙江省试行的是立案审查制，即人民检察院应当对监察案件适用立案程序，作出立案决定之后案件方能进入刑事诉讼程序。具体而言，人民检察院在收到监察机关移送的案件之后，应当先进行审查，如果移送材料符合基本形式要求，根据监察机关起诉意见书表述的内容，被调查的行为已涉嫌犯罪，需要追究刑事责任的，由负责职务犯罪审查起诉的检察部门报经检察长审批决定，对犯罪嫌疑人作出立案决定，此后该案的刑事

① 参见许尚豪、瞿叶娟：《立案登记制的本质及其建构》，载《理论探索》2015 年第 2 期。

诉讼程序即正式启动。[①] 相对于前述山西省的收案登记制，立案审查制可谓采取了我国传统的程序型启动模式，将立案程序作为刑事诉讼的第一道关卡，符合我国一贯的诉讼程序设置习惯。同时，在立案审查制之下，人民检察院从形式上和实质上对即将进入刑事诉讼程序的监察案件进行了谨慎细致的审查，可以有效发挥立案程序的案件过滤功能，并防止因过早采取刑事强制性措施侵害犯罪嫌疑人合法权益的情况发生。从这个角度上看，立案审查制显然比收案登记制更严谨，更符合诉讼规律。正因如此，这种做法也得到不少省份的认可，这些省份认为监察立案不能取代刑事立案的地位，监察案件如欲进入刑事诉讼程序，也应当与其他刑事案件一样，经过重重审核，其中也包括立案程序。不过，根据《监察法》的规定，在监察程序中，职务违法犯罪案件在正式启动调查之前，需经过监察立案程序。[②] 在其中的职务犯罪案件进入刑事诉讼程序之初，对其进行再一次的审查立案，会不会加重人民检察院工作负担，浪费司法资源，仍是有待商榷的问题。

总之，从试点情况看，不同地区践行了不同的监察案件立案转化模式，各种模式既有其优势也有其缺陷。我国于 2018 年正式颁布了《监察法》，明确了国家监察体制的具体设置。按照《监察法》第 45 条规定，对涉嫌职务犯罪的，监察机关经调查认为犯罪事实清楚，证据确实、充分的，制作起诉意见书，连同案卷材料、证据一并移送人民检察院依法审查、提起公诉。该规定明确赋予监察案件进入刑事诉讼程序所应当具备的条件，但是人民检察院在审查起诉之前应否另行实施立案程序，无论是《监察法》还是《刑事诉讼法》皆未予明确。不过，根据官方对于《监察法》的权威意见，对于监察机关移送的案件，应由人民检察院作为公诉机关直接依法审查、提起公诉，不需要人民检察院再进行立案。[③] 此外，国家监察委员会和最高人民检察院共同发布的《国家监察委员会与最高人民检察院办理职务犯罪案件工作衔接

① 参见楼丽：《监察机关移送案件刑事立案相关问题研究》，载《法治研究》2020 年第 6 期。

② 根据《监察法》第 39 条第 1 款的规定："经过初步核实，对监察对象涉嫌职务违法犯罪，需要追究法律责任的，监察机关应当按照规定的权限和程序办理立案手续。"

③ 参见中共中央纪律检查委员会法规室、中华人民共和国国家监察委员会法规室编写：《〈中华人民共和国监察法〉释义》，中国方正出版社 2018 年版，第 207 页。

办法》（下文简称《监察检察衔接办法》）第21条也作出规定：“最高人民检察院案件管理部门认为具备受理条件的，应当及时进行登记，并立即将案卷材料移送公诉部门办理……”上述意见文件都表明，监察案件进入刑事诉讼程序时，是无须以实质性的立案审查为前提的，只需进行简单的登记即可。

《人民检察院刑事诉讼规则》也吸收了上述精神，在第156条规定：“下列案件，由人民检察院负责案件管理的部门统一受理：……（二）监察机关移送起诉、提请没收违法所得、对不起诉决定提请复议的案件……”同时，第157条明确了人民检察院案件管理部门受理案件之后的审查要求，即：（1）依据移送的法律文书载明的内容确定案件是否属于本院管辖；（2）案卷材料是否齐备、规范，符合有关规定的要求；（3）移送的款项或者物品与移送清单是否相符；（4）犯罪嫌疑人是否在案以及采取强制措施的情况；（5）是否在规定的期限内移送案件。这显然是仅对案件进行形式审查，并不涉及实质性立案条件的审查。除此之外，第158条第1款继续规定：“人民检察院负责案件管理的部门对接收的案卷材料审查后，认为具备受理条件的，应当及时进行登记，并立即将案卷材料和案件受理登记表移送办案部门办理。”该规定也并未要求人民检察院按照刑事立案的相关要求对案件进行实质审查。这足以说明，从官方视角看，目前监察案件进入刑事诉讼采取的是收案登记制，而非立案审查制。

二、监察案件立案转化的理论争议

无论是在试点阶段，还是在当前的《监察法》实施阶段，监察案件进入刑事诉讼程序应否进行立案转化这一问题，都得到学界的广泛关注。目前，关于这一问题主要形成了两种观点。

（一）主张监察案件进入刑事诉讼程序，无须进行立案转化

根据我国《监察法》第39条第1款的规定：“经过初步核实，对监察对象涉嫌职务违法犯罪，需要追究法律责任的，监察机关应当按照规定的权限和程序办理立案手续。”这说明在监察程序中，监察案件已经经历过一次立案程序了。该派观点的立足点在于，监察立案与刑事立案并无本质区别，监

察案件无须在刑事诉讼程序启动之初再适用一次立案程序。①

首先，从立案审查的内容看，二者都具有实体化特征。为了更好地理解监察立案程序的内涵，有必要先对所谓的“初步核实”进行解读。根据《监察法》和相关规范性文件的规定，初步核实是指监察机关对具有可查性的职务违法和职务犯罪问题线索，在按规定进行报批后开展的初步调查活动。初步核实发生在立案之前，监察机关在认为“需要”的情况下可以采取初步核实手段。另外，初步核实还具有依附性特征，它旨在及时获取证据材料、查清部分案件事实，从而为立案提供重要依据，保障后续立案调查的顺利进行。由于有着初步核实为之提供案件事实证据方面的实质性依据，监察立案的审查内容并不仅停留在形式层面，而且具有实体化倾向，这与刑事立案是一致的。根据《刑事诉讼法》的相关规定，侦查机关在作出立案决定时，可以采取勘验、检查、鉴定、询问知情人等一般调查方法，并对案件的事实证据进行审查，评估其是否达到立案标准，即刑事立案是包含实体审查内容的。正因如此，监察立案与刑事立案具有类似的审查内容，以监察立案替代刑事立案无可厚非。

其次，从立案标准看，还需注意的是，根据上述《监察法》第 39 条第 1 款的规定，监察案件欲办理立案手续，需符合两项前提条件：（1）监察对象涉嫌职务违法犯罪；（2）需要追究法律责任。这说明，监察对象实施的行为之情节已经相对严重，不仅触及法律的底线，而且需要通过一定的手段予以处置，故必须通过办理立案手续的方式，开启下一步的调查工作。从这一角度上看，监察机关办理立案手续需达到相对较高的证明标准，从而实现案件过滤功能。而刑事立案的条件是“有犯罪事实，需要追究刑事责任”。对比两种立案标准，可以发现，刑事侦查机关仅需对涉嫌犯罪的案件予以立案，而监察机关不仅要对涉嫌职务犯罪的情形予以立案，还需对涉嫌职务违法的情形予以立案，其立案范畴较刑事立案范畴更宽，要求相对刑事立案更严格。既然如此，监察案件已经经历监察立案，便无须再行刑事立案了。

最后，从立案的目的看，监察立案是开启监察调查的手段。根据《监察

① 参见程雷：《刑事诉讼法与监察法的衔接难题与破解之道》，载《中国法学》2019 年第 2 期。

法》及相关解释性文件的规定，监察机关采取讯问、留置、冻结、搜查、查封、扣押、通缉等具有一定限权属性的措施，应当在立案之后。这足以说明，监察立案是调查的前提。只有在办理立案手续之后，监察机关才能采取上述措施进一步查明案件事实，并追究被调查人的法律责任。这与刑事立案具有异曲同工之处。正如前文所述，刑事立案的主要功能也在于开启案件调查程序，只不过此时针对的是侦查程序，而非监察调查程序。只有在立案之后，侦查机关才能对犯罪嫌疑人采取可能限制其人身权利和财产权利的措施，才能进一步收集证据、查明案件事实。监察立案与刑事立案在目的上的一致性，也表明二者并无本质区别，监察立案可以直接替代刑事立案。①

总之，监察立案一般以初步核实为前提，具有实质审查特征；监察立案标准较高，具有案件过滤功能；监察立案目的在于开启调查程序，立案之后才可采取限权性措施。这些特征都与刑事立案一致，故监察立案等同于刑事立案，监察案件进入刑事诉讼程序无须进行立案转化。

（二）主张监察案件进入刑事诉讼程序，需进行立案转化

另有观点认为，监察立案与刑事立案存在本质区别，监察立案不能简单取代刑事立案。监察案件在进入刑事诉讼程序之时，必须如同其他刑事案件一样，经过立案程序的实质审查，只有这样，才能实现监察程序与刑事诉讼程序顺畅合理的衔接，保障后续工作的有序开展。② 具体而言：

第一，监察程序与刑事诉讼程序存在实质性的差异，因此监察立案与刑事立案不能互相等同。从基本理念层面上看，由于国家监察体制有“纪法全面贯通”的特征，监察程序除了实现打击腐败违法犯罪、维护《宪法》和法律尊严等目的以外，还需以党的“四种形态”为指导，即注重预防警示、抓早抓小、防微杜渐，做到“惩前毖后、治病救人”。③ 而刑事诉讼程序旨在打击犯罪、保障人权，虽然其在一定程度上也能确保预防犯罪价值的实现，但这并非其主要任务，只是打击犯罪所附带的价值而已。作为监察程序和刑事

① 参见汪海燕：《监察制度与〈刑事诉讼法〉的衔接》，载《政法论坛》2017 年第 6 期。

② 参见姚莉：《监察案件的立案转化与“法法衔接”》，载《法商研究》2019 年第 1 期。

③ 参见吴建雄：《对国家监察立法的认识与思考》，载《武汉科技大学学报（社会科学版）》2018 年第 2 期。

诉讼程序的组成部分，监察立案和刑事立案也应遵循上述理念，在不同目的的指导下运行。从具体程序机制层面上看，监察立案与刑事立案的主体也有区别，前者是监察机关，它被定位为国家的政治机关，具有较强的政治属性；[①] 而后者是公安机关、人民检察院等侦查机关，属于司法执法部门。在监察立案与刑事立案的适用范围有所区别之前，前者适用于职务违法和职务犯罪两种情形，后者适用于普通刑事犯罪案件。监察立案与刑事立案的相关程序机制也有所区别，监察立案之前有法定的初步核实阶段，刑事立案之前则可以进行调查核实或者初查；监察立案之后开启的是监察调查程序，而刑事立案之后开启的是刑事侦查程序。无论是初步核实与调查核实或者初查之间，还是监察调查与刑事侦查之间，都无法直接等同。总之，既然监察立案与刑事立案具备上述区别，那么直接以监察立案代替刑事立案便不可行。

第二，刑事立案是刑事诉讼程序中第一道门槛。根据我国《刑事诉讼法》的规定，刑事诉讼程序包括立案、侦查、起诉、审判和执行五大诉讼阶段，其中刑事立案是刑事诉讼程序的开端。刑事立案所立之案是刑事诉讼活动开展的对象，若不进行刑事立案，后续的刑事诉讼活动就缺乏法律上的合理性。[②] 刑事立案能将不涉嫌刑事犯罪、无须追究刑事责任或者不属于受案法院管辖的案件分流至刑事诉讼程序之外，从而起到案件过滤的作用，防止后续程序运作的无用功。刑事立案还能进行初步的事实调查和证据收集工作，为刑事侦查及其他诉讼程序的顺利进行奠定基础。总之，刑事立案是刑事诉讼程序的必经阶段，它独立于其他诉讼阶段，是不可逾越的。而监察立案是监察程序中开启调查工作的程序阶段，它与其他监察程序阶段相对应，而不与刑事诉讼具体阶段相对应。监察案件进入刑事诉讼程序时，仍应进行刑事立案，这是不可回避的程序性要求。

第三，对监察案件适用刑事立案，也是法法衔接的必然要求。《监察法》与《刑事诉讼法》是两个不同的部门法，这导致以《监察法》为依据所衍生出来的监察案件在进入以《刑事诉讼法》为依据的刑事诉讼程序时，将产生

---

① 参见闫鸣：《监察委员会是政治机关》，载《中国纪检监察报》2018 年 3 月 8 日，第 3 版。

② 参见陈卫东：《职务犯罪监察调查程序若干问题研究》，载《政治与法律》2018 年第 1 期。

水土不服的问题。这里面涉及多重问题，例如，监察案件前期适用的调查措施不完全等同于刑事侦查措施，涉案人员前期适用的留置措施也与刑事强制措施有本质差异，随案移送的监察证据也与刑事证据在种类形式、取证程序要求方面存在不同。而刑事立案程序的存在，不仅具有审查功能，也具有转化功能。只有经过这道程序的转化，监察案件才能以刑事案件的面貌进入刑事诉讼程序中，顺利适应刑事诉讼的各类机制。

三、刑事立案的基本功能

上述实践探索和理论争议，为监察案件立案转化问题的解决提供了基本背景。欲从根本上解决这一难题，仍应当首先明确刑事立案的基本定位及其必要性。正如前文所述，我国刑事诉讼奉行的是程序型启动模式，将启动刑事诉讼程序阶段，即刑事立案当作一个独立的程序设置，强调该程序的实质性和实效性。这种立案程序移植自苏联的刑事诉讼法律体系。《俄罗斯苏维埃联邦社会主义共和国刑事诉讼法》第八章“提起刑事诉讼的程序”与我国的立案程序如出一辙。苏联解体之后，尽管国家政治体制发生了很大的变化，但是俄罗斯继受了苏联的司法体制，体现在刑事诉讼立法方面，就是仍然将刑事案件的提起程序作为刑事诉讼的重要组成部分，规定在《俄罗斯联邦刑事诉讼法典》中。[①] 无论是我国的立法程序，还是苏联和俄罗斯提起刑事诉讼的程序，都被认为是独立和必经的诉讼阶段。其独立性一方面体现为，其并不隶属于包括侦查在内的其他任何诉讼阶段，在诉讼程序中具有相对独立的地位。另一方面体现为，其任务与其他诉讼阶段不同，办案机关要在审查案件的基础上作出是否启动诉讼程序的决定。其必经性体现在，只有经过这一诉讼阶段，刑事诉讼程序才算正式启动，侦查机关、司法机关才能进行一系列立法授权的侦查措施或者强制措施，这些措施往往对当事人及其他诉讼参与人的人身权利和财产权利产生一定的影响。未经该诉讼阶段而直接采取侦查行为、强制措施，或者进行其他诉讼行为，将可能导致行为的失效和证据的不可采。

---

① 参见林艺芳：《论侦查启动模式——以立案与初查为线索》，载《理论界》2014 年第 9 期。

与之相对应的是随机性侦查启动模式，这种模式滥觞于英美法系国家。这些国家并不存在一个专门的立案程序或者提起刑事诉讼的程序，通常只要接到犯罪信息，警察即可以实施侦查行为。在某些国家，警察需要履行事务性的记录或者其他简单的手续，但这些行为远不具备独立性和实质性特征。[①]在这些国家，用于防止侦查机关权力滥用的方式是严格的司法审查。以美国为例，侦查机关在准备实施可能侵犯公民基本权利的强制性侦查行为时，必须向司法官申请令状。司法官经审查，认为侦查机关已经具备实施该措施的实质根据，则签发令状并在令状中严格限定侦查措施的作用时间、对象、范围等。[②]

另外，还需要注意的是，在我国公安机关特殊的职能设置的前提下，立案还有一项重要功能，即案件分流功能。不同于其他国家的警察系统，我国公安机关除了承担刑事侦查职能之外，还承担了大量的行政执法工作。也就是说，我国立法“对公安机关的定位是违法/犯罪二元一体的追究模式”。长期以来，公安执法实践中存在一种现象，即以行政执法的方式变相处理刑事案件，或者以刑事侦查代行行政执法职能等，导致公安侦查权与行政权出现混同的情况，不利于犯罪嫌疑人的权利保障和刑事诉讼程序的正当运行。[③]而刑事立案的作用在于，可以及时将具有刑事属性的案件遴选出来，纳入刑事诉讼程序，以避免行政执法与刑事诉讼的交错适用。此外，其他未经立案程序的案件，则归属于行政执法范畴，应运用行政手段进行处理。不过，说到底，立案的案件分流功能实质上也是为了防止公安机关滥用手中的权力，旨在通过正当程序保障犯罪嫌疑人和其他涉案人员的合法权利，因此与上述程序启动功能并不冲突。

总之，无论是为了启动程序，还是分流案件，我国在刑事诉讼程序的开端设置立案程序，最根本的目的是防止侦查机关和其他司法机关在程序未启动之前滥用侦查行为和强制措施，以保护犯罪嫌疑人及其他当事人和诉讼参

---

① 参见［美］伟恩·R. 拉费弗、［美］杰罗德·H. 伊斯雷尔、［美］南西·J. 金：《刑事诉讼法（上下）》，中国政法大学出版社2003年版，第8页。

② 参见高峰：《刑事侦查中的令状制度研究》，中国法制出版社2008年版，第6页。

③ 参见张泽涛：《论公安侦查权与行政权的衔接》，载《中国社会科学》2019年第10期。

与人的合法权利。易言之，限制权力和保障权利是立案程序的基本价值。那么，问题在于，监察机关移送审查起诉的职务犯罪案件是否与其他普通刑事案件一样，也需要通过立案程序来实现这一价值。解答这一问题，需要考察国家监察体制改革后职务犯罪案件的特殊属性。

四、监察案件立案转化的必要性

与其他刑事案件相比，立案的基本功能在职务犯罪案件中有一定的体现，但相对较弱。立案程序是刑事案件和行政案件的“分水岭”。通过案件的分流，立案程序能有效防止侦查权力和行政权力的交错适用，保障案件适用程序的正当性。而职务犯罪案件由监察机关移送审查起诉，监察机关是我国反腐败专责机关，其与党的纪律检查部门合署办公，实现了执纪与执法的衔接贯通；其吸收了过去由人民检察院、行政监察部门等所掌握的反腐败权力，实现了国家监督的全覆盖。正因如此，监察机关调查权所针对的案件类型是相对复杂的，职务犯罪与职务违法都要接受监察机关的调查。因而，当监察机关将案件移送审查起诉时，人民检察院通过立案程序可以实现对案件情况的基本审查，以判断案件是否具有犯罪属性，能否适用刑事诉讼程序。

但是，正如前文所述，立案程序的根本功能是实现对侦查权力的约束，并保障犯罪嫌疑人的合法权利。而设置这一功能的原因在于，案件一旦进入刑事诉讼程序，侦查机关即可为了收集证据、查明案情，以及保障刑事诉讼顺利进行，而运用侦查行为和强制措施限制甚至剥夺犯罪嫌疑人的人身自由、财产权利、隐私权等基本权利。侦查权力一旦滥用，对犯罪嫌疑人将造成极大的伤害。然而，职务犯罪案件的情况有所不同。

一方面，国家监察体制改革之后，职务犯罪案件不再经历刑事侦查程序，而是由监察机关适用监察措施进行调查。随后，当监察机关调查终结时，如果案件事实清楚，证据确实、充分，那么监察机关即可将案件移送人民检察院审查起诉，案件随之进入刑事诉讼程序中。可见，侦查权根本难以介入此类案件中。不可否认的是，一旦职务犯罪案件进入刑事诉讼程序中，犯罪嫌疑人仍可能被施以强制措施。在审查起诉过程中，如果案件需要补充核实的，必要时人民检察院可以自行侦查。此时，立案程序能在一定程度上阻隔司法机关在权力运用上可能存在的问题。不过，在职务犯罪案件进入刑事诉讼程序之前，被调查人实际上已经在监察调查程序中遭遇过类似的权利限制和剥夺了。

诚然，监察调查措施与刑事侦查行为、强制措施之间具有不少相似之处。从措施种类上看，监察调查措施中某些涉及人身自由限制或者剥夺的措施，如留置，就与刑事强制措施有异曲同工之处，因为这两种措施的目的都是保障调查程序或者诉讼程序的顺利进行，防止被调查人或者犯罪嫌疑人实施逃匿、毁灭伪造证据、干扰证人作证等行为。在《监察法》立法之初，甚至有不少学者将留置与逮捕或者拘留等强制措施相提并论，讨论该措施的应然适用前提和程序。而监察调查措施中的另一些措施，如讯问、询问、查询、冻结、搜查、调取、查封、扣押、勘验、检查、鉴定、技术调查等，则与刑事侦查行为基本一致。换句话说，立法机关在设置上述措施时，很大程度上借鉴了刑事侦查行为的相关规定。总之，监察调查措施和刑事侦查行为、强制措施一样，都是通过对人或者对物的强制手段，实现收集固定证据、查明案件事实、保障程序顺利进行的目的。由于监察机关对上述调查措施的适用，被调查人早在监察调查程序中就已经遭受过一定的权利限制甚至剥夺。在其进入刑事诉讼程序之时，再讨论侦查权力滥用可能对其权利造成的伤害，似乎为时过晚。

另一方面，需要注意的是，学界早已对刑事立案程序存在的必要性产生疑问。根据《刑事诉讼法》的规定，刑事案件的立案条件是“有犯罪事实需要追究刑事责任”。该立案条件要求过于严格，背离了人们的认识规律，导致侦查实践中出现了一些问题。办案机关对案件事实和性质的认识是随着调查的展开而逐渐深入的。在接到报案、控告、举报、自首等材料之初，侦查机关往往很难直接判断行为人是否涉嫌刑事犯罪，需要追究刑事责任。当侦查机关面临内部的业绩考核时，其只能选择在侦破案件之后再补办立案手续，导致“有案不立”“不破不立”。另外，由于立案门槛过高，实践中办案机关往往在立案之前就进行初查，对案件进行初步的调查和证据收集工作，以此作为立案的依据。但是，我国立法并未明确初查程序的合法性，导致该程序及在该程序中所获证据在正式的刑事诉讼程序中处于较为尴尬的境地。①

正因如此，不少学者都质疑立案作为一个独立的刑事诉讼程序的必要性，认为可以借鉴其他国家的做法，实行随机型案件启动模式，刑事诉讼程序不再以立案为开端。职务犯罪案件虽然情况有所不同，但是也难逃立案的上述弊端。当监察机关将案件移送审查起诉之时，人民检察院通过简单的审查是难以直接确定案件的性质，并作出是否立案的判断的。在职务犯罪领域，立案门槛过高，容易导致立案审查的虚置化，以及立案程序的盲目性。

除此之外，由于职务犯罪案件进入刑事诉讼程序以后，首先要衔接的是审查起诉环节。审查起诉是人民检察院就案件是否符合起诉条件进行审查，以决定是否向人民法院提起公诉的诉讼环节。如果在此之前，人民检察院需要再进行一次立案审查，有重复做工的问题，将导致程序效率低下，也不利于留置措施与强制措施的及时转化。

五、监察案件立案转化的应然路径

基于上述论证，笔者主张从近期改革和远期设想的角度，探索职务犯罪案件的刑事立案问题。

（一）近期改革视角

在当前刑事诉讼程序基本构造未发生变化的前提下，我国有必要在职务犯罪案件中继续保留立案程序，但是对立案程序的价值定位应当进行适当的调整。

首先，当监察机关调查终结移送审查起诉之时，人民检察院应当让案件管理部门对案件进行形式审查。人民检察院的案件管理部门在接收案卷材料后应当立即从形式上对其内容进行审查，审查主要按照以下标准来进行：（1）案卷材料是否齐备、规范，是否符合有关规定的要求；（2）移送的款项或者物品与移送清单相符；（3）被调查人在案情况。案件管理部门认为案卷材料符合要求，具备受理条件的，应当及时进行登记，并将案件材料移送案件承办部门继续办理；认为不具备受理条件的，应当商请监察机关相关部门补送材料。

① 参见吕萍：《刑事立案程序的独立性质疑》，载《法学研究》2002年第3期。

其次，人民检察院案件承办部门应当对案件是否符合立案条件进行实质审查。案件承办部门收到案卷材料之后，应当及时进行审查，认为有犯罪事实、需要追究刑事责任的，应当制作立案报告书，经检察长批准后予以立案。对于在监察程序中已经被采取留置措施的犯罪嫌疑人，人民检察院在立案之后应当立即决定采取先行拘留措施，并与监察机关调查部门办理交接手续。监察机关的留置措施自被人民检察院采取先行拘留措施之时起自动解除。人民检察院经审查认为犯罪事实显著轻微不需要追究刑事责任，或者具有其他依法不需要追究刑事责任的情形，拟作出不立案决定的，应报上一级人民检察院批准，并与监察机关进行沟通协调。人民检察院依法不予立案的，应当说明理由，将不予立案通知书送达监察机关，并相应地退回案件材料。对于人民检察院依法作出的不立案决定，监察机关认为有错误的，可以向上一级人民检察院提请复议。

最后，应调整职务犯罪案件立案的功能定位。对职务犯罪案件进行刑事立案，并不是为了防止公安侦查权力运用不当，而是为了防止检察权力运用不当。正如前文所述，根据现行体制，侦查权力是很难介入此类案件的。但是，这并不意味着涉嫌职务犯罪的犯罪嫌疑人不需要权利保障。在审查起诉阶段中，人民检察院同样有权对犯罪嫌疑人采取强制措施。当案件需要补充侦查时，人民检察院亦可实施一定的侦查行为，以满足证据收集和案情查明需要。因而，犯罪嫌疑人在审查起诉阶段，其人身权利、财产权利仍然有可能会受到影响。对职务犯罪案件设置立案程序，实质上规制的是人民检察院在审查起诉阶段采取的侦查行为和强制措施。再者，对职务犯罪案件设置立案程序，仍然具有分流案件的功能。但是其分流的案件对象不是公安机关所管辖的行政执法案件和刑事犯罪案件，而是由监察机关所管辖的职务违法案件和职务犯罪案件。人民检察院只能将职务犯罪案件纳入刑事诉讼程序中。对于职务违法案件，人民检察院不应予以立案，应当退回监察机关另行处置。为了实现上述功能，在立案之前，人民检察院对于案件犯罪事实不清、证据不足的情形，应当商请监察机关继续调查或者补充核实证据。在必要的情况下，经检察长批准，人民检察院的承办部门也可以进行初步调查。但是在该过程中，人民检察院不得采取限制被调查对象人身、财产权利的措施，以防止权力的滥用。

（二）远期设想视角

未来，我国应当继续推进刑事诉讼程序的改革进程，彻底解决当前刑事立案过程中存在的“有案不立”等问题，将我国刑事诉讼程序启动模式转变为随机型启动模式，并加强对可能限制剥夺公民基本权利的侦查行为和强制措施的审查。一方面，改变立案功能，消除立案的程序阻隔作用。立案不再成为刑事诉讼启动的前提，也不再对公安司法机关的权力行使产生实质性的约束力。立案只需履行简单的登记手续，仅作为有关部门案件管理或者数据统计之用。侦查机关一旦接触到可能的刑事犯罪信息，即需开启刑事侦查程序，对案件进行调查，而无须等待立案手续的完成。在此前提下，立案之前的初查或者调查核实程序与立案之后的侦查程序将融为一体。立法应当将立案前的这些初步调查行为纳入刑事侦查范畴之内，消除这些行为的合法性障碍。另一方面，由特定部门对限制剥夺公民基本权利的侦查行为和强制措施进行审查。在实现上述改革步骤之后，立案程序所承载的权力控制功能将失去效用。为了防止有关机关滥用权力，应当加强对侦查行为和强制措施的审查与约束，由实施上述措施的机关以外的机关履行这一审查职能，实现决定权与执行权的分离，保障措施适用的合法性，维护犯罪嫌疑人、被告人的合法权益。[①] 目前，我国仅在逮捕措施的适用过程中落实了类似的第三方审查机制，即由人民检察院对于侦查机关申请逮捕的案件予以审查，对于符合逮捕条件的情况，才作出批准逮捕的决定。但是，这种模式无法直接移植到其他强制性措施的审查适用上。因为在很多情况下，人民检察院自身即是侦查部门，自我审查难免存在正当性障碍。目前，世界上大多数国家是由司法官掌握颁布令状的权力，但是如果我国亦由法院掌握此项权力，由于其需承担后续的审判工作，实践中会不会发生强制措施审查批准与案件审判之间的利益冲突，仍是值得思考的问题。对此，笔者认为，最佳的路径是设置除公检法三机关之外的第三方司法审查机构，对可能限制或者侵犯公民基本权利的刑事诉讼措施予以审查，从而消除审查机关与案件的利害关系，并使措施决定权得以正当履行。

---

① 参见林艺芳：《改革侦查启动模式 解决刑事初查困境》，载《中国社会科学报》2013 年 7 月 17 日，第 A07 版。

在此前提下，与其他普通刑事案件一样，职务犯罪案件也不再经历立案程序。监察机关将案件移送审查起诉时，人民检察院只需对案件进行形式审查，当其案件材料在形式上符合立法规定时，人民检察院应当予以受理。接着，人民检察院即可按照审查起诉的程序规定，对案件进行实质审查，并判断是否对案件提起公诉。换言之，监察案件进入刑事诉讼程序后，实行的是山西省试点时的收案登记制。这能在一定程度上避免监察机关与人民检察院在办理案件时产生矛盾，也能有效提升诉讼效率。当人民检察院拟适用强制措施限制犯罪嫌疑人人身自由，或者在补充侦查过程中拟适用侦查行为限制公民其他基本权利时，应当由第三方司法审查机关对该措施进行审查，以决定是否赋予承办案件的人民检察院实施该措施的权力。对于人民检察院实施强制措施和侦查行为有错误的，犯罪嫌疑人及其他诉讼参与人依法应享有程序性救济权利，有权向决定机关提出申诉。通过这一路径，可以有效防止人民检察院滥用权力，同时也实现了对监察案件与其他普通刑事案件的真正平等对待。

第二节　监察留置措施与刑事强制措施的衔接转化

一、监察留置措施与刑事强制措施的内涵界定

（一）刑事强制措施的内涵界定

在我国刑事诉讼程序中，对物或者对人的强制性措施依法被区分为侦查行为和强制措施。一般而言，前者是为了满足事实调查、证据收集的需要而采取的措施类型，它们针对的是涉案财物上所附随的财产权利，或者与人身自由无关的其他人身权利。而后者则是为了保障刑事诉讼程序的顺利进行，避免在诉讼过程中出现其他侵权风险或者因被追诉人不到案导致诉讼行为无法实施。刑事强制措施仅针对犯罪嫌疑人、被告人的人身自由权利，目前依法包括五种类型，即拘传、取保候审、监视居住、拘留和逮捕。经过多年来几次《刑事诉讼法》的修正，这五项措施已经形成形态各异、层次分明并且

可能相互转化的措施体系。具体而言：

拘传，是指公安司法机关对于未被逮捕、拘留的犯罪嫌疑人、被告人，强制其到案接受讯问的一种强制措施。拘传的目的是强制就讯，没有羁押的效果，因此持续时间不得超过 12 个小时；案情特别重大复杂，需要采取拘留、逮捕措施的，持续时间不得超过 24 小时；公安司法机关不得通过连续拘传的形式变相羁押犯罪嫌疑人、被告人。

取保候审，是指公安司法机关责令犯罪嫌疑人、被告人提出保证人或者交纳保证金，以保证其不逃避或者妨碍诉讼并随传随到的一种强制措施。取保候审可以采取两种方式，即提出保证人或者交纳保证金，两种方式之间是选择关系。为保证这两种方式的规范运作，我国《刑事诉讼法》明确规定了保证人应满足的条件、保证人应遵守的义务、保证人违反取保候审规定可能承担的法律后果、保证金的确定因素、保证金的存取规则等。同时，我国还明确规定了被取保候审人应当遵循的义务，包括五种应当遵守的义务和四种公安司法机关可选择要求其遵守的义务。就人身自由限制程度而言，被取保候审人未经执行机关批准不得离开所居住的市、县，但是除非公安司法机关另有要求，在该范围之内仍享有人身自由权利。被取保候审人如违反上述义务，已交纳保证金的，没收部分或者全部保证金，并区别情况责令具结悔过，重新缴纳保证金、提出保证人，或者监视居住、予以逮捕。

监视居住，是指公安司法机关要求犯罪嫌疑人、被告人不得擅自离开住处或者指定的居所，并对其活动予以监视和控制的一种强制措施。在我国 2012 年修正《刑事诉讼法》之前，监视居住与前述取保候审的条件并无二致，二者是选择适用的关系。① 但是这么一来，就导致了监视居住在实践中适用率偏低、立法体系中定位模糊等问题。② 因此，在 2012 年修法过程中，

① 1996 年《刑事诉讼法》第 51 条第 1 款规定："人民法院、人民检察院和公安机关对于有下列情形之一的犯罪嫌疑人、被告人，可以取保候审或者监视居住：（一）可能判处管制、拘役或者独立适用附加刑的；（二）可能判处有期徒刑以上刑罚，采取取保候审、监视居住不致发生社会危险性的。"由此可见，两种措施的适用前提完全一致，上述规定中的"或者"二字也表明了两种措施是选择适用的关系。

② 参见汤茂定：《监视居住制度研究》，南京师范大学 2012 年博士学位论文，第 97－100 页、第 107－108 页。

立法机关修改了监视居住的性质定位和适用前提。根据现行立法规定，虽然监视居住仍属于非羁押性措施，但监视居住的适用应当以符合逮捕的条件为基本前提，主要针对的是患病、怀孕、哺乳、系生活不能自理的人的唯一抚养人等不适宜进行羁押的情况。这么一来，刑事强制措施体系相较之前显得更为完善，也更足以应对诉讼中发生的特殊情况。监视居住也有两种方式，一般情况下应当在犯罪嫌疑人、被告人的住所执行；无固定住所的，或者涉嫌危害国家安全犯罪、恐怖活动犯罪，在住所执行可能有碍侦查的，也可以在指定的居所执行。由于在指定居所监视居住更具强制性且对监视居住对象会造成更大的不便，因此执行机关应当及时通知家属，且监视居住的期限应当折抵刑期。就人身自由限制程度而言，监视居住显然比取保候审更严格，监视居住对象未经执行机关批准不得离开执行监视居住的处所，指定居所监视居住的人身自由强制程度甚至已经接近拘留、逮捕等羁押性措施。

上述三项措施都属于典型的非羁押性措施，而拘留和逮捕则与之不同，属于羁押性措施，被采取这两项措施的犯罪嫌疑人、被告人依法应当被关押到看守所等监管场所。拘留，是指公安司法机关在遇到紧急情况的时候，依法临时剥夺某些现行犯或重大嫌疑分子人身自由的一种强制措施。拘留措施的适用对象具有特定性，仅适用于现行犯或者重大嫌疑分子，如果不及时予以控制，将可能产生新的社会危险或者妨碍诉讼程序的顺利进行。拘留措施的适用期限具有临时性，一般而言，公安机关负责侦查的案件，最长拘留时间为 37 天，人民检察院负责立案侦查的案件，最长拘留时间为 17 天，而监察机关移送起诉的已采取留置措施的案件，最长拘留时间是 14 天，无法与逮捕措施相提并论。犯罪嫌疑人、被告人被采取拘留措施之后，应当在 24 小时之内进行讯问并送看守所，以防止在缺乏监督的情况下发生非法讯问；拘留后还应当及时通知家属，如果被拘留人是律师的话还应当通知所在律师事务所以及所属的律师协会。

最后一项强制措施是逮捕，也是这五项强制措施中人身自由限制程度最深、程序要求最严格的措施。逮捕，是指公安司法机关为了防止犯罪嫌疑人或者被告人逃避或者妨害侦查、起诉和审判，防止其发生社会危险性，而依法对其予以羁押、在一定时期内剥夺其人身自由的一种强制措施。由于被采取逮捕措施之后，犯罪嫌疑人、被告人将在诉讼进行过程中长期处于羁押状态，因此该措施的适用应当非常谨慎。我国立法明确规定，适用逮捕措施应当符合三项条件：（1）证据条件，即有证据证明有犯罪事实；（2）罪责条件，即可能判处徒刑以上刑罚；（3）社会危险性条件，即采取取保候审尚不足以防止发生社会危险性。在这三项条件中，证据条件是所有强制措施的普遍适用条件，罪责条件是判断社会危险性的前提，而社会危险性条件才是三者的核心，捕与不捕主要取决于犯罪嫌疑人、被告人的社会危险性。[①] 犯罪嫌疑人、被告人被采取逮捕措施之后，应当立即送看守所羁押，并在24小时之内通知家属和进行讯问。逮捕之后，人民检察院应当定期对羁押必要性进行审查，对不需要继续羁押的，应当建议予以释放或者变更强制措施。

（二）监察留置措施的内涵界定

不同于《刑事诉讼法》对侦查措施与强制措施的严格区分，《监察法》关于监察措施的配置并未因其指向的是满足取证需要还是保证程序顺利进行，而区别为不同的措施种类，即监察措施被设定为专门调查措施与强制措施的综合体。[②] 然而，不可否认的是，由于上述标准的差异性，监察措施仍可从学理角度区分为调查取证类措施和程序保障类措施。前者适用于职务违法犯罪事实的查明和证据的收集，强调的是案件办理的效率性，监察机关可以根据调查需要积极主动地适用，包括讯问、询问、查询、冻结、搜查、调取、查封、扣押、勘验、检查、鉴定、技术调查等。后者旨在防止监察程序进行过程中可能面临的种种社会危险性风险和案件办理障碍，避免证据的灭失、新的人身安全问题的产生、监察对象的逃匿等，强调的是保障性，监察机关只有在可能发生上述风险的前提下才会被动适用，包括留置、通缉和限制出境。而在上述程序保障类措施中，与刑事强制措施最为接近的是留置措施，只有这一措施直接指向监察对象人身自由权利的限制和剥夺。

留置是监察措施体系中最具特色的措施之一。在国家监察体制改革之前，

① 参见杨依：《以社会危险性审查为核心的逮捕条件重构——基于经验事实的理论反思》，载《比较法研究》2018年第3期。

② 参见程雷：《“侦查”定义的修改与监察调查权》，载《国家检察官学院学报》2018年第5期。

该措施从未见于《刑事诉讼法》或者其他诉讼法典中，也很难在其他法律规定中找到原型。[①] 根据《监察法》的规定，留置是指对于涉嫌职务违法犯罪的被调查人或者相关涉案人员，监察机关已经掌握其部分违法犯罪事实及证据，但仍有重要问题需要进一步调查，在符合特定情形的前提下，在一定时期内限制其人身自由的措施。在国家监察体制改革以及落实过程中，该措施获得极大的关注。根据《监察法》的规定，留置是指对于涉嫌职务违法犯罪的被调查人或者相关涉案人员，监察机关已经掌握其部分违法犯罪事实及证据，但仍有重要问题需要进一步调查，在符合特定情形的前提下，在一定时期内限制其人身自由的措施。作为唯一一项直接限制监察对象人身自由的监察措施，其与刑事强制措施之间是何关系，曾引发不少争议。另外，习近平总书记曾经在《决胜全面建成小康社会　夺取新时代中国特色社会主义伟大胜利——在中国共产党第十九次全国代表大会上的报告》中强调，“深化国家监察体制改革……依法赋予监察委员会职责权限和调查手段，用留置取代‘两规’措施”。那么该措施相对于过去的“两规”措施，又有哪些进步之处，也值得研究。

1. 留置措施的制度架构

适用留置措施需符合三项基本条件：（1）涉案条件，即被调查人涉嫌贪污贿赂、失职渎职等严重职务违法或者职务犯罪，其他情节较为轻微的职务违法行为不能适用这一措施。（2）证据要件，即监察机关已经掌握被调查人部分违法犯罪事实及证据，仍有重要问题需要进一步调查。这说明适用留置措施必须具备一定的证据基础，监察人员不能在毫无依据的情况下凭空对被

---

① “留置”一词也出现在了《人民警察法》中，其第9条规定：“为维护社会治安秩序，公安机关的人民警察对有违法犯罪嫌疑的人员，经出示相应证件，可以当场盘问、检查；经盘问、检查，有下列情形之一的，可以将其带至公安机关，经该公安机关批准，对其继续盘问：（一）被指控有犯罪行为的；（二）有现场作案嫌疑的；（三）有作案嫌疑身份不明的；（四）携带的物品有可能是赃物的。对被盘问人的留置时间自带至公安机关之时起不超过二十四小时，在特殊情况下，经县级以上公安机关批准，可以延长至四十八小时，并应当留有盘问记录。对于批准继续盘问的，应当立即通知其家属或者其所在单位。对于不批准继续盘问的，应当立即释放被盘问人。经继续盘问，公安机关认为对被盘问人需要依法采取拘留或者其他强制措施的，应当在前款规定的期间作出决定；在前款规定的期间不能作出上述决定的，应当立即释放被盘问人。”此处的“留置”更趋近一种限制人身自由状态的描述，而非一种独立的措施，因此与《监察法》中的留置措施还是有一定差距的。

调查人适用留置措施。并且，留置是服务于案件事实查明和证据收集的，监察人员留置被调查人，目的在于继续挖掘其身上可能附带的问题线索。[①]（3）危险性要件，即不采取留置措施将导致监察程序难以顺利进行。这主要包括四种情形：①涉及案情重大复杂的；②可能逃跑自杀的；③可能串供或者伪造、销毁、转移、隐匿证据的；④可能有其他妨碍调查行为的。[②] 适用留置措施必须兼备这三项要件，缺一不可。

各级监察机关均有权适用留置措施。根据《监察法》的规定，监察委员会从中央到地方包括国家、省、市和县四级，每一级监察机关根据各自办案需要，都可能面临限制被调查人人身自由的现实要求，因此都有权对被调查人适用留置措施。为避免留置措施启动的随意化，《监察法》规定，各级监察机关采取留置措施，应当经本机关领导人员集体决定。同时，设区的市级以下监察机关采取留置措施，应当报上一级监察机关批准。省级监察机关采取留置措施，应当报国家监察委员会备案，即留置措施的决定机制采取的是集体决策加上级审批的模式，通过这种方式体现民主集中的优势，发挥层级监督的作用，从而保障留置措施适用的准确性与权威性。

留置措施的适用有期限限制。根据《监察法》的规定，留置时间不得超过3个月，在特殊情况下，可以延长一次，延长时间不得超过3个月。延长留置时间亦需经过上级监察机关审批，即省级以下监察机关采取留置措施的，延长留置时间应当报上一级监察机关批准。另外，在适用留置措施的过程中，监察机关应恪守比例原则，尽量减轻该措施对公民人身自由的限制程度，减少限制人身自由的时间，避免“一留到底”。因此，《监察法》还规定，监察

① 笔者想对留置的这一条件，即“仍有重要问题需要进一步调查”做一些探讨。“以捕代侦”向来是我国刑事侦查实践中最忌讳的问题之一，它是指侦查机关为了从犯罪嫌疑人身上获取证据线索，而在无视其人身危险性的前提下，对其采取逮捕等羁押性强制措施。这种做法极易导致侦查机关滥用侦查权力，侵犯犯罪嫌疑人合法权益，因此是不被提倡的。《监察法》中将“仍有重要问题需要进一步调查”作为留置的前提条件之一，可能会引发“以捕代侦”的问题，其会不会引发上述刑事侦查类似问题，是非常值得警惕的。

② 参见《监察法》第22条第1款。但是，笔者认为该规定有所不妥。该款第2~4项都属于有碍调查的行为，衡量的是被调查人的人身危险性。但是，本条第1项，即“涉及案情重大、复杂的”与是否有碍调查没有关系，并列规定并不合理。除此之外，留置的立法意图在于保障监察程序的顺利进行，“涉及案情重大、复杂”与监察程序能否顺利运转之间并无直接关联，没有必要将其作为留置的适用情形之一。

机关发现采取留置措施不当的，应当及时解除。

留置执行期间应保障被留置人的基本权利。除非是有可能毁灭、伪造证据，干扰证人作证或者串供等情形，留置后应及时通知被留置人员所在单位和家属，保障其知情权。有碍调查的情形消失后，应当立即通知单位和家属。监察机关还应当保障被留置人员的饮食、休息和安全，并且在必要的时候还要为被留置人员提供医疗服务。讯问被留置人员应当合理安排时间和时长，不得疲劳审讯，不得进行“车轮战”。

2. 留置措施区别于刑事强制措施

在职务违法犯罪的调查过程中，监察机关可以通过适用留置措施在一定时期内限制监察对象及相关涉案人员的人身自由，这与刑事强制措施有异曲同工之处。但是，我们不能因此将其与刑事强制措施相等同，或者在程序设置上将其简单类比某项特定的刑事强制措施。

第一，监察机关和监察程序的性质决定了留置措施区别于刑事强制措施。我国目前正在进行的国家监察体制改革是事关全局的重大政治改革。不同于其他国家和地区的反腐败调查机构，监察机关不是单纯的行政机关或者司法机关，而是代表党和国家行使监督权的政治机关。监察程序也不属于刑事诉讼程序的范畴，它是一种独立的法律程序，是在国家权力机关授权下对公职人员实施的国家监督行为，是党统一领导下的具体的反腐败工作。留置只能由监察机关履行，也仅属于监察程序的组成部分。它必然与存在于刑事诉讼程序中的强制措施有着根本区别。另外，留置是监察机关行使调查职责的具体措施之一。而根据《监察法》对监察机关的定位，监察机关的首要职责是监督，调查职责是为监督职责服务的。这意味着，监察机关并非一个单纯的办案机关，它除了发现并处置职务违法和职务犯罪行为之外，还应当实现惩前毖后、治病救人的预防腐败的目的，留置也应当服务于这样的目的。监察机关执行留置措施除了满足查清职务违法和职务犯罪行为的目的之外，还可能附带着以有关政策和法律教育、感化、挽救被调查对象的目的，而这是刑事强制措施所不具备的功能。

第二，留置措施的运行机制决定了其区别于刑事强制措施。我国的《监察法》用了较大篇幅对留置的内涵、适用情形、操作程序、审批权属、权利保障等方面予以系统规定。不得不承认的是，这些规定包含不少借鉴刑事强制措施的内容。例如，就适用情形而言，留置也可以适用于可能逃跑、自杀，可能串供或者伪造、隐匿、毁灭证据等可能妨碍程序顺利进行的情况，[①] 但这并不意味着留置属于刑事强制措施，或者留置应当严格遵循某项强制措施的相关程序要求。以适用期限为例，《监察法》规定，留置时间不得超过 3 个月，在特殊情况下可以延长一次，延长时间不得超过 3 个月。对此，有学者主张，留置相当于刑事诉讼中的拘留，不应当有如此长的适用时间。[②] 笔者认为这是对留置措施的误读。正如前文所述，刑事诉讼中有五大强制措施，它们的强制程度不一，形成一个严密的系统。其中拘留具有适用情形的紧急性和适用时间的临时性。并且，提请人民检察院审查批准或决定逮捕之后，拘留还可能过渡为逮捕，从而转变成一个拥有严格适用情形和较长适用时间的强制措施。而留置是监察程序中唯一一种直接限制人身自由的措施，它没有其他措施与之互成系统、互相转换，它的适用以职务违法犯罪为前提，并在具体情形上区别于拘留，因而无须机械地拿拘留措施衡量留置措施，留置措施在时间规定上可以更宽松，不必受如此严苛的限制。

3. 留置措施区别于“两规”“两指”

在监察程序中设置留置措施，实质上是对过去反腐败工作中存在问题的回应，它是法治理念在国家监察体制中的具体落实，是法治的巨大进步。留置与过去纪检监察工作中适用的“两规”“两指”措施有所不同。

“两规”“两指”是从 20 世纪 90 年代开始，为了应对严峻的腐败斗争形势，我国纪检监察机关在查办案件时使用的特殊措施。“两规”最早见于 1990 年《行政监察条例》，该条例第 21 条规定，监察机关有权“责令有关人员在规定的时间、地点就监察事项涉及的问题作出解释和说明”。该条例在 1997 年被《行政监察法》取代，该法第 20 条规定，监察机关可以“责令有违反行政纪律嫌疑的人员在指定的时间、地点就调查事项涉及的问题作出解释和说明，但是不得对其实行拘禁或者变相拘禁”。由此，“两规”被“两

---

① 参见《监察法》第 22 条第 1 款。

② 参见陈瑞华：《论监察委员会的调查权》，载《中国人民大学学报》2018 年第 4 期。

指”所取代。另外，1994年颁布的《中国共产党纪律检查机关案件检查工作条例》也有有关“两规”的内容，其第28条规定，调查组有权“要求有关人员在规定的时间、地点就案件所涉及的问题作出说明”。从上述规定看，“两规”“两指”是一种党内调查手段，它遵循的是纪律性的逻辑，这使得它与具有法治属性的留置措施存在根本区别。

首先，二者在程序规范方面存在差异。“两规”“两指”的实体依据是党内法规。不过在受党内法规约束之余，出于尽量提升办案效率的需要，过去纪检监察工作人员在履行这一措施时，经常对其进行扩大化适用。一方面，某些纪检监察工作人员常常干涉人民检察院的职务犯罪侦查过程，甚至替代或者架空人民检察院的侦查工作；另一方面，相关法律法规未明确适用“两规”“两指”的具体要求，导致某些纪检监察工作人员在实施上述措施时的方式方法有些欠妥。换言之，“两规”“两指”在程序规范方面是存在一定缺陷的，而程序规范是法治的根本特征之一。程序为当事人提供参与评价形成和规范发现的机会，它创设理性交流与选择的平台，进而达成合理的决定。[①] 与“两规”“两指”不同的是，监察机关在适用留置时应当严格遵守程序要求。《监察法》第41条第1款规定，调查人员采取留置措施时“应当依照规定出示证件，出具书面通知，由二人以上进行，形成笔录、报告等书面材料，并由相关人员签名、盖章”等。《监察法实施条例》更是通过多个条文的规定，进一步细化采取留置措施的具体程序机制。这都为监察人员履行留置措施提供了基本依据，从而保障了留置过程的正当性和结果的可接受性，受到程序规范的约束，留置被不当适用的可能性也会相应降低。

其次，二者在权利保障方面也存在差异。过去“两规”“两指”最常受诟病的问题之一即是没有为涉案人员提供必要的权利保障机制。1997年《行政监察法》曾经要求行政监察机关在适用“两指”措施时，不得对相关人员实行拘禁或者变相拘禁。但这一规定在该法2010年修正时并未得到保留。在实践中，相关办案人员滥用“两规”“两指”措施，变相延长涉

① 参见陈林林：《法治的三度：形式、实质与程序》，载《法学研究》2012年第6期。

案人员人身自由限制时间，侵犯其人身权利和财产权利的情况时有发生，与法治精神背道而驰。法治的终极目标是对权利的保护，施行法治的过程也应当是权利受到保护的过程。失去了权利的保障，法治也将失去被信任的基础，而具有法治基因的留置则体现了权利保障的要求。根据《监察法》第44条第1款的规定，“对被调查人采取留置措施后，应当在二十四小时以内，通知被留置人员所在单位和家属，但有可能毁灭、伪造证据，干扰证人作证或者串供等有碍调查情形的除外”；第2款规定，“监察机关应当保障被留置人员的饮食、休息和安全，提供医疗服务。讯问被留置人员应当合理安排讯问时间和时长”。以上这些规定，都是保障被留置人员合法权利的重要依据。

总之，留置是国家监察体制中的一项独立的具体措施，它与刑事强制措施、“两规”“两指”存在根本区别，不能将它们简单混同。当前，我们应当在准确定位留置性质的基础上，进一步完善留置的具体程序机制，使之不仅能够满足查处职务违法犯罪的现实需要，也能够符合法治的基本要求。

二、监察留置措施与刑事强制措施衔接转化的试点模式

由于监察留置措施与刑事强制措施在内涵上有所差异，所处的程序机制也有所不同，因此当监察程序与刑事诉讼程序发生衔接时，二者之间不可避免地要进行转化。也就是说，案件经监察机关调查终结、移送审查起诉之时，如果犯罪嫌疑人在监察程序中被采取了留置措施，那么此时人民检察院应当决定是否继续对其采取刑事强制措施，以及采取何种强制措施。正如前文所述，我国于2018年修正《刑事诉讼法》时已经对该问题做了规定，明确了先行拘留的适用，以及逮捕措施的决定时间。尽管如此，无论在理论界还是实务界，这一措施转化中仍面临着不少难题，亟待依据办案的实际情况继续研究完善。

从试点的情况看，针对留置与强制措施的衔接转化，不同地区曾试行不同的处理方案：（1）人民检察院与监察机关双方形成协议，对于拟移送审查起诉的案件，在留置期限届满的10日以前，通知人民检察院提前介入，人民检察院利用这段时间进行强制措施的审查，并在留置措施届满前决定对犯罪嫌疑人采取哪一种强制措施。（2）对于拟移送审查起诉的案件，监察机关应

当提前10日向人民检察院移送起诉意见书和强制措施申请书，由人民检察院提前进行强制措施的审查程序，在人民检察院决定采取强制措施之后，监察机关再将案件正式移送人民检察院审查起诉。①

不过，这两种做法并无实质差异，都是将强制措施的审查决定这一本应出现在刑事诉讼程序中的环节，提前至监察程序中进行，因而可以将其称为"提前审查"模式。此种做法的好处是，人民检察院提前进行强制措施的审查，能够有效防止留置措施延迟适用于刑事诉讼程序中。根据前文所述，监察留置措施与刑事强制措施是两种截然不同的人身自由限制措施，二者互不隶属，更不能混为一谈。监察留置措施只能由监察机关适用于监察程序中，其不应在刑事诉讼过程中延续效力空间，否则将导致监察程序与刑事诉讼程序出现交叉重叠、体系混乱的情况，造成监察机关与人民检察院职权界限不清，给案件办理带来冲突和矛盾。此外，要求人民检察院提前介入监察程序，进行强制措施的审查决定，也有其法理依据。从目标上看，监察机关进行职务违法犯罪调查和人民检察院进行职务犯罪案件审查起诉，最终目的都是追诉并制裁腐败行为。基于此，人民检察院提前介入监察程序这一行为于人民检察院和监察机关双方而言，都是一个互惠互利的过程。② 人民检察院在监察程序中进行强制措施的审查决定，也是提前介入的一种体现，它有助于监察机关顺利将案件移交人民检察院，更有助于人民检察院充分了解情况，做好强制措施衔接的准备，因而有其合理性。

但是，"提前审查"模式也存在固有的缺陷。主要体现在以下几个方面：（1）具有监察属性的留置措施不会在刑事诉讼程序中延续其效力，但反之，人民检察院提前介入监察程序进行强制措施审查，也可能使具有刑事司法属性的强制措施包裹于监察程序之中，同样可能导致监察程序与刑事诉讼程序之间的体系混乱、监察机关与人民检察院之间的职权不清，背离了《监察法》与《刑事诉讼法》的基本逻辑。③（2）监察机关在未处置案件之前，即要求人民检察院履行诉讼职能，带有"诉讼在前、监察在后"的色彩，颠倒

① 参见朱孝清：《修改后刑诉法与监察法的衔接》，载《法治研究》2019年第1期。

② 参见吕晓刚：《监察调查提前介入实践完善研究》，载《法学杂志》2020年第1期。

③ 参见董坤：《法规范视野下监察与司法程序衔接机制——以〈刑事诉讼法〉第170条切入》，载《国家检察官学院学报》2019年第6期。

了监察程序与刑事诉讼程序衔接的基本次序。国家监察体制改革的核心内容之一，就是将过去分散在各机关、各部门的反腐败力量予以整合。这么一来，人民检察院的大部分职务犯罪侦查权即被监察机关所吸收，转变为其职务犯罪调查权。[①] 根据《刑事诉讼法》的规定，在审查起诉之前，作为人民检察院职务犯罪侦查权的替代品，监察机关的职务犯罪调查显然也应当位于审查起诉之前。而人民检察院审查决定强制措施的行为是审查起诉程序的组成部分，也应当发生在监察调查之后。在监察调查完成之前，监察机关还无法完全判断案件最终是否向刑事诉讼程序移送，这种情况下就允许人民检察院提前介入，审查判断强制措施采取的必要性，恐怕为时过早。（3）监察机关在未将案件移送审查起诉之前就要求人民检察院审查强制措施，也不可避免地会给人民检察院其他职权行为的实施带来压力，使其难以严格依照法律规定作出准确的决定。人民检察院作为审前程序的主导机关之一，既承担着审查批准逮捕的职责，又承担着审查起诉的职责。如果其提前在监察程序中就作出了批准逮捕的决定，那么人民检察院在后续的审查起诉过程中就难免受该决定的影响，不得不作出起诉决定，以规避前面逮捕决定可能发生的错误。这么一来，审查起诉决定的作出，不再是以案件基本情况为依据，而是以提前进行的强制措施审查结果为标尺，违背了刑事诉讼基本要求，也可能带来错案风险。

正是基于上述理由，《刑事诉讼法》在新增监察留置措施与刑事强制措施衔接规定时，并未采纳上述提前审查模式，转而采取“先行拘留”模式。

三、监察留置措施与刑事强制措施衔接转化的现行规定与完善路径

由于属于审查起诉环节的组成部分，监察留置措施与刑事强制措施的衔接转化是规定在《刑事诉讼法》中的。根据《刑事诉讼法》第 170 条第 2 款的规定，立法采用的是“先行拘留”模式，即在案件移送审查起诉之

---

① 之所以说人民检察院的“大部分”职务犯罪侦查权被监察机关所吸收，是因为根据《刑事诉讼法》第 19 条第 2 款的规定，人民检察院还保留了一小部分的直接立案侦查权，即“人民检察院在对诉讼活动实行法律监督中发现的司法工作人员利用职权实施的非法拘禁、刑讯逼供、非法搜查等侵犯公民权利、损害司法公正的犯罪，可以由人民检察院立案侦查。”

后，人民检察院先对犯罪嫌疑人先行采取拘留，同时留置措施自动解除。在拘留期间，人民检察院再在10～14日以内决定对犯罪嫌疑人是否采取逮捕、取保候审或者监视居住等强制措施。除此之外，《人民检察院刑事诉讼规则》第142条和第145条再次强调了“先行拘留”模式，明确先行拘留决定的作出是在案件受理之后；规定除无法按时通知的之外，人民检察院应当在公安机关执行拘留、逮捕后24小时以内，通知犯罪嫌疑人的家属；还要求人民检察院应当自收到移送起诉的案件材料之日起3日以内告知犯罪嫌疑人有权委托辩护人，对已经采取留置措施的，应当在执行拘留时告知；补充规定对于监察机关移送起诉的未采取留置措施的案件，人民检察院受理后，在审查起诉过程中根据案件情况，可以依法决定是否采取逮捕、取保候审或者监视居住。

相比之下，先行拘留模式不需要人民检察院提前介入监察程序，在刑事诉讼程序尚未开启之前就进行强制措施的审查决定，能在一定程度上避免上述的监察机关和人民检察院之间职权不清、监察程序与刑事诉讼程序体系混乱的问题，符合二程序衔接的先后逻辑，防止人民检察院后续的审查起诉活动受到提前进行的强制措施审查的不良影响。但从法理和实践角度看，“先行拘留”模式仍存在以下问题值得进一步研究辨析。

（一）留置措施的延迟适用问题

立法虽然要求人民检察院对职务犯罪案件先行拘留，但是并未明确人民检察院应当在多长的时间内审查决定该措施的适用。而根据我国《刑事诉讼法》及相关司法解释的规定，拘留措施虽然带有紧急性、即时性色彩，但也需经过一定的审查程序，并获得相应的批准授权方能适用。① 如果犯罪嫌疑人未被及时采取拘留措施，则留置措施也无法解除。这就可能导致在实践中，职务犯罪案件已经移送至人民检察院手中、进入刑事诉讼程序中，但犯罪嫌疑人却仍被采取了带有监察属性的留置措施。② 易言之，留置措施可能在诉

---

① 根据《公安机关办理刑事案件程序规定》第125条的规定，拘留犯罪嫌疑人，应当填写呈请拘留报告书，经县级以上公安机关负责人批准，并制作拘留证。实践中，人民检察院也应当遵守类似规定，并将拘留决定交同级公安机关执行。

② 参见谢小剑：《监察调查与刑事诉讼程序衔接的法教义学分析》，载《法学》2019年第9期。

讼程序中被不合理地延迟适用。换句话说，相对于监察留置与刑事强制措施衔接的“提前审查”模式，“先行拘留”模式只不过将问题后移了，仍可能导致不同机关之间的职权不清与不同程序的体系混乱。

对于上述规定，笔者认为这是我国在综合考虑办案效率和风险的前提下，提出的权宜之计，目前很难找到更合理的替代性方案。当前，我国立法并未授权人民检察院提前介入监察程序审查决定强制措施，前文也已经分析了此种做法所存在的消极影响。在此前提下，如果为了防止留置措施不合理地延迟适用，那么只有在移送案件的同时解除犯罪嫌疑人的留置措施。但是，根据《监察法》第 22 条的规定，被采取留置措施的被调查人一般具有逃跑、自杀、灭失证据等种种可能妨碍调查行为的情况。换言之，被调查人是具有社会危险性的人员。对于这类人员，如果仅为了满足法理上的正当性，而在程序转化过程中将其一律予以释放，如果其实施了上述妨碍调查的行为，那么极可能降低案件办理效率，造成新的社会危险，并徒增后续相关部门重新控制犯罪嫌疑人的工作负担。

为了降低由此带来的法理困境，笔者建议人民检察院在接收到来自监察机关的职务犯罪案件之后，应当尽快进行先行拘留措施的审查工作，及时作出是否对犯罪嫌疑人采取拘留措施的决定。根据《刑事诉讼法》的规定，拘留措施是指公安司法机关在遇到紧急情况时，依法临时剥夺某些现行犯或者重大嫌疑分子人身自由的一种强制措施。监察机关将案件移送审查起诉，在某种程度上也可以看成拘留的“紧急情况”之一。人民检察院对涉嫌犯罪的犯罪嫌疑人尽快采取该措施，不存在法律和现实障碍。至于此处“尽快”的内涵，《人民检察院刑事诉讼规则》的要求是在受理案件之后。笔者认为这种规定具有一定合理性。人民检察院受理案件，意味着案件已经移交到其手中，可以依法对案件进行处理。且根据实践经验，人民检察院案件管理部门受理案件的工作并不复杂，一般仅涉及案件基本信息的登记、卷宗文书证据材料的接受等形式性问题。有些基层人民检察院设有案件受理大厅，设有案件审查受理标准清单，更是在很大程度上便捷了案件受理流程。[①] 既然如此，人民检察院在案件受理之后再进行先行拘留的审查，不会额外耽误时间，是符合现实需求的。

（二）先行拘留的合理性问题

毫无疑问，拘留是我国刑事诉讼中的五大强制措施之一，先行拘留也在我国《刑事诉讼法》以及相应的司法解释中有着相应的规定。有不少学者认为，监察与刑事诉讼衔接过程中出现的先行拘留与我国其他传统的先行拘留措施是截然不同的，原因是其无论是适用阶段、适用主体，还是适用对象、适用条件都与刑事诉讼程序中的其他先行拘留格格不入。在此基础上，他们认为立法在监察与刑事诉讼衔接程序中规定先行拘留措施，背离了强制措施的基本法理。[②]

对此，笔者认为无须过于机械地看待监察与刑事诉讼衔接程序中先行拘留的性质。一般情况下，在刑事诉讼程序中，先行拘留主要适用于如下两种情形：（1）现行犯或者重大嫌疑分子存在《刑事诉讼法》第 82 条规定的 7 种情形之一。此类先行拘留的适用，旨在防止犯罪嫌疑人脱逃，或者从事其他妨碍诉讼程序顺利进行的行为。（2）犯罪嫌疑人违反取保候审、监视居住相关规定，且需要逮捕的情况。此类先行拘留的目的是为逮捕措施的提请和审查程序留足时间。另外，同为羁押性措施，拘留不同于逮捕，不能长期剥夺犯罪嫌疑人的人身自由，对于公安机关侦查的案件，最长拘留时间为 37 天；对于人民检察院自侦案件，最长拘留时间为 17 天。总之，从其本质上看，先行拘留具有两大基本属性：（1）临时性，即它是在紧急情况下，临时剥夺犯罪嫌疑人人身自由的措施。（2）过渡性，即它也可以成为不同强制措施之间的过渡性措施，尤其是为提请批准逮捕和批准决定逮捕预留时间。

而在监察与刑事诉讼衔接程序中的先行拘留，显然也具有上述属性：

---

① 卢金增、李晓洁：《既是“指导目录”又是“便携备忘录——山东莘县：推出案件审查受理标准清单》，载《检察日报》2021 年 5 月 13 日，第 1 版。

② 参见左卫民：《一种新程序：审思检监衔接中的强制措施决定机制》，载《当代法学》2019 年第 3 期。

（1）人民检察院在接收来自监察机关移送的职务犯罪案件时，是基于临时性的目的而采取先行拘留措施。在监察程序中已经被采取过留置措施的犯罪嫌疑人，一般情况下涉嫌案情重大复杂或者可能进行妨碍执法的行为，如果因为程序的转化而轻易将其释放，极可能出现一些消极性后果。在这种相对紧急的情况下，人民检察院只能对犯罪嫌疑人采取先行拘留措施。而且，需要注意的是，立法规定此类先行拘留的期限为10～14日，并未超出《刑事诉讼法》对于其他类型先行拘留的最长期限的规定，这也是其临时性属性的另一体现。（2）人民检察院对移送审查起诉的职务犯罪案件的犯罪嫌疑人适用先行拘留，还可以为作出其他强制措施的审查决定争取时间。与刑事诉讼程序中的某些先行拘留情况一致，此时人民检察院适用先行拘留也是出于过渡性目的，从具有监察属性的留置措施转变为具有刑事诉讼属性的逮捕、取保候审和监视居住等。总之，虽然此时的先行拘留无法与《刑事诉讼法》关于其他类型先行拘留的规定一一对应，但是其本质属性是一致的，并未违背《刑事诉讼法》关于强制措施的基本逻辑和原则。

（三）其他强制措施的选用问题

在先行拘留的前提下，根据《刑事诉讼法》第170条第2款的规定，人民检察院应当在拘留后的10～14日以内“作出是否逮捕、取保候审或者监视居住的决定”。对于该规定，有以下两个争议焦点：（1）人民检察院决定采取的三大强制措施是否有先后顺位之分。（2）人民检察院在审查过后，能否不采取任何强制措施。

对于前一争议焦点，由于立法明确列出人民检察院可以决定的强制措施类型，且对这三种强制措施进行了排序，即逮捕在前、取保候审在中、监视居住在后。因此，有学者认为，逮捕措施是人民检察院应当优先决定的强制措施类型。也就是说，人民检察院有权决定采取的强制措施有先后顺位之分。笔者认为，这一观点值得商榷。不可否认，在某些情况下，用语的排序在立法技术中具有一定的意义。但是，在法条中，立法者除了分别列出这三种强制措施之外，还用“或”字连接取保候审与监视居住。“或”字意味着三种强制措施之间是并列选择关系，它们之间不应当具有先后顺位之别。人民检察院应当结合犯罪嫌疑人的具体情况和立法关于强制措施适用条件的规定，决定适用何种强制措施。如果有证据证明某犯罪嫌疑人有犯罪事实，可能判处有期徒刑以上刑罚，且采取取保候审尚不足以防止发生社会危险性，那么人民检察院应决定对其采取逮捕措施。对于符合逮捕条件，但还具备《刑事诉讼法》第74条规定的情形，即存在不宜羁押等情形的，人民检察院应当对其决定适用监视居住。除此之外，对于符合《刑事诉讼法》第67条第1款规定的，人民检察院应当对其采取取保候审措施。

对于后一争议焦点，有学者认为，从立法规定的角度看，人民检察院经过审查后，只能决定对犯罪嫌疑人适用逮捕、取保候审或者监视居住三种强制措施之一，不能决定不对犯罪嫌疑人采取任何强制措施。一方面，《刑事诉讼法》第170条第2款在列举人民检察院可以审查决定的三种强制措施时，并未使用“等”字，这意味着此处立法规定属于具体的、限定性的列举，人民检察院只能在上述三种强制措施中进行选择适用。另一方面，立法也并未规定，人民检察院经审查后可以不采取任何强制措施，而让犯罪嫌疑人处于人身自由的状态。也就是说，不采取强制措施的决定并未获得立法的授权。

笔者认为，此种观点值得商榷。正如前文所述，人民检察院审查决定如何采取强制措施，应当以犯罪嫌疑人的自身情况和立法关于强制措施的具体规定为依据。虽然从执法实践看，曾被采取过留置措施的犯罪嫌疑人，极可能在诉讼过程中仍存在一定的社会危险性或者有其他妨碍诉讼正常进行的情况，需要被采取一定的强制措施。但是，这并不代表着在某些特定情况下，人民检察院经审查后，认为其并不符合立法关于强制措施的规定，依法不应对其采取强制措施。在这种情况下，强行对其适用强制措施，是有违程序法治原则的。此外，根据《刑事诉讼法》第170条第2款的具体表述，人民检察院在先行拘留的10～14日内应作出“是否”逮捕、取保候审或者监视居住的决定。此处的“是否”二字也暗示着，人民检察院可以决定采取三种强制措施中的一种，也可以不采取任何强制措施。

第三节　监察案件的退回补充调查与自行补充侦查机制

人民检察院对于监察机关调查终结移送起诉的案件依法应进行全面审查，以决定是否向人民法院提起公诉。人民检察院经审查，认为监察机关移送的案件部分事实不清、证据不足或者尚有遗漏罪行、遗漏同案犯罪嫌疑人，应当依照法定程序退回监察机关补充调查，必要时，可以自行补充调查。退回补充调查和自行补充侦查并非国家监察体制改革之后的创新制度。在我国传统的刑事诉讼程序中，在审查起诉环节，人民检察院对于公安机关侦查终结移送审查起诉的案件，同样拥有退回补充侦查或者自行补充侦查的权力。不过，相较而言，监察案件所面临的退回补充调查和自行补充侦查机制，由于案件性质的特殊性以及衔接程序的异质性，在法理和实践中存在更多难题。

一、退回补充调查与自行补充侦查的规范体系

目前《监察法》《刑事诉讼法》及其他相关法律文件对监察案件的退回补充调查和自行补充侦查机关作出了原则性规定，具体而言有以下两点。

（一）退回补充调查的相关规定

退回补充调查是针对监察案件而新增的程序机制，它是指监察机关移送人民检察院审查起诉的案件，人民检察院经审查之后认为犯罪事实不清、证据不足，需要补充核实的，而将案件退回监察机关继续调查的机制。①

就退回补充调查的时间和次数而言，一般情况下，在刑事诉讼程序领域，对于公安机关移送审查起诉的案件，人民检察院经审查认为需要退回补充侦查的，应当在一个月以内补充侦查完毕，补充侦查以两次为限。《监察法》

① 参见陈国庆：《刑事诉讼法修改与刑事检察工作的新发展》，载《国家检察官学院学报》2019 年第 1 期。

也采取了类似的规定，根据《监察法》第47条第3款规定，“补充调查的案件，应当在一个月内补充调查完毕。补充调查以二次为限”。可见，退回补充调查的时间也是1个月，次数也是两次。除此之外，《人民检察院刑事诉讼规则》第367条还在上述退回补充侦查或者退回补充调查次数的基础上，予以进一步细化，规定人民检察院对于二次退回补充调查或者补充侦查的案件，仍然认为证据不足，不符合起诉条件的，经检察长批准，依法作出不起诉决定。人民检察院对于经过一次退回补充调查或者补充侦查的案件，认为证据不足，不符合起诉条件的，且没有再次退回补充调查或者补充侦查必要的，经检察长批准可以作出不起诉决定。可见，退回补充调查同退回补充侦查一样，并非一律进行两次，两次是最高次数限制。如果一次退回补充调查即达到了起诉标准，那么人民检察院就应当依法作出提起公诉的决定，无须再次退回监察机关补充调查；一次退回补充调查之后，即便未达到起诉标准，但没有再次退回的必要了，那么也可以不经再次退回补充调查，而直接作出不起诉决定，将案件诉讼程序终结。

就退回补充调查的协调沟通而言，《人民检察院刑事诉讼规则》第343条和《监察检察衔接办法》第37条进行了规定。整合这两处规定，人民检察院在作出退回补充调查决定之前，应当与监察机关沟通协调，由人民检察院负责案件公诉的部门与监察机关案件审理部门进行对接。人民检察院对于需要退回补充调查的案件，应当出具补充调查决定书、补充调查提纲，写明补充调查事项、理由、调查方向、需补充收集的证据及其证明作用等，连同案卷材料一并送交监察机关。由此可知，对于退回补充调查的案件而言，需要遵循一系列协调沟通机制：（1）退回之前先行沟通协调。由于监察机关是案件的主要调查机关，其对案件情况更为熟悉。人民检察院在退回之前先行沟通，了解案件在监察程序中的办理细节，及时澄清相关问题，可以在特定情况下免去程序回流的成本，有助于准确认定退回补充调查的必要性。（2）退回补充调查时应出具相关材料。补充调查决定书是人民检察院将案件予以退回的文书依据，补充调查提纲则载明需进一步调查的内容、理由，需进一步收集的证据等。这些材料的出具也有助于监察机关在后续调查活动中了解人民检察院审查起诉情况，有的放矢地补充核实案情，使再次移送后的案件更符合人民检察院的起诉要求。

就退回补充调查期间限制人身自由措施的适用而言，也就是如果犯罪嫌疑人在刑事诉讼程序中已经被采取了强制措施，当案件被退回监察机关补充调查时，相应的强制措施应当继续实施，还是解除强制措施，适用留置措施或者不适用任何限制人身自由措施，也是一个非常重要的问题。对此，《监察法》并未作出明确规定，相关要求体现在《监察检察衔接办法》第 38 条。据此规定，最高人民检察院决定退回补充调查的案件，在补充调查期间，人民检察院作出的强制措施继续沿用；被指定的人民检察院应当将退回补充调查情况书面通知看守所；监察机关需要讯问被调查人的，被指定的人民检察院应当予以配合。可见，该规定奉行的是“案退人不退”的原则，即犯罪嫌疑人不随着案件的退回而改变其强制措施适用情况。这种做法有助于节约因程序倒流所产生的协调成本，还能防止因限制人身自由措施衔接不畅导致人员脱逃的风险。不过，退回补充调查期间限制人身自由措施应当如何处理的问题，实质上涉及退回补充调查本身的程序属性问题。换言之，只要明确退回补充调查本身系属监察程序抑或刑事审查起诉程序，那么相关人员的人身自由限制措施的适用问题即迎刃而解。对此，学界存在较多争议。有学者认为，案件退回监察机关补充调查期间，补充调查的案件实际上还是处于人民检察院的审查起诉阶段，监察机关的补充调查只是对人民检察院审查起诉工作的配合，故而对犯罪嫌疑人继续适用强制措施并无不当之处。① 但也有学者认为，当案件退回监察机关补充调查时，犯罪嫌疑人的身份又恢复成被调查人，而与被调查人身份相匹配的强制措施是留置而非逮捕，故而将被调查人置于逮捕状态下于法不符。② 笔者将在下文就这一问题予以辨析，故此处不再赘述。

就退回补充调查的适用情形而言，《监察法》与《刑事诉讼法》皆未作出明确规定。人民检察院之所以会选择将案件退回补充调查，是因为人民检察院认为现有案件事实和证据无法支撑其依法提起公诉。据此，在借鉴退回

① 参见王飞跃：《监察留置适用中的程序问题》，载《法学杂志》2018 年第 5 期。
② 参见朱福惠：《论检察机关对监察机关职务犯罪调查的制约》，载《法学评论》2018 年第 3 期。

补充侦查相关规定的前提下，笔者认为退回补充调查可以适用于如下几种情形：（1）主要犯罪事实不清，包括全部或者部分犯罪事实是否存在、犯罪行为是否为犯罪嫌疑人所为等有待查明；（2）案件证据存在问题，如缺失证明案件事实的关键证据，证据之间、证据与待证事实之间存在矛盾，证据无法形成证明案件事实的完整锁链等；（3）遗漏罪行，或者遗漏同案犯罪嫌疑人等。

就退回补充调查之后的审查起诉期限而言，《人民检察院刑事诉讼规则》第346条第3款规定，补充调查完毕移送起诉后，人民检察院重新计算审查起诉期限。根据我国《刑事诉讼法》的规定，人民检察院对于移送审查起诉的案件，应当在1个月以内作出决定；重大复杂的案件，1个月以内不能作出决定的，可以延长15日。此外，如果犯罪嫌疑人认罪认罚，且符合速裁程序适用条件的，人民检察院应当在10日以内作出提起公诉的决定，对可能判处的有期徒刑超过1年的，可以延长至15日。由此可见，根据案件性质和程序适用上的差异，审查起诉的期限分别从10日、15日至1个月、1个半月不等。一般而言，这一期限是足以满足审查起诉现实要求的。但如果案件被退回补充调查，意味着案件需要重新进入监察程序，那么补充调查的期限必然要挤占人民检察院审查起诉的时间。如果案件所涉补充调查事由相对简单、调查难度较低、调查周期较短，那么在上述审查起诉期限内就可以完成补充调查任务；反之，如果案件所涉补充调查事由相对复杂、调查难度较高、调查周期较长，那么上述审查起诉期限可能就无法满足补充调查要求了。正因为调查活动所需时间的不确定性，《监察法》并未就案件调查时间作出规定。那么相应地，对于补充调查，立法也无须以审查起诉期限对其予以限制。补充调查完毕移送起诉之后，重新计算审查起诉期限，可以有效避免上述难题，监察机关也可以在不受时间限制的前提下充分地行使调查权查清事实、收集证据。

（二）自行补充侦查的相关规定

自行补充侦查并非一项新制度，在国家监察体制改革之前，我国《刑事诉讼法》就对公安机关侦查终结移送审查起诉的案件规定了补充侦查机制。监察案件的自行补充侦查与其并无本质差异，都是指对于移送审查起诉的案件，人民检察院经审查，认为事实不清、证据不足，或者遗漏罪行、遗漏同案犯等，而作出的由人民检察院自行对案件予以补充侦查的程序机制。自行补充侦查与退回补充调查的关键区别在于，后者是将案件退回原调查机关继续进行调查，它可能涉及程序的回流以及不同性质程序之间的衔接问题；而前者则并未将案件退回，案件仍保留在人民检察院手中，只不过此时人民检察院既要承担审查起诉的职责，还要充当案件的侦查机关，对案件中的部分事实不清、证据不足的问题予以查明，它不涉及程序回流或者程序衔接问题，内在机理显然比退回补充调查要简单得多。目前，《监察法》、《刑事诉讼法》及《人民检察院刑事诉讼规则》都对自行补充侦查作出了规定，具体而言：

第一，自行补充侦查的优先顺位低于退回补充调查。根据《刑事诉讼法》的规定，人民检察院对于监察机关移送起诉的案件，经审查认为需要补充核实的，应当退回监察机关补充调查，必要时可以自行补充侦查。即对于此类案件，还是应当首先将案件予以退回，特殊情况下才自行补充侦查。这是因为，一方面，监察机关作为案件的原始调查部门，最了解案件情况；另一方面，立法为监察机关配备了专业的调查措施，明确了调查程序。因此，由监察机关优先承担补充调查职能，更有利于案件的查明和证据的收集。这里需要注意的是，何为“必要时”，即自行补充侦查的适用情形是什么。对此，根据《人民检察院刑事诉讼规则》第 344 条第 1 款的规定，对于监察机关移送起诉的案件，具有下列情形之一的，人民检察院可以自行补充侦查：（1）证人证言、犯罪嫌疑人供述和辩解、被害人陈述的内容主要情节一致，个别情节不一致的；（2）物证、书证等证据材料需要补充鉴定的；（3）其他由人民检察院查证更为便利、更有效率、更有利于查清案件事实的情形。

第二，自行补充侦查有一些具体的程序机制需要遵循。自行补充侦查没有期限和次数的限制，《监察法》和《刑事诉讼法》也未详细列明，对此应参考《人民检察院刑事诉讼规则》和《监察检察衔接办法》的规定。原因如下：（1）人民检察院自行补充侦查的案件，应当在审查起诉期间补充侦查完毕，这与退回补充调查是截然不同的。因为正如前段所述，相较于退回补充调查而言，自行补充侦查主要适用于需要补充侦查的内容相对简单、由人民检察院进行侦查更为便利的情形。一般情况下，人民检察院可以在较短时间内迅速完成补充侦查任务，因此可以将其时间限于审查起诉期限之内。(2) 人民检察院自行补充侦查，可以商请监察机关提供协助。作为案件原始调查机关，监察机关显然最了解案件情况，最清楚如何对案件查明相关事实、收集相关证据。因此，在必要时，人民检察院可以请监察机关提供一定的协助。(3) 自行补充侦查完毕后，应当将相关证据材料入卷，同时抄送监察机关。自行补充侦查可能产生新的案件事实或者新的证据，应当将这些材料也纳入卷宗，作为进行后续诉讼程序的依据。同时，由于监察机关是案件的调查部门，它们也应有权了解案件的进展情况，因此自行补充侦查的材料也应通过抄送方式，让监察机关有所了解。

二、退回补充调查与自行补充侦查的比较

退回补充调查与自行补充侦查的共同之处体现在以下几点：(1) 二者都具有查明事实、收集证据等作用。退回补充调查与自行补充侦查都是因案件存在事实不清、证据不足等问题需要补充核实而进行的活动。虽然二者发生在监察案件移送审查起诉之后，但是其本质上仍是对案件事实和证据的调查侦查活动。无论是监察机关收到退回补充调查案件，还是人民检察院在必要时对案件进行自行补充侦查，都是使用手中拥有的调查措施或者侦查措施，继续在原有基础上了解案件事实，收集证据，从而还原案件真实情况，准确进行审查起诉。(2) 二者的调查或侦查活动处于“补充”地位。从本质上看，退回补充调查与自行补充侦查都是查明事实、收集证据的行为，但相比于正式的监察调查或者刑事侦查活动，二者仅具有“补充”作用，处于“辅助”地位。它们的目的并非全面否定推翻原先的调查活动或者侦查活动，而是在原有案件调查侦查情况的基础上，继续完善事实或者证据上的缺漏，具有查漏补缺的特征，有较强的针对性。(3) 二者皆非必经程序。并非所有移送审查起诉的监察案件都需要经过退回补充调查或者自行补充侦查的程序。退回补充调查与自行补充侦查仅适用于那些已经移送审查起诉但事实和证据仍存在缺漏，导致案件不符合起诉条件的情况。如果监察机关移送审查起诉的案件已经符合起诉标准，那么人民检察院审查之后将依法提起公诉，无须再行退回补充调查或者自行补充侦查。也就是说，退回补充调查与自行补充

侦查是正常程序的例外情况，具有非常态性。

虽然退回补充调查与自行补充侦查具有一定相似性，但二者之间在程序属性、具体机制方面也存在不少差异。主要有以下几个方面：（1）从程序属性上看，前者具有监察调查属性，后者具有刑事诉讼的属性。退回补充调查之后，案件的承办主体是监察机关，适用的是监察调查措施，遵循的是监察程序，因此从本质上看属于监察调查程序，而非刑事诉讼程序。[①] 而自行补充侦查并非程序的回流，案件依然掌握在人民检察院手中，人民检察院适用刑事侦查权对案件予以进一步了解，因此本质上具有刑事诉讼的属性。（2）从法律依据上看，对于退回补充调查而言，由于发生了程序的回流，案件重新回到了监察程序中，因此退回补充调查自然是以《监察法》为依据的，应当遵循《监察法》关于具体措施、程序机制、程序期限等方面的具体规定。而对于自行补充侦查而言，由于其并非属于程序回流，案件仍然保留在刑事诉讼的审查起诉环节。既然如此，案件侦查活动肯定要以《刑事诉讼法》为依据，遵循《刑事诉讼法》有关的程序性要求。（3）从具体的机制看，二者也存在显而易见的差异：①程序主体不同。退回补充调查是由监察机关独立实施的活动，其他机关均不得随意干涉。而自行补充侦查是人民检察院实施的行为，虽然在此过程中，人民检察院可以商请监察机关予以协助，但不能改变人民检察院在该程序机制中的主导地位。②适用措施不同。退回补充调查适用的是监察措施，自行补充侦查适用的是刑事侦查措施。虽然监察措施与刑事侦查措施都是通过对人或者对物的强制手段收集证据、查明事实的手段，且二者在具体措施种类上还存在不少重合之处，但由于位于不同的程序构架之内，二者的本质属性、价值导向等仍有极大差异。③适用情形不同。根据《人民检察院刑事诉讼规则》的规定，自行补充侦查主要适用于言词性证据个别情节不一致、实物性证据需要补充鉴定以及其他由人民检察院查证更为适宜的情况。相对而言，立法并未明确退回补充调查可以适用的情形。退回补充调查将引发程序的回流，增加程序衔接、部门协调的工作负担。既然如此，一般情况下，只有当存在主要犯罪事实、主要案件证据缺漏，或者犯罪

① 对于这一问题，我国学界颇多争议。笔者将在下文予以详细论述。

嫌疑人遗漏等关键性问题时，才有必要退回补充调查。④程序期限不同。对于退回补充调查，根据《监察法》的规定，人民检察院应当在一个月以内完成补充调查工作。而对于自行补充侦查而言，根据《刑事诉讼法》及相关司法解释的规定，人民检察院应当在审查起诉期限内完成补充侦查工作。

三、退回补充调查的程序属性争议

目前，实务界和学术界关心的焦点是退回补充调查的程序属性，这直接决定了该阶段强制措施的适用、辩护权的保障等具体程序机制问题。退回补充调查，等于将之前已经移送刑事诉讼程序的职务犯罪案件，再次退回到监察机关手中，继续接受监察机关的调查，这是"程序回流"的典型体现。此种"回流"是否导致程序属性从刑事诉讼审查起诉恢复至监察机关职务犯罪调查，抑或该种"回流"并未改变程序的刑事诉讼属性，是争议最大的问题。

对此，有学者认为，退回补充调查仍然是审查起诉阶段的一部分，即属于刑事诉讼程序的组成部分，应当适用刑事诉讼的一般规则。[①] 因为在刑事司法过程中，人民检察院在审查起诉阶段将案件退回公安机关补充侦查，实质上并未改变系属关系。人民检察院只是要求公安机关为案件的起诉做补充，并未丧失对案件的处理决定权，起诉意见书也未撤回。在实践中，公安机关经补充侦查认为不应当追究犯罪嫌疑人刑事责任的，不能直接作出撤销案件的决定，而必须向人民检察院提出撤回审查起诉的函，经人民检察院同意之后，公安机关才能撤销刑事立案。这也说明了退回补充侦查从本质上看仍属于审查起诉阶段。以此为借鉴，职务犯罪案件从人民检察院退回监察机关补充调查，亦未改变程序性质，退回补充调查仍属于审查起诉环节。[②]

对此，有学者持相反观点，认为退回补充调查之后，案件程序重新恢复至监察调查程序。仍以刑事司法中的退回补充侦查为对照，对于公安机关侦查的案件，审查起诉过程中人民检察院将案件退回补充侦查的，人民检察院应当通知看守所办理换押手续。该手续的目的在于明确案件所处的诉讼阶段

① 参见卞建林：《配合与制约：监察调查与刑事诉讼的衔接》，载《法商研究》2019 年第 1 期。

② 参见董坤：《法规范视野下监察与司法程序衔接机制——以〈刑事诉讼法〉第 170 条切入》，载《国家检察官学院学报》2019 年第 6 期。

和办案机关，以便明确办案责任。这也等于通知看守所等羁押场所，该案件已经从人民检察院移送至公安机关，之后公安机关才是案件办理主体，有权对犯罪嫌疑人进行提审等诉讼行为。这显然说明退回补充侦查后，程序所属诉讼环节已经发生变化。以此为鉴，当职务犯罪案件从人民检察院退回监察机关补充调查时，程序属性也相应地从审查起诉恢复为监察调查程序。①

可见，上述学者都是在借鉴刑事诉讼中退回补充侦查制度的前提下，论证退回补充调查的程序属性。在我国过去的刑事司法实践中，退回补充侦查的程序属性之所以没有引起太多讨论，原因在于无论是侦查程序，或者是审查起诉程序，皆属于刑事诉讼程序的组成部分，在强制措施适用、犯罪嫌疑人权利保障等方面不具备本质性的障碍。但是，监察程序与刑事诉讼程序存在本质差异，它们在价值导向、具体措施、程序机制等方面，皆有所差别。在这种情况下，隶属于监察程序的职务犯罪调查程序与隶属于刑事诉讼程序的审查起诉程序，必然在诸多方面产生不兼容，甚至发生冲突。这也是为什么退回补充调查的程序属性会引起争议的主要原因。对此，笔者认为，对退回补充调查的程序属性应当综合看待。

必须承认的是，退回补充调查本质上应属于监察调查程序。一方面，退回补充调查的具体程序机制被规定在《监察法》而非《刑事诉讼法》中，而一般情况下，《监察法》仅就监察程序相关问题予以明确，不能规范刑事诉讼行为。既然如此，退回补充调查只有系属监察程序，才能接受《监察法》的约束。另一方面，无论是《监察检察衔接办法》还是《人民检察院刑事诉讼规则》皆作出明确规定，案件从人民检察院退回监察机关补充调查之后，监察机关有权讯问被调查人，且人民检察院应当予以配合。即此时监察机关是适用监察措施对案件施以调查，案件的承办主体是监察机关，而非人民检察院等部门。人民检察院在这一过程中，并不承担具体的监察调查工作，仅在监察机关有需要的时候对其予以配合协助。这些都足以说明，案件已经从审查起诉程序退回监察程序。监察机关并非刑事诉讼主体之一，如果案件退回调查以后仍然系属审查起诉程序，那监察机关是无权对案件继续予以调查的。

---

① 参见程雷：《刑事诉讼法与监察法的衔接难题与破解之道》，载《中国法学》2019 年第 2 期。

在此基础上，还需注意的是，虽然由于程序回流的出现，退回补充调查系属监察程序，但它与真正意义上的监察调查程序之间仍然存在一定区别，因为其不可避免地具有一定的“诉讼基因”。在典型的监察调查程序中，调查终结之后，监察机关可以作出教育诫勉、政务处分、问责建议、移送审查起诉、提出监察建议等多种处置，移送审查起诉绝不是其唯一选择。而退回补充调查是应人民检察院的要求而进行的。这意味着调查结束之后，监察机关应当给予人民检察院必要的回应，对于仍需要提起公诉的，应当将案件重新移送人民检察院。另外，由于案件本身已经进入过刑事诉讼程序，经过人民检察院的审查，如果犯罪嫌疑人在审查起诉过程中已经被适用了强制措施，那么当程序回流时，案件可能还涉及强制措施与留置措施的反向衔接问题。再者，《监察法》与《刑事诉讼法》在涉案人员权利保障方面的要求有所不同。犯罪嫌疑人依据《刑事诉讼法》所享有的种种权利保障机制，如辩护权的保障等，可否继续在退回补充调查程序中予以延续，也是实践中讨论较多的问题。

四、退回补充调查的程序机制争议

在厘清退回补充调查的程序属性争议之后，即可对其中涉及的具体程序机制问题做进一步梳理。目前，学界和实务界争议较大的问题主要是退回补充调查是否需要变更强制措施以及退回补充调查期间律师可否介入的问题。

（一）退回补充调查是否变更强制措施

这一问题的争议焦点在于，被退回补充调查的被调查人是否需要被解除刑事强制措施，由监察机关根据其情况决定是否采取留置措施。对此，《监察检察衔接办法》和《人民检察院刑事诉讼规则》皆进行了规定，二者的立法精神是一致的。人民检察院决定退回补充调查的案件，犯罪嫌疑人已被采取强制措施的，应当将退回补充调查情况书面通知强制措施执行机关，但这并不意味着对于犯罪嫌疑人需要改变其强制措施，对于犯罪嫌疑人应当继续沿用人民检察院决定采取的强制措施。如果监察机关需要讯问被调查人，人民检察院应当予以配合。这种“案退人不退”的做法，主要是出于保证案件办理效率的考量。[1] 但是，这种说法在法理上却是站不住脚的。根据上文论述，退回补充调查的，实质上案件已经回流到监察调查阶段，办案主体也是监察机关。监察程序与刑事诉讼程序具有本质上的差异，监察机关在监察调查程序中无权采取刑事强制措施，如果其欲限制被调查人的人身自由，只能采取留置措施。另外，监察机关并非刑事司法机关，其到看守所进行讯问还需要人民检察院的配合，涉及许多手续的办理，徒增不少麻烦。

但是，由于退回补充调查"案退人也退"，即对退回补充调查的被调查人在解除强制措施以后，由监察机关根据《监察法》的规定决定是否对其采取留置措施，也面临一定的现实困境：（1）我国立法明确规定，退回补充调查应当在 1 个月以内完成。在这段时间内，监察机关既要进行案件调查工作，也要审查判断留置措施的适用，时间上确实捉襟见肘。（2）解除强制措施，将其变更为留置措施，还涉及被调查人关押地点的转移。目前，我国尚未建立统一的留置场所，有些地区将被调查人关押在看守所内，和其他犯罪嫌疑人实行分区监管。在这种情况下，羁押措施的转变尚不会引发太大的风险与障碍。但是，有些地区建立独立的留置场所，以区别于适用于刑事诉讼程序的看守所等羁押场所，这种情况下，转移被羁押人员必然耗费大量人力物力，并产生一定的安全风险。（3）对于被采取取保候审、监视居住等非羁押性强制措施的被调查人，如果案件退回补充调查的，那么强制措施的变更不仅限于手续问题和地点转移风险，还涉及强制措施与监察措施的衔接。目前，我国监察程序可用于限制监察对象人身自由且能与刑事强制措施发生衔接关系的仅有留置一种措施，缺乏与之互成体系、可以相互转化的其他措施。当案件被退回补充调查时，对原被采取取保候审、监视居住的被调查人采取何种限制人身自由的措施，是实践中的另一难点。

实质上，这一问题的根源在于程序属性的变更。案件适用的程序已经从刑事诉讼程序的审查起诉环节，变更至监察调查程序，因此被调查人已经缺乏继续沿用刑事强制措施的法理基础，必然要进行强制措施的变更。因而，笔者认为，一旦案件发生退回补充调查的情况，犯罪嫌疑人的强制措施应自

---

① 参见卞建林：《配合与制约：监察调查与刑事诉讼的衔接》，载《法商研究》2019 年第 1 期。

动解除。监察机关应当根据《监察法》的规定重新对被调查人进行审查，以决定是否对其采取留置措施。由于立法规定的退回补充调查时间有限，监察机关应当简化措施审查的步骤，必要时可借鉴人民检察院对犯罪嫌疑人采取强制措施的决定。除此之外，笔者还主张应当区分被调查人原被采取的强制措施种类，分别构建措施转化机制，具体措施如下。

依据《刑事诉讼法》的规定，人民检察院对犯罪嫌疑人采取逮捕措施，应当满足三大条件，即有证据证明有犯罪事实，可能判处有期徒刑以上刑罚，以及采取取保候审尚不足以防止发生社会危险性而有逮捕必要的。对比《监察法》关于留置条件的规定，一般而言，如果被调查人在审查起诉期间已被采取逮捕措施，那么其在监察程序中也基本上符合留置的条件，可以被采取留置措施。而逮捕与留置都是直接限制人身自由的措施。逮捕与留置措施的转化，实质上涉及的是羁押手续的变更和羁押地点的转移。对此，笔者建议，我国监察机关应当积极寻求与公安机关的合作，建立二者在羁押场所之间的共享和协助机制。在我国当前监察制度刚刚起步、硬件设施尚未完善的前提下，监察机关应当允许被采取留置措施的被调查人关押在看守所内，由公安机关协助监察机关进行人员监管。这么一来，羁押手续可以简化，羁押地点也无须进行变更。不过，需要注意的是，被调查人与犯罪嫌疑人毕竟处于完全不同的程序之中，看守所在关押被调查人和其他犯罪嫌疑人时，应当注意对其进行隔离羁押、分别管理。除此之外，由于我国立法规定退回补充调查的时间有限，因而对于此类案件，监察机关应当简化审查留置的程序，以提高办案效率。

比较特殊的情况是，被调查人在审查起诉环节被采取的是监视居住措施。监视居住在性质上属于羁押的替代性措施，其多适用于符合逮捕条件、由于出现特殊情况而难以在看守所进行羁押的犯罪嫌疑人。因而，遵循上述逻辑，此类被调查人在被退回补充调查时，仍可能需要被采取留置措施。笔者建议，在条件允许的情况下，监察机关应当将他们进行关押管理。但是，在特殊情况下，在被调查人存在难以被关押的情形，且不具备其他替代性方案时，监察机关应当在强化监管手段的前提下，通过相对灵活的方式在羁押场所之外控制其人身自由，如为其佩戴定位装置等。

另外，如果被调查人在审查起诉环节被采取的是取保候审措施，那么情况又有所不同。取保候审一般适用于涉嫌犯罪较轻、社会危险性不大的案件，其适用条件与留置措施相差甚远。原被采取取保候审的被调查人回到监察程序之后，往往很难适用留置措施，而监察程序中又不存在与取保候审程度相当、条件类似的措施。解决问题的根本办法是，我国应当在监察程序中增加其他限制人身自由的措施，形成层次分明、结构完整的措施体系。与留置相比，这些措施限制权利的程度不一、适用条件各异。满足特定条件时，各措施之间还可以进行相互转化。当发生应当退回补充调查的情形时，监察机关应当在简化审查手续的前提下，对被调查人适用与取保候审程度相当的限制人身自由措施。

（二）退回补充调查能否允许律师介入

在退回补充调查领域，另一颇具争议的问题是，一旦案件被退回监察机关进行补充调查，那么律师能否介入监察调查程序，为被调查人提供法律帮助。在我国刑事诉讼程序中，犯罪嫌疑人自被侦查机关第一次讯问和被采取强制措施之日起，即有权委托辩护人。在审查起诉环节，人民检察院自收到移送审查起诉的案件材料之日起 3 日以内，应当告知犯罪嫌疑人有权委托辩护人。犯罪嫌疑人因经济困难或者其他原因没有委托辩护人的，有权向法律援助机构提出申请，请求指派律师为其提供辩护。犯罪嫌疑人符合特定条件时，人民检察院还应当通知法律援助机构指派律师为其提供辩护。除此之外，我国《刑事诉讼法》还规定，犯罪嫌疑人没有辩护人的，有权由值班律师为其提供法律咨询、程序选择建议、申请变更强制措施、对案件处理提出意见等法律帮助。值班律师并非辩护律师，而是特殊的法律援助形式之一。[①] 总而言之，获得律师帮助，包括获得辩护律师和值班律师的帮助，是犯罪嫌疑人作为刑事诉讼程序主体，应当享有的合法权利。[②]

但是，在监察程序中，情况则有所不同。我国《监察法》并未赋予监察对象获得律师帮助的权利，更未允许律师介入监察调查程序。监察实践中，

---

① 参见吴宏耀：《我国值班律师制度的法律定位及其制度构建》，载《法学杂志》2018 年第 9 期。
② 参见姚莉：《认罪认罚程序中值班律师的角色与功能》，载《法商研究》2017 年第 6 期。

由于缺乏立法授权，律师在监察程序中“吃闭门羹”的情况并不少见。律师无法向监察机关了解职务犯罪案件和被调查人的相关信息，不被允许会见被调查人，不能查阅监察机关办案材料，基本上难以向被调查人提供任何形式的法律帮助。否定律师帮助权的依据在于，职务案件内容敏感复杂，律师介入监察程序，可能有碍监察机关办理案件。另外，监察程序与刑事诉讼程序性质迥异，在被调查人在还未获得犯罪嫌疑人、被告人等诉讼程序主体身份的前提下，不能享有仅存在于刑事诉讼程序中的辩护权和其他接受律师帮助的权利。①

对于退回补充调查的情况，根据上文的论述，此时被调查人适用的是监察程序，而非刑事诉讼程序。结合《监察法》的立法精神，似乎不应允许被调查人获得律师的帮助。但是，从被调查人的权利保障角度看，允许律师介入也具有一定的合理性。笔者主张，我国应当继续完善《监察法》及相关立法规定，赋予被调查人在监察程序中获得律师帮助的权利，并将该权利顺延至退回补充调查的阶段。

具体而言，《刑事诉讼法》之所以赋予犯罪嫌疑人、被告人以辩护权和其他获得律师帮助的权利，主要是考虑其缺乏必要的法律知识和诉讼经验，无法应对复杂的诉讼程序。另外，在侦查程序中，与掌握国家公权力的侦查机关相比，犯罪嫌疑人的力量显得尤为弱小，而律师的介入也有助于平衡双方之间的力量对比。与之相类似的是，监察程序也存在一定的法律专业门槛，被调查人很难凭借自身朴素的知识积累清晰了解监察程序的基本规律和操作流程，更难以充分参与到监察程序中，有效利用其程序性权利。换句话说，被调查人也亟须律师为其提供专业的法律帮助。另外，监察调查程序与刑事侦查程序二者在运作规律上有一定的相似之处。与刑事侦查措施和强制措施一样，监察调查措施也是通过限制甚至剥夺被调查人的人身权利和财产权利等方式，以实现查清事实、收集证据的目的。面对强势的调查程序和监察机关，被调查人也需要来自律师的帮助，为其寻求程序救济的途径，保障其合

① 参见吴建雄:《监察体制改革试点视域下监察委员会职权的配置与运行规范》，载《新疆师范大学学报（哲学社会科学版）》2018 年第 5 期。

法权利免受不合法的侵害。“监察体制改革作为一项重大的政治改革，应当妥善处理好权力与权利的关系，不能‘只转权力、不转权利’，顾此失彼。”①允许律师介入应当成为未来监察制度完善的重点问题。而根据上文论述，退回补充调查之后，案件程序虽然再次具有监察属性，但是被调查人仍有了解程序内涵、行使程序权利以及保障合法权益的现实需求，而赋予其律师帮助权才是实现上述目的的基本途径。②

第四节　监察案件的审查起诉机制

对于监察机关移送审查起诉的案件，人民检察院应当依照《监察法》和《刑事诉讼法》的规定进行严格审查，并作出起诉或者不起诉的决定。这一行为具有多重意义。

首先，人民检察院对监察案件进行审查起诉，是其行使公诉权的体现。我国刑事诉讼程序基本呈现为控诉、辩护和审判三方结构。人民检察院作为其中控诉方的代表之一，最主要的职能是行使公诉权，即代表国家主动追究犯罪，请求审判机关对被追诉人予以定罪处刑的权力。公诉权的内涵丰富，既包括审前的审查起诉和提起公诉的权力，也包括审判过程中支持公诉的权力，甚至包括一审之后的提起二审抗诉和再审抗诉等权力。对于监察案件而言，由于其已经移送审查起诉，进入刑事诉讼程序中，因此追诉职务犯罪的职责转移到人民检察院手中。人民检察院通过审查起诉，判断能否将其继续推进至审判环节，是一种典型的公诉行为。它可以有效启动后续诉讼程序，并为后续诉讼程序提供依据。

其次，人民检察院对监察案件进行审查起诉，能够促使监察行为合法有序进行。监察机关是国家反腐败专责机关，它独立享有监察权，有权对监察案件进行监督、调查和处置。监察机关调查监察案件，应当严格遵守《监察

① 参见陈卫东：《职务犯罪监察调查程序若干问题研究》，载《政治与法律》2018 年第 1 期。
② 参见谢小剑：《监察调查与刑事诉讼程序衔接的法教义学分析》，载《法学》2019 年第 9 期。

法》及其他法律规定，遵循正当程序要求。为了促使监察机关规范运作，《监察法》明确规定，各级监察机关应当接受本级人民代表大会及其常务委员会的监督，应当依法公开监察工作信息，接受民主监督、社会监督、舆论监督，同时监察机关还应当通过设立内部专门监督机构的方式进行自我监督。不过对于个案办理而言，上述监督模式仍显不足。人民检察院通过审查起诉的方式，能够了解到监察程序调查案件的措施手段、程序机制是否合法，甚至对于其中可能存在的非法证据予以排除，从而在一定程度上对监察调查活动起制约作用，有效规范监察程序的合法有序进行。

从立法规定的监督机制看，人民检察院对监察案件予以审查起诉，与其他刑事案件所适用的程序要求差别不大。不过由于监察案件本身的特殊性以及其中涉及的不同程序之间的衔接问题，因此立法对此类案件的审查起诉提出了某些特殊要求。

一、监察案件的审查内容

按照《监察检察衔接办法》和《人民检察院刑事诉讼规则》的规定，人民检察院对案件进行审查，应当查明以下情况：（1）犯罪嫌疑人身份状况，包括姓名、性别、国籍、出生年月、职业和单位等；单位犯罪的，要查明单位的相关情况是否清楚。（2）犯罪事实、情节是否清楚；实施犯罪的时间、地点、手段、犯罪事实、危害后果是否明确。（3）认定犯罪性质和罪名的意见是否正确；有无法定的从重、从轻、减轻或者免除处罚的情节及酌定从重、从轻情节；共同犯罪案件的犯罪嫌疑人在犯罪活动中的责任认定是否恰当。（4）证明犯罪事实的证据材料包括采取技术调查的决定书及证据材料是否随案移送；证明相关财产系违法所得的证据材料是否随案移送；不宜移送的证据的清单、复制件、照片或者其他证明文件是否随案移送。（5）证据是否确实、充分，是否依法收集，有无应当排除非法证据的情形。（6）调查的各种手续和文书是否完备。（7）有无遗漏罪行和其他应当追究刑事责任的人。（8）是否属于不应当追究刑事责任的情形。（9）有无附带民事诉讼；对于国家财产、集体财产遭受损失的，是否需要由人民检察院提起附带民事诉讼。（10）涉案财物是否查封、扣押、冻结并妥善保管，清单是否齐备；对被害人合法财产的返还和对违禁品或者不宜长期保存的物品的处理是否妥当，移送的证明文件是否完备。（11）其他需要审查的事项。

与其他由公安机关等刑事侦查部门移送审查起诉的普通刑事案件相比，上述监察案件的审查内容有如下差异。

一是缺少犯罪嫌疑人认罪认罚从宽制度这一内容。认罪认罚从宽制度是我国于2018年修正《刑事诉讼法》时才新增的制度，它贯穿于刑事诉讼程序的侦查环节、审查起诉环节和审判环节。在侦查程序中，侦查人员在讯问犯罪嫌疑人的时候，应当告知犯罪嫌疑人认罪认罚方面的法律规定。犯罪嫌疑人有权选择认罪，如果犯罪嫌疑人自愿认罪的，侦查机关应当将其记录在案，随案移送，并在起诉意见书中写明有关情况。人民检察院应在审查起诉过程中审查确认认罪认罚从宽制度的相关内容，对于选择认罪认罚从宽制度的犯罪嫌疑人，可以依据立法规定听取意见、进行协商，并提出量刑建议。但是，对于监察案件而言，情况可能有所差异。值得注意的是，监察程序中也存在类似的认罪认罚从宽制度。《监察法》第31条规定，涉嫌职务犯罪的被调查人主动认罪认罚，有法定四种情形之一的，监察机关经领导人员集体研究，并报上一级监察机关批准，可以在移送人民检察院时提出从宽处罚的建议。不过，监察程序中的认罪认罚从宽制度与刑事诉讼中的认罪认罚从宽制度无论是在适用情形，还是在程序要求上皆有所差异，二者可否相互兼容、如何进行衔接，仍是悬而未决的问题。故上述文件在规范监察案件审查起诉的内容时，未涉及认罪认罚从宽制度的相关内容。不过，笔者认为，两种认罪认罚从宽制度虽然有些许差异，但本质上都是贯彻宽严相济政策的体现，都有助于合理配置办案资源。未来我国应当通过解释性文件的形式，明确两种制度之间的衔接，同时要求人民检察院在审查起诉过程中审查确认监察程序中的认罪认罚情形，使其合理融入刑事诉讼认罪认罚从宽制度的框架之内。

二是审查的具体措施有所不同。监察案件是由监察机关依据《监察法》的规定予以调查，因此其所适用的监察调查措施与刑事侦查措施必然有所不同。根据《监察法》的规定，目前可供监察机关采取的调查措施包括谈话、讯问、询问、留置、查询、冻结、搜查、调取、查封、扣押、鉴定、技术调查措施、通缉、限制出境等。虽然与刑事侦查措施有一定的重合之处，但在具体措施种类上和个别措施程序要求上，都存在差异。正因如此，人民检察院在对案件进行审查起诉时，还应当考察其中是否包含了通过具体监察措施所获证据材料，以及采取监察措施的各种手续和文书等是否完备、相关涉案财物是否移送并妥善保管等。审查上述内容时，除了应当遵循《刑事诉讼法》的相关规定，还应当参考《监察法》的有关要求，以监察标准审查监察措施。需要注意的是，无论是针对监察案件，还是针对普通刑事案件，人民检察院在审查起诉时皆需对证据是否依法收集进行审查，判断有无应当排除非法证据的情形。非法证据排除是我国刑事诉讼程序中保障犯罪嫌疑人被告人等的合法权益、维护程序正当运行、确保案件裁判结果公正性的重要制度。而判断证据可否排除，就需审查取证手段的合法性，即侦查措施适用的合法性。对于监察案件而言，获取监察证据、查明案件事实的手段是监察措施。那么人民检察院在审查判断监察案件中是否存在非法取证的情况，应否排除非法证据时，实际上判断的是监察措施的适用是否合法。既然如此，人民检察院对监察案件合法性的审查，也应当以《监察法》关于监察措施的相关规定为依据，而非以《刑事诉讼法》的相关规定为依据。

二、监察案件的审查程序

人民检察院审查案件，应当讯问犯罪嫌疑人，听取辩护人或者值班律师、被害人及其诉讼代理人的意见，并记录在案。辩护人或者值班律师、被害人及其诉讼代理人提出书面意见的，应当附卷。此处需要注意的是，人民检察院审查案件并非纯粹的书面审查。为了保障人民检察院准确、充分地获取信息，防止偏听偏信的弊端，立法要求人民检察院审查起诉时，除了审阅监察机关所提供的案卷之外，还应当了解辩方及其他诉讼参与人的意见，而讯问犯罪嫌疑人、听取辩护人或者值班律师的意见、听取被害人及其诉讼代理人的意见，都是其具体体现。

人民检察院认为需要对案件中某些专门性问题进行鉴定，而监察机关没有鉴定的，应当要求监察机关进行鉴定。必要时，也可以由人民检察院进行鉴定，或者由人民检察院聘请有资格的人进行鉴定。人民检察院自行进行鉴定的，可以商请监察机关派员参加，必要时可以聘请有鉴定资格或者有专门知识的人参加。人民检察院审查案件时，对监察机关的勘验、检查，认为需要复验、复查的，应当要求其复验、复查，人民检察院可以派员参加。人民检察院也可以自行复验、复查，并商请监察机关派员参加，必要时也可以指派检察技术人员或者聘请其他有专门知识的人参加。需要注意的是，补充鉴定、复验、复查等工作属于补充调查侦查的组成部分，都是针对案件中的事实或者证据问题予以查漏补缺的工作。因此，这些工作应遵循与补充调查侦查相同的规则，由相对了解案情并主导诉前调查的监察机关优先承担补充鉴定和复验、复查工作。必要时，即需鉴定的内容或者拟复验复查的内容相对简单或者由人民检察院实施鉴定更为适宜时，才由人民检察院自行进行鉴定或者聘请有鉴定资格的人进行鉴定。人民检察院可以商请监察机关参加，以便其了解补充鉴定情况，并从案件调查经验出发对鉴定工作提供有益建议。

除此之外，人民检察院对物证、书证、视听资料、电子数据及勘验、检查、辨认、侦查实验等笔录存在疑问的，可以要求监察调查人员提供获取、制作的有关情况，必要时也可以询问提供相关证据材料的人员和见证人，并制作笔录附卷，对物证、书证、视听资料、电子数据进行鉴定。人民检察院在审查起诉过程中发现有应当排除的非法证据，应当依法排除，同时可以要求监察机关另行指派调查人员或者侦查人员重新取证。必要时，人民检察院也可以自行调查取证。

三、监察案件起诉决定的作出

根据我国《刑事诉讼法》的规定人民检察院对移送起诉的职务犯罪案件，应当在1个月以内作出决定；重大、复杂的案件，1个月以内不能作出决定的，可以延长15日。犯罪嫌疑人认罪认罚，符合速裁程序适用条件的，应当在10日以内作出决定，对可能判处的有期徒刑超过1年的，可以延长至15日。人民检察院审查起诉的案件，改变管辖的，从改变后的人民检察院收到案件之日起计算审查起诉期限。对于监察机关移送起诉的已采取留置措施的案件，人民检察院应当对犯罪嫌疑人先行拘留，并在10~15日内作出是否逮捕、取保候审或者监视居住的决定。人民检察院决定采取强制措施的期间不计入审查起诉期限。

人民检察院对案件进行审查后，认为犯罪嫌疑人的犯罪事实已经查清，证据确实、充分，依法应当追究刑事责任的，应当作出起诉决定。应当注意的是，犯罪事实已经查清，并不意味着对犯罪嫌疑人所涉嫌犯罪行为的所有方面的细节皆调查清楚。具有以下情形之一的，也可以认为犯罪事实已经查清：（1）属于单一罪行的案件，查清的事实足以定罪量刑或者与定罪量刑有关的事实已经查清，不影响定罪量刑的事实无法查清的；（2）属于数个罪行的案件，部分罪行已经查清并符合起诉条件，其他罪行无法查清的；（3）无法查清作案工具、赃物去向，但有其他证据足以对被告人定罪量刑的；（4）证人证言、犯罪嫌疑人供述和辩解、被害人陈述的内容主要情节一致，个别情节不一致，但不影响定罪的。

人民检察院决定起诉的，应当制作起诉书。起诉书的主要内容包括被告人的基本情况、案由和案件来源、案件事实、起诉的根据和理由、被告人认罪认罚情况。人民检察院提起公诉的案件，应当向人民法院移送起诉书、案卷材料、证据和认罪认罚具结书等材料。人民检察院提起公诉的案件，可以向人民法院提出量刑建议。除有减轻处罚或者免除处罚情节外，量刑建议应当在法定量刑幅度内提出。建议判处有期徒刑、管制、拘役的，可以有一定的幅度，也可以提出具体确定的建议。提出量刑建议的，可以制作量刑建议书，与起诉书一并移送人民法院。量刑建议书的主要内容应当包括被告人所犯罪行的法定刑、量刑情节、建议人民法院对被告人判处刑罚的种类、刑罚幅度、可以适用的刑罚执行方式以及提出量刑建议的依据和理由。

四、监察案件不起诉决定的作出

（一）不起诉决定的种类

在刑事诉讼程序中，人民检察院有权作出多种类型的不起诉决定，包括法定不起诉、酌定不起诉、证据不足不起诉、附条件不起诉、认罪认罚特殊裁量不起诉等。根据现行立法规定，附条件不起诉仅适用于未成年人刑事案件，因此附条件不起诉几乎不可能出现在监察机关移送审查起诉的职务犯罪案件中。除此之外，其他不起诉类型都适用于职务犯罪案件，具体而言：

一是法定不起诉。人民检察院对于监察机关移送起诉的案件，发现犯罪嫌疑人没有犯罪事实，或者符合《刑事诉讼法》第 16 条规定的情形之一的，经检察长批准，应当作出不起诉决定。对于犯罪事实并非犯罪嫌疑人所为，需要重新调查的，应当在作出不起诉决定后书面说明理由，将案卷材料退回监察机关并建议重新调查。需要注意的是，我国《刑事诉讼法》第 16 条规定了六种法定不起诉的情形，包括：（1）情节显著轻微、危害不大，不认为是犯罪的；（2）犯罪已过追诉时效期限的；（3）经特赦令免除刑罚的；（4）依照《刑法》告诉才处理的犯罪，没有告诉或者撤回告诉的；（5）犯罪嫌疑人、被告人死亡的；（6）其他法律规定免予追究刑事责任的。并非上述六种情形都能适用于监察案件的审查起诉。首先是第三种情形，即经特赦令免除刑罚，适用这种情形意味着案件已经到了执行阶段，而本书此处讨论的是监察案件的审查起诉问题，因此该情形无法适用。其次是第四种情形，即告诉才处理的犯罪，根据最高人民法院《关于适用〈中华人民共和国刑事诉讼法〉的解释》第 1 条第 1 项的规定，包括侮辱、诽谤案，暴力干涉婚姻自由案，虐待案、侵占罪案，皆与职务犯罪无关，一般情况下也不能适用于监察案件的审查起诉环节。①

二是酌定不起诉。人民检察院对于犯罪情节轻微，依照《刑法》规定不需要判处刑罚或者免除刑罚的，经检察长批准，可以作出不起诉决定。作出此类不起诉决定之后，人民检察院如果认为对被不起诉人需要给予行政处罚、政务处分或者其他处分的，经检察长批准，人民检察院应当提出检察意见，连同不起诉决定书一并移送包括监察机关在内的有关主管机关处理，并要求有关主管机关及时通报处理情况。

三是证据不足不起诉。人民检察院对于二次退回补充调查的案件，仍然认为证据不足，不符合起诉条件的，经检察长批准，依法作出不起诉决定；人民检察院对于经过一次退回补充调查的案件，认为证据不足，不符合起诉条件，且没有再次退回补充调查必要的，经检察长批准，可以作出不起诉决

---

① 不过，根据本书第二章所述，如果上述案件与职务犯罪案件出现主体互涉或者事实互涉的情况，那么就另当别论了。

定。对于因证据不足不起诉的案件，人民检察院在发现新的证据，符合起诉条件时，可以提起公诉。

四是认罪认罚特殊裁量不起诉。这是2018年《刑事诉讼法》修正时配合认罪认罚从宽制度而设置的新的不起诉类型。犯罪嫌疑人自愿如实供述涉嫌犯罪的事实，有重大立功或者案件涉及国家重大利益的，经最高人民检察院核准，人民检察院可以作出不起诉决定，也可以对涉嫌数罪中的一项或者多项不起诉。[①] 与其他不起诉类型不同的是，认罪认罚特殊裁量不起诉针对的是实质有罪的案件。对于此类案件作出不起诉决定，实际上是违背我国传统起诉规则的，因此，为了慎重起见，我国立法从适用前提和审批机制等方面对其予以限制。在适用前提方面，除了符合认罪要求之外，还应当满足重大立功或者案件涉及国家重大利益的条件，才能适用该制度。在审批机制方面，还需经最高人民检察院批准。这些要求都显著严于其他不起诉类型。不过，由于我国人民检察院向来有着谨慎适用不起诉决定的司法习惯，相关司法解释未就何为"重大立功"，何为"案件涉及国家重大利益"等问题予以明确，所以认罪认罚特殊裁量不起诉在实践中的适用率极低。

（二）作出不起诉决定的相关程序要求

与其他普通刑事案件不一样的是，对于监察机关移送审查起诉的职务犯罪案件，人民检察院拟作出不起诉决定的，应当报请上一级人民检察院批准。这主要是因为此类案件涉及国家公职人员的犯罪问题，相对敏感和复杂。另外，监察机关是国家反腐败专责机关，在国家机关体系中具有较高的政治地位。人民检察院作出不起诉决定，等于否定了监察机关的处置决定。为了保证该决定不违背法律规定，具有客观性和权威性，立法要求承办案件的人民检察院应当报请上一级人民检察院批准，从而多一重对案件的审查过滤，并确保该不起诉决定的效力得到必要的尊重。在办案实践中，这一规定的合理性也遭到一些质疑。部分人民检察院反映，拟不起诉的监察案件皆报请上一

① 参见周强：《关于〈关于授权在部分地区开展刑事案件认罪认罚从宽制度试点工作的决定（草案）〉的说明——2016年8月29日在第十二届全国人民代表大会常务委员会第二十二次会议上》，载《中华人民共和国全国人民代表大会常务委员会公报》2016年第5期。

级人民检察院批准，导致大量案件堆积在上级人民检察院，不仅给这些人民检察院带来额外的办案压力，而且也增加了它们与监察机关进行协调的成本。

人民检察院决定不起诉的，应当制作不起诉决定书。不起诉决定书的主要内容包括被不起诉人的基本情况，案由和案件来源，案件事实，不起诉的法律根据和理由，查封、扣押、冻结的涉案财物的处理情况，以及有关告知事项。人民检察院决定不起诉的案件，可以根据案件的不同情况，对被不起诉人予以训诫或者责令具结悔过、赔礼道歉、赔偿损失。人民检察院决定不起诉的案件，应当书面通知作出查封、扣押、冻结决定的机关或者执行查封、扣押、冻结决定的机关解除查封、扣押、冻结措施。

不起诉的决定，由人民检察院公开宣布。公开宣布不起诉决定的活动应当记录在案。不起诉决定自公开宣布之日起生效。被不起诉人在押的，应当立即释放；被采取其他强制措施的，应当通知执行机关解除。不起诉在效果上属于程序终结处分，诉讼程序进行至此即告终结，案件一般情况下不再往前推进到审判程序中，被不起诉人在法律上也应当是无罪之人。不过，为了防止人民检察院的不起诉决定出现错误，导致案件未被依法公正处理，立法允许监察机关提请复议。监察机关认为人民检察院不起诉的决定有错误的，有权向上一级人民检察院提请复议。上一级人民检察院应当在收到提起复议意见书后30日以内，经检察长批准，作出复议决定，通知监察机关。需要注意的是，监察机关提请复议的对象是上一级人民检察院。之所以这样做，也是因为职务犯罪案件敏感复杂，以及监察机关的特殊政治地位。由上一级人民检察院作出的复议决定，对监察机关而言，也更具有说服力和权威性。①

在实践中，监察案件不起诉决定的作出可能遭遇现实障碍。监察机关是国家反腐败专责机关，它有权对所有职务违法犯罪案件予以处理。而检察官依法属于国家工作人员，他们也要接受监察机关的监督，一旦涉嫌违法犯罪还可能被监察机关调查或者处置。而人民检察院对监察案件作出不起诉决定，等于否定了监察机关的工作成果。在此前提下，不少检察人员为了避免与监

① 参见陈国庆：《刑事诉讼法修改与刑事检察工作的新发展》，载《国家检察官学院学报》2019年第1期。

察机关产生冲突，不敢作出不起诉决定。近年来我国推行宽严相济刑事政策，该宽则宽，该严则严。最高人民检察院相关领导多次强调，各级人民检察院要“敢用、善用不起诉，发挥好不起诉权的积极功效……坚持可诉可不诉的不诉”。① 在此理念的指导下，各级人民检察院应当严格依照法律规定，对于符合立法规定情形的监察案件，敢于适用不起诉决定。同时，为了防止不起诉决定出现错误，人民检察院拟作出不起诉决定之前，应当与监察机关加强沟通，必要时退回监察机关补充调查，或者商请监察机关补充材料等。

① 参见童建明：《论不起诉权的合理适用》，载《中国刑事法杂志》2019 年第 4 期。

第五章

监察与刑事诉讼类似程序的整合对接

反腐败工作是一个体系性的工作，它不仅涉及监察机关一家的职责，还需要其他国家专门机关，尤其是公安司法机关的特定职能与之形成合力。而这些反腐败职能的实现，需要依靠立法规定的特定程序予以实现。正因如此，立法机关在草拟《监察法》时，设定了不少与《刑事诉讼法》相似的程序机制。这其中，以认罪认罚从宽制度和违法所得没收程序最为典型。前者源自刑事司法改革，要求对选择认罪认罚的相关人员，依法予以从宽处置，从而实现宽严相济刑事政策，并提升办案效率，节约司法资源。这一制度与监察机关贯彻的"惩前毖后、治病救人"的预防目的不谋而合，因此也被引入至监察程序中，成为被调查人犯罪后改过自新、将功折罪，以及监察机关顺利查清案件、提高反腐败效益的有效路径。后者，即违法所得没收程序，首先出现在2012年修正的《刑事诉讼法》中，它是指对逃匿或者死亡的被追诉人，可以在未经审判的前提下，没收其违法所得的程序机制。这种做法在国际上广为通行，旨在没收被追诉者因涉嫌犯罪所获利益，并弥补国家社会因特定严重犯罪而遭受的巨大经济损失。由于该程序与反腐败工作密切相关，因而也被《监察法》所吸收，以实现反腐败追赃目的，警醒其他腐败分子，维护国家利益。

实现类似程序机制之间的兼容对接，既是法法衔接的核心要义之一，也是构建集中、统一、高效反腐败体系的关键所在。虽然立法目的具有相对一致性，但是由于分属不同的法律体系，这些程序机制之间也不可避免地存在一些相互冲突之处。如何弥合冲突、兼容制度，是决定这些程序机制，尤其是《监察法》中的程序机制能否有效运行、充分发挥作用的重要因素。笔者在该部分将以认罪认罚从宽制度和违法所得没收程序为例，试图在符合立法规定的前提下，为程序兼容对接寻求可靠方案。

第一节　监察与刑事诉讼认罪认罚从宽制度的衔接整合

近年来，为了贯彻宽严相济的刑事政策、优化司法资源配置、提高刑事诉讼效率并推动刑事诉讼程序体系的层次化改造，我国在刑事司法领域建立了认罪认罚从宽制度，对于认罪认罚的犯罪嫌疑人、被告人进行从宽处理。不过，该制度不仅存在于刑事诉讼过程中，也存在于监察程序中。根据《监察法》第31条的规定，在监察调查过程中，涉嫌职务犯罪的被调查人有权进行认罪认罚，并可以在符合特定条件的情况下接受从宽处罚的建议。然而，由于适用条件存在根本差异，监察程序中的认罪认罚从宽制度如果要与刑事诉讼程序中的认罪认罚从宽制度进行衔接的话，可能会发生程序上的断裂问题。2019年，最高人民法院、最高人民检察院、公安部、国家安全部、司法部共同颁布了《关于适用认罪认罚从宽制度的指导意见》（下文简称《认罪认罚指导意见》），进一步规范了认罪认罚从宽制度在刑事诉讼程序中的具体运作。但是，该文件仍未涉及《刑事诉讼法》与《监察法》相关规定的衔接问题。因此，如何在现有体制下整合不同部门法中的认罪认罚从宽制度，是我国当前监察实践面临的重要难题。

一、认罪认罚从宽制度适用前提的迥异性

认罪认罚从宽制度由“认罪”、“认罚”和“从宽”三项基本元素构成。三者并非完全并列的关系。其中，“认罪”“认罚”是“从宽”的前提，“从宽”是“认罪”与“认罚”的结果。从这个角度看，该制度的启动前提应是“认罪”与“认罚”。通过比较刑事诉讼程序和监察程序中的认罪认罚从宽制

度可知，一方面，虽然不同法律中都存在“认罪认罚”概念，但是二者的内涵有所区别。另一方面，要启动监察程序中的认罪认罚从宽制度，除了认罪认罚这一前提之外，被调查人还应具备其他条件。也就是说，两种不同性质程序中的认罪认罚从宽制度具有迥异的适用条件。

（一）“认罪”“认罚”的内涵有所区别

在刑事诉讼程序中，“认罪”“认罚”是犯罪嫌疑人、被告人自愿供述或者承认有罪事实，认可自己行为的犯罪属性，并明确表示接受相应刑事处置的表现。其中，就“认罪”而言，根据《刑事诉讼法》第15条的规定，是指“自愿如实供述自己的罪行，承认指控的犯罪事实”。从法条解读的角度看，犯罪嫌疑人、被告人选择认罪的表示，应体现在两个方面：（1）供述。即犯罪嫌疑人、被告人应当主动就自己所实施的犯罪行为，向办案机关供述，且该供述是出于犯罪嫌疑人、被告人的自愿，而不是被强迫所为。（2）承认。即除了主动供述之外，如果公安司法机关对犯罪嫌疑人、被告人作出明确的指控，那么其还应承认指控的犯罪事实。前者可成为“主动的认罪”，后者可成为“被动的认罪”，必须两方面相结合，缺一不可，这样才构成完整的认罪行为。不过，在认罪认罚从宽制度的试点和立法过程中，上述界定并没有得到统一的认可。学界就“认罪”的内涵，尤其是犯罪嫌疑人、被告人认罪内容的范畴，出现了一些分歧。争议的焦点在于，犯罪嫌疑人、被告人除了供述与承认案件涉及的相关事实之外，有无必要认识到其行为的犯罪属性，甚至准确认识其所涉嫌的罪名。

有专家认为，“认罪”应当仅指对其实施行为的认可，至于犯罪嫌疑人、被告人是否清楚了解自身行为的性质以及对应的罪名，则不应作为判断其认罪与否的依据。另有专家认为，“认罪”除了指犯罪嫌疑人、被告人对其犯罪事实的认可之外，还应包括其对自身行为刑事违法性的认识。[①] 犯罪嫌疑人、被告人应当清楚自己的行为已经触犯了《刑法》规定，不再是普通的违法行为。但是，他们毕竟不是专业的法律工作者，要求他们准确认识自己行

① 参见朱孝清：《认罪认罚从宽制度的几个问题》，载《法治研究》2016年第5期。

为所触犯的罪名，也过于强人所难。也有专家持更为严格的态度，认为认罪既包括对事实、行为性质的承认，还包括对罪名的判断。① 借鉴域外经验，其他国家在进行辩诉交易时，既要对量刑进行协商，也要对罪名进行协商，且罪名是量刑的前提。我国《刑法》体例亦是如此，《刑法》分则是以罪名为线索，在罪名的统领下再确认个案可适用的刑罚幅度。因此，如果犯罪嫌疑人、被告人不认同自己的罪名，就无法进一步就量刑问题与人民检察院达成一致。

对此，笔者认为，从立法语言的角度看，法条中使用的是"罪行""犯罪事实"等带有刑事倾向性的词语，而非更为中性的"行为""案件事实"等词语。这表明法律要求犯罪嫌疑人、被告人在认罪的同时，还应当认识到自身行为已经触犯《刑法》的规定，应当根据刑事诉讼程序的要求承担相应的刑事责任。另外，《认罪认罚指导意见》也对此作出了回答。根据该文件第 6 条的规定，"认罪"是指犯罪嫌疑人、被告人对指控的犯罪事实没有异议。犯罪嫌疑人、被告人即便对行为性质提出辩解，只要其表示接受司法机关有罪的认定意见，也不影响"认罪"的成立。反之，犯罪嫌疑人、被告人即使如实供述其中一罪或者部分罪名事实，只要其对全案不做有罪的认定，就不适用认罪认罚从宽制度。可见，判断认罪认罚从宽制度能否启动，关键在于犯罪嫌疑人、被告人对自身行为的犯罪性质是否认可。

就"认罚"而言，根据《刑事诉讼法》的规定，它是指"愿意接受处罚"。立法没有进一步就何为"处罚"予以解释。"处罚"是否包含带有刑事性质的实体结果、相应的程序处理、其他民事性质的手段等，在立法和试点过程中也曾引发争议。有专家认为，"认罚"仅要求犯罪嫌疑人、被告人对未来可能遭受的实体结果和可能适用的诉讼程序做概括性的意思表示即可。"由于主观认识随着诉讼程序的运行而深化，对是否不起诉和判处刑罚的预测具有相当的不确定性，最终的刑罚只有经过裁判者的最终处理才能确定。"在这种情况下，强迫犯罪嫌疑人、被告人在诉讼之初就对某一特定的刑罚和

---

① 参见陈瑞华：《"认罪认罚从宽"改革的理论反思——基于刑事速裁程序运行经验的考察》，载《当代法学》2016 年第 4 期。

程序处理方式予以认可，似乎并不现实。[①] 但另有专家认为，认罚不能仅做概括性意思表示，犯罪嫌疑人、被告人应明确表示接受具体特定的实体性惩罚结果和程序处理方式。“认罚”不应停留在抽象的接受上，它在诉讼过程中往往体现为具体的量刑建议或者起诉不起诉、适用何种审判程序等程序选择。犯罪嫌疑人应当明确表示对上述实体和程序内容的认可，才可能真正地产生诉讼效果。除此之外，还有专家认为应当将积极退赃退赔等民事救济措施也纳入“认罚”的范畴。[②] 这些救济性措施体现了犯罪嫌疑人、被告人的主观心态以及再犯可能性，有助于判断他们是否自愿作出认罪认罚选择，所以也应当纳入“认罚”的范畴。

对于这一问题，笔者认为有必要借鉴《认罪认罚指导意见》的规定。该文件第 7 条指出，“认罚”应表现为在侦查、审查起诉和审判等各个诉讼阶段对具体处理方式的认可，包括起诉或不起诉决定的接受、量刑建议的认可、具结书的签署、刑罚处罚的同意等。但是，犯罪嫌疑人、被告人是否同意适用速裁程序和简易程序，并不影响“认罚”的成立。另外，“认罚”还需考察犯罪嫌疑人、被告人的悔罪态度和表现，此时应结合其退赔退赃、赔偿损失、赔礼道歉等因素进行考量。[③] 可见，“认罚”不能只有概括性意思表示，还应包含对某些具体的刑事诉讼处理方案和相应民事救济措施的认可，但与是否选用简易化审理程序并无瓜葛。

但是，在监察程序中，情况则有所不同。《监察法》第 31 条仅笼统地提出“认罪”“认罚”的概念，并未明确其具体内涵。因而，此处的“认罪”是否包含对其行为犯罪属性的认可，“认罚”是否包括案件移送审查起诉之后的刑事诉讼处置以及相应的民事救济措施，仍是悬而未决的问题。根据立法机关对《监察法》的官方解释，对于被调查人的认罪认罚，应当从主客观相结合的角度进行理解：从主观上看，被调查人应当能够认识到自己的行为已经违反了法律的规定，并愿意接受相应的制裁，有“改恶向善”的意愿；

---

① 参见陈光中、马康：《认罪认罚从宽制度若干重要问题探讨》，载《法学》2016 年第 8 期。

② 参见陈卫东：《认罪认罚从宽制度研究》，载《中国法学》2016 年第 2 期。

③ 参见苗生明、周颖：《认罪认罚从宽制度适用的基本问题——〈关于适用认罪认罚从宽制度的指导意见〉的理解和适用》，载《中国刑事法杂志》2019 年第 6 期。

从客观上看，被调查人还应当有相应的行为表示，如主动投案、真诚悔过、配合调查、如实供述、积极退赃、减少损失等。[①] 但是，被调查人应否认识到其行为已经触犯《刑法》的规定、具有犯罪的性质，是否明确表示接受后续可能的刑事诉讼处置，规定得并不清楚。需要注意的是，监察程序仅涉及案件处理的前端，这些案件如果符合特定证明标准，应当移送审查起诉，则继续适用刑事诉讼程序。而触犯何种罪名、被处以何种刑罚、起诉或不起诉、适用何种程序、应当弥补何种损失等，这些都是在后续刑事诉讼程序中才可能逐步确定下来。在监察层面上讨论认罪认罚的内涵，涉及面肯定是相对局限的。可能也正因如此，《监察法》并未就何为“认罪”、何为“认罚”予以详细界定。

（二）其他适用条件有所区别

根据《刑事诉讼法》第 15 条的规定，在刑事诉讼程序中，启动认罪认罚从宽制度仅需具备“认罪”和“认罚”这两项条件即可。不过，如果犯罪嫌疑人、被告人在认罪认罚的同时可能还具备其他量刑情节，或者案件还存在某些特殊情形的，那么犯罪嫌疑人、被告人还可能在实体上享受更宽松或者更严格的从宽幅度，甚至不需要承担刑事责任。例如，根据《认罪认罚指导意见》第 9 条的规定，如果犯罪嫌疑人、被告人在认罪认罚的同时，还具有自首、坦白等量刑情节，那么司法机关应当在法定刑幅度内给予更大的从宽幅度；如果其罪行较轻、人身危险性较小，特别是属于初犯、偶犯，从宽幅度可以大一些；但如果其罪行较重、人身危险性较大，以及属于累犯、再犯，从宽幅度则应当从严把握。另外，根据《刑事诉讼法》第 182 条第 1 款的规定，犯罪嫌疑人如果有重大立功或者案件涉及国家重大利益的，经最高人民检察院核准，其还可能享有撤销案件或者不起诉等实际上无罪的结果。但是，上述无论是其他量刑情节，还是案件特殊情形，只会对从宽幅度、实体结果、程序适用等产生附加性影响，并不能决定认罪认罚从宽

---

① 参见中共中央纪律检查委员会法规室、中华人民共和国国家监察委员会法规室编写：《〈中华人民共和国监察法〉释义》，中国方正出版社 2018 年版，第 161 页。

制度的启动与否。换句话说，上述量刑情节和特殊条件不是适用认罪认罚从宽制度的原因，相反，它们的适用是以认罪认罚从宽制度的启动为前提的。

然而，在监察程序中，根据《监察法》第31条的规定，启动认罪认罚从宽制度，除了应当具备“认罪”“认罚”这一前提之外，还应当具备如下情形之一：（1）自动投案，真诚悔罪悔过；（2）积极配合调查工作，如实供述监察机关还未掌握的违法犯罪行为；（3）积极退赃，减少损失；（4）具有重大立功表现或者案件涉及国家重大利益等情形。这四种情形，实际上对应的是《刑法》中的四种量刑情节。具体而言：

第一种情形“自动投案，真诚悔罪悔过”，构成“自首”这一量刑情节。根据立法机关的官方释义，此处的“自动投案”是指被调查人主动到监察机关或者所在单位、基层组织等投案，接受调查。[①] 而自动投案的时机既可以是调查开始以后，犯罪事实未被监察机关发现以前，也可以是犯罪事实虽被发现，但不知何人所为的时候。这与最高人民法院《关于处理自首和立功具体应用法律若干问题的解释》第1条第1项中关于“自动投案”的解释一致。[②] 再加上认罪所包含的如实供述自己罪行的内涵，第一种情形显然应归属于“自首”这一量刑情节范畴。不过，相较于刑事领域的“自首”，《监察法》的规定更为严格，除了自动投案之外，还对其主观态度提出要求，要求被调查人“真诚悔罪悔过”。

第二种情形“积极配合调查工作，如实供述监察机关还未掌握的违法犯罪行为”，构成“坦白”这一量刑情节。该情形指的是被调查人投案以后，能够按照监察机关的要求，积极主动地予以配合，除了供述监察机关已掌握的违法犯罪行为外，还应当如实供述监察机关不知道、还未掌握的其

---

① 参见中共中央纪律检查委员会法规室、中华人民共和国国家监察委员会法规室编写：《〈中华人民共和国监察法〉释义》，中国方正出版社2018年版，第161页。

② 最高人民法院《关于处理自首和立功具体应用法律若干问题的解释》出台于1998年。为了规范司法实践中对自首和立功制度的运用，更好地贯彻宽严相济刑事政策，最高人民法院于2010年出台《关于处理自首和立功若干具体问题的意见》，该文件中进一步就何为“自动投案”予以详细规定，也包含了上述《监察法》官方释义中的类似解读。

他违法犯罪行为。[①] 其中，如实供述的要求与《刑法》中关于“坦白”的规定类似。只不过《监察法》中还附加了其他要求，除了如实供述之外，还要“积极配合调查工作”。

第三种情形“积极退赃，减少损失”，也是量刑情节之一。这是指被调查人主动上交违法犯罪所得赃款赃物，减少国家、集体和公民的合法权益受到的损失。根据最高人民法院、最高人民检察院于2021年发布的《关于常见犯罪的量刑指导意见（试行）》第3条第10项的规定，“退赃”属于常见量刑情节之一，应综合考虑犯罪性质、退赃行为对损害后果所能弥补的程度、退赃的数额及主动程度等情况，对被告人予以从宽量刑。同时，根据《刑法》第383条和第386条的规定，对于犯受贿罪的，犯罪后有悔改表现，积极退赃的，也可以减轻处罚或免除处罚。只不过，相对于《刑法》领域的上述规定，《监察法》的规定更为严格，不仅要求“退赃”，还增加了“减少损失”的要求。

第四种情形“具有重大立功表现或者案件涉及国家重大利益等情形”，前半句显然属于立功这一量刑情节。不过，此处的立功仅限于“重大立功”，即被调查人检举、揭发他人的重大犯罪行为，阻止他人重大犯罪活动，协助监察机关抓捕其他重大职务犯罪被调查人，或者对国家和社会有其他重大贡献等。[②] 这也与上述最高人民法院《关于处理自首和立功具体应用法律若干问题的解释》第7条的规定非常相似，属于法定的量刑情节之一。另外，“案件涉及国家重大利益”主要包括被调查人所涉及的职务犯罪案件关系到国家安全、社会稳定、经济发展等国家重大利益的情形。[③] 此种情形虽然没有在《刑法》和其他相关司法解释中被明确为常见量刑情节之一，但其足以衡量犯罪行为的社会危害性，可能对被调查人的最终量刑产生影响，因而也应当属于量刑情节之一。

---

① 参见中共中央纪律检查委员会法规室、中华人民共和国国家监察委员会法规室编写：《〈中华人民共和国监察法〉释义》，中国方正出版社2018年版，第162页。

② 参见中共中央纪律检查委员会法规室、中华人民共和国国家监察委员会法规室编写：《〈中华人民共和国监察法〉释义》，中国方正出版社2018年版，第162页。

③ 参见中共中央纪律检查委员会法规室、中华人民共和国国家监察委员会法规室编写：《〈中华人民共和国监察法〉释义》，中国方正出版社2018年版，第163页。

由此可见，就认罪认罚从宽制度的适用条件而言，《监察法》要求被调查人除了具备“认罪”“认罚”这一前提以外，还应当具备包括自首、坦白、退赃、立功等一项或多项量刑情节，要求明显严于《刑事诉讼法》的相关规定。

二、认罪认罚从宽制度程序衔接的断裂性

《刑事诉讼法》和《监察法》关于认罪认罚从宽制度适用前提的不同规定，决定了该制度在监察调查和刑事诉讼两种程序之间进行衔接和转化的过程中，难免存在不协调之处，甚至会出现程序的断裂。

（一）监察认罪认罚从宽制度对刑事诉讼的影响

国家监察体制改革之后，原本属于人民检察院的职务犯罪直接立案侦查权转移至监察机关手中。职务犯罪案件不再适用刑事侦查程序，而是由监察机关进行调查，只有在监察调查之后，才可能进入刑事诉讼程序。根据《监察法》第45条第1款的规定，对于涉嫌职务犯罪的案件，监察机关经调查认为犯罪事实清楚、证据确实充分的，应当制作起诉意见书，连同案卷材料、证据一并移送人民检察院依法审查、提起公诉，从而开启监察程序与刑事诉讼程序的衔接。可见，目前职务犯罪案件的适用程序呈现为“监察调查——人民检察院审查起诉——人民法院审判”的模式。其中，监察机关的调查程序与人民检察院的审查起诉程序是直接进行衔接的，与人民法院的审判程序则是间接产生联系的。

从现实角度看，监察调查结果往往能影响刑事诉讼程序的运行和案件的处理：（1）在政治地位方面，监察机关由人民代表大会选举产生，对其负责，受其监督，这意味着在国家政治体制结构中，监察机关与人民法院、人民检察院具有同等地位。但是，监察机关与党的纪律检查机关合署办公，司法机关也是纪检监察机关执纪执法的对象。因此，尽管我国正在进行以审判为中心的刑事诉讼制度改革，但是人民法院仍然难以对监察机关行使权力的行为进行实质性制约，人民检察院同样如此。相反，监察机关更容易对人民检察院和人民法院的诉讼活动产生影响，三者之间难以形成相对合理的制衡

关系，监察机关作出的认罪认罚从宽建议自然也将影响人民检察院和人民法院的判断。(2) 在监察对象方面，正如前文所述，监察机关确定案件管辖范围的首要标准是“以人立案”。即根据《监察法》第15条的规定，监察机关有权对国家公职人员和其他履行公职的人员进行监察，办理其涉嫌的职务违法犯罪案件。这里所谓的公职人员就包括了人民检察院的检察人员和人民法院的审判人员。由于这些人员在履行公职过程中所实施的行为都要受到监察机关的监督和调查，为了避免由于案件办理冲突给个人带来的不利后果，他们一般都会采纳监察机关关于职务犯罪案件所作出的调查结果和处置建议，这其中也包括了监察机关对于认罪认罚被调查人作出的从宽处罚建议。除此之外，就认罪认罚从宽制度的审批机制而言，根据《监察法》第31条的规定，监察机关作出认罪认罚从宽建议之前，应当报上一级监察机关批准。这意味着，当案件移送审查起诉之后，原本同级机关之间的案件移转关系，有了上级监察机关批复的加持，将不可避免地对同级人民检察院和人民法院产生隐性的约束力。①

总而言之，监察机关作出的认罪认罚从宽建议可能对刑事诉讼程序产生直接或者间接的影响。不过，由于各地办案实践的差异，这种影响可以通过多种路径体现出来。为了相对准确地反映监察认罪认罚从宽建议对刑事诉讼程序的影响，笔者通过搜索裁判文书网的方式分析了《监察法》实施以来职务犯罪案件的裁判文书，并总结出如下两种影响模式。②

1. 直接式

监察机关制作的关于认罪认罚的材料直接由人民检察院转交给人民法院，并对人民法院的审判工作产生影响，人民检察院未将其加工转化为刑事诉讼程序中的认罪认罚从宽制度，保留了监察材料的原始形态。例如，在青海省海东市乐都区人民法院作出的“李某某行贿案一审刑事判决书”中，法院作

① 参见詹建红：《认罪认罚从宽制度在职务犯罪案件中的适用困境及其化解》，载《四川大学学报（哲学社会科学版）》2019年第2期。

② 必须承认的是，大量裁判文书仅对案件办理过程，包括监察程序和刑事诉讼程序，只进行了非常简单的概括。通过查阅裁判文书的方法来提炼监察认罪认罚从宽制度对刑事诉讼程序的影响，结论存在一定的局限性，可能并未全面反映现实情况。

出判决所依据的证据材料包括监察机关建议对被调查人适用认罪认罚从宽制度的建议书、上级监察机关同意对被调查人适用认罪认罚从宽制度的批复以及包含被调查人主动交代行贿事实的到案经过材料等。这些材料直接产生于监察程序中，未经人民检察院的“加工”即进入审判程序并得到人民法院的认可，并对被告人的定罪量刑产生影响。同时，上述案件判决书中并不包含认罪认罚具结书等典型的刑事诉讼认罪认罚从宽材料，更是说明了被告人未在审查起诉阶段重新进行认罪认罚。

2. 转化式

虽然被调查人在监察程序中进行了认罪认罚及其他相关行为，但是在案件移送刑事诉讼之后，人民检察院或者人民法院按照《刑事诉讼法》的规定重新对犯罪嫌疑人、被告人适用认罪认罚从宽制度，为原本具有监察性质的认罪认罚从宽制度附加了诉讼色彩。例如，黑龙江省漠河市人民法院作出的“被告人鲍某某行贿罪一审刑事判决书”显示，鲍某某在监察机关调查过程中，积极主动地交代了犯罪事实，进行了认罪认罚。但是，根据人民检察院提交的材料，鲍某某在审查起诉阶段“对自己所犯罪行认罪认罚，并签署《认罪认罚具结书》”，人民法院依法对此予以认可，并对其从轻处罚。再如，在陕西省宝鸡市中级人民法院作出的“井某某受贿罪一审刑事判决书”中，监察机关提交的认罪认罚情况说明材料显示，井某某在监察程序中主动交代组织未掌握的违法事实，积极配合调查，深刻悔过，积极退赃，认罪态度好，监察机关依法建议从轻处罚。随后，在庭审过程中，井某某当庭认罪认罚，人民法院根据《刑事诉讼法》第 15 条关于认罪认罚从宽制度的规定对其予以从宽处罚。

就前一个案例而言，虽然被调查人已经在监察程序中作出了认罪认罚的有关表示，但是在案件移送审查起诉之后，人民检察院会再次根据《刑事诉讼法》的规定对其是否认罪认罚进行审查，并要求其签署认罪认罚具结书等。实质上，从具有监察性质的认罪认罚从宽制度转变为具有刑事诉讼属性的认罪认罚从宽制度这一现象，我们可以看出对人民法院定罪量刑行为产生影响的是审查起诉阶段的认罪认罚行为，而非监察机关的认罪认罚从宽建议。就后一个案例而言，一方面，人民检察院将监察机关制作的认罪认罚相关材料提交给了人民法院；另一方面，由于被告人当庭认罪认罚，人民法院还根据立法规定，对其重新适用具有刑事诉讼性质的认罪认罚从宽制度，从而也实现了该制度性质的转变。[①]

（二）认罪认罚从宽制度在监察与刑事诉讼之间的程序断裂问题

虽然监察机关认罪认罚的相关材料可以通过不同途径对刑事诉讼程序及案件最终定罪量刑结果产生影响，但是通过考察上述几种不同的影响路径可以发现，认罪认罚从宽制度在不同程序之间的衔接并不顺畅，甚至发生了断裂，可能引发相应的不良后果。另外，刑事诉讼程序中的认罪认罚从宽制度中还有监察程序中的认罪从宽制度并不具备的权利保障机制，这些更加剧了程序的断裂性。

1. 直接式中的程序断裂问题

就直接式而言，在监察程序中产生的认罪认罚材料，没有经过人民检察院审查起诉的过滤，直接进入审判程序中，并对人民法院最终的定罪量刑产生影响。从本质上看，认罪认罚行为越过了审查起诉程序，由监察程序直接过渡到刑事审判程序中，出现了程序的断裂。正因如此，相关材料未经转化便在审判中予以出示，在形式上和合法性上容易出现问题，不符合刑事证据规则。

一般而言，被调查人在监察程序中曾进行认罪认罚或者其他相关行为的情况，是通过监察机关出具的“到案经过”“建议书”“情况说明”等文件呈现在法庭上的。然而，这些文件可否以刑事证据的形式成为人民法院的裁判依据，如何适用于刑事诉讼程序中，则尚有疑惑。实际上，在国家监察体制改革之后，监察证据的性质和作用问题一直是理论界和实务界争议的焦点。主流观点认为，监察证据可以直接在刑事诉讼程序中作为证据适用，依据是《监察法》第 33 条第 1 款的规定，根据这一款的规定，监察机关依法收集的证据材料“在刑事诉讼中可以作为证据使用”。

---

① 当然，上述影响模式的划分可能并不确切，实践情况更为复杂。尤其是法院裁判的作出是一个带有自由心证因素的过程，单从裁判文书视角可能无法准确反映出，对最终定罪量刑结果产生影响的究竟是监察机关出具的认罪认罚从宽建议，还是审查起诉阶段或者审判阶段的认罪认罚相关行为和建议。上述模式的划分更多的是为下文关于程序断裂问题的分析提供可依据的样本。

但是，监察证据可以直接适用于刑事诉讼程序中，并不意味着监察证据可以直接作为人民法院定罪量刑的依据。这里就涉及监察证据的证据能力问题。[①]“合法性”是判断监察证据是否具有证据能力的根本因素。一般而言，监察证据是监察机关依据监察调查程序所收集取得的。因此，衡量监察证据的合法性，应当仅考察监察调查程序是否严格符合《监察法》规定即可。但是，根据立法机关对《监察法》所做的官方释义，监察证据“能否作为定案的根据，还需要根据刑事诉讼的其他规定进行审查判断”。[②] 由此可推出，若要使监察证据在刑事诉讼程序中具有证据能力，监察机关进行调查活动除了要满足《监察法》的要求之外，还应符合《刑事诉讼法》关于侦查取证的要求。然而，对比《监察法》和《刑事诉讼法》的规定，监察调查程序和刑事侦查程序二者虽然具有不少相似性，但是在指导理念、具体措施、律师介入等方面仍然存在根本差异。要求监察机关完全按照《刑事诉讼法》的规定落实调查程序，既不现实也不可行。因而，缺乏“合法性”的监察证据便难以在刑事审判中作为定罪量刑的依据。

另外，还需注意的是，监察机关用于证明被调查人认罪认罚并建议从宽处置的材料，即上述所谓“到案经过”“建议书”“情况说明”等文件，可否被界定为监察证据，也是有待商榷的问题。根据《监察法》第 33 条第 1 款的规定，监察证据包括物证、书证、证人证言、被调查人供述和辩解、视听资料、电子数据等，且监察机关在收集、审查、固定证据时，必须遵循刑事审判中的证据标准。上述认罪认罚材料虽然具有书面形式，但并不是为了证明案件事实而作出的，且其是由监察机关在案发之后于监察程序中制作，因此难以被界定为书证，更与该规定中列举的其他证据种类明显不符。再加上上述材料的制作显然无法按照刑事审判中的证据标准去要求，因此难以被归入监察证据范畴。既然认罪认罚材料与监察证据相去甚远，试图将其以证据形式适用于刑事诉讼程序中，更是难以办到。

---

① 参见陈卫东、聂友伦：《职务犯罪监察证据若干问题研究——以〈监察法〉第 33 条为中心》，载《中国人民大学学报》2018 年第 4 期。

② 参见中共中央纪律检查委员会法规室、中华人民共和国国家监察委员会法规室编写：《〈中华人民共和国监察法〉释义》，中国方正出版社 2018 年版，第 169 页。

2. 转化式中的程序断裂问题

就转化式而言，被告人实际上在同一案件中适用了两次认罪认罚从宽制度，一次是适用具有监察性质的认罪认罚从宽制度，另一次是适用具有刑事诉讼性质的认罪认罚从宽制度。人民检察院和人民法院对犯罪嫌疑人、被告人重新适用认罪认罚从宽制度的行为，究竟是“另起炉灶”还是“承上启下”，具有不同适用条件的认罪认罚从宽制度能否在不同程序之间进行这样的性质转化，也是值得思考的问题。

需要先说明的是，人民检察院和人民法院以刑事诉讼的方式对犯罪嫌疑人、被告人重新适用认罪认罚从宽制度，从表面上看似乎与监察程序中的认罪认罚从宽制度不存在必然的联系，是“另起炉灶”的行为。但是，正如前文所述，基于监察机关较高的政治地位、特定的监察对象及上级监察机关批复的影响力，人民检察院和人民法院无法忽视来自监察机关的认罪认罚从宽建议。重新适用《刑事诉讼法》中的认罪认罚从宽制度，实际上目的在于使被调查人的认罪认罚行为在刑事诉讼中获得程序方面的正当性，合法地对人民法院最终的定罪量刑产生影响。所以，追根究底，刑事诉讼程序中的认罪认罚从宽制度是对监察程序中的认罪认罚从宽制度的延续，是“承上启下”的关系。

然而，认罪认罚从宽制度可否在不同程序之间进行这样的程序转化？正如前文所述，认罪认罚从宽制度的适用条件在监察程序和刑事诉讼程序中是不同的。在刑事诉讼程序中，对犯罪嫌疑人、被告人适用认罪认罚从宽制度的前提条件是“认罪认罚”，即“自愿如实供述自己的罪行，承认指控的犯罪事实”。而在监察程序中，被调查人要适用认罪认罚从宽制度，除了进行“认罪认罚”之外，还应当具备《监察法》第31条规定的四种情形之一。因此，在适用条件如此迥异的情况下，将具有监察性质的认罪认罚从宽制度转变为刑事诉讼性质的认罪认罚从宽制度，实际上仍存在一定的障碍。

3. 权利保障机制不同引发的程序断裂问题

刑事诉讼程序中的认罪认罚从宽制度还有着监察程序中认罪认罚从宽制度并不具备的权利保障机制，这种不同更加剧了程序的断裂，并容易引发程序断裂的问题：(1) 权利告知机制。无论是在侦查环节，还是在审查起诉环节，抑或是在审判环节，办案机关在对犯罪嫌疑人、被告人适用认罪认罚从宽制度的过程中，应当对其进行必要的权利告知。权利告知的内容包括犯罪嫌疑人、被告人可能享有的诉讼权利、认罪认罚从宽制度的法律规定以及可能产生的程序上和实体上的后果。[①]（2）律师帮助。犯罪嫌疑人、被告人在认罪认罚从宽制度中可以得到来自委托辩护律师、法律援助辩护律师和值班律师的帮助。当犯罪嫌疑人选择认罪认罚时，人民检察院应当听取辩护人或者值班律师的意见，并记录在案。犯罪嫌疑人还应当在辩护人或者值班律师在场的情况下签署认罪认罚具结书，保障其认罪认罚的自愿性。（3）签署具结书。这是刑事诉讼认罪认罚从宽制度中的必备一环。犯罪嫌疑人自愿认罪，同意量刑建议和程序适用的，应当在辩护人或者值班律师在场的情况下签署认罪认罚具结书。在认罪认罚案件的审判程序中，审判法官应当审查认罪认罚的自愿性和认罪认罚具结书内容的真实性、合法性。

以上三大权利保障措施的核心目的在于确保犯罪嫌疑人、被告人认罪认罚行为的自愿性、真实性和合法性。但是，《监察法》中显然并未就上述内容作出规定：（1）监察机关在对被调查人适用认罪认罚从宽制度之前，并不需要对其进行必要的权利告知。因此，无法保障被调查人能否清晰了解自身所享有的权利、认罪认罚从宽制度的相关规定和可能产生的后果，更无法确保被调查人是在理性思考的前提下作出认罪认罚的决定。（2）《监察法》中还没有律师介入的规定，律师能否介入监察程序、如何在监察阶段为被调查人提供法律服务，一直是各界热议的焦点。[②]律师的缺位导致被调查人无从获知认罪认罚的相关权利、后果与规定，无法从程序角度向监察机关提出合理的意见，以保障自己的合法权益。对于监察机关在适用认罪认罚从宽制度时遵循法律规定的情况，也缺乏必要的监督手段。（3）《监察法》中的认罪认罚从宽制度也未设置签署具结书的环节，这更使得被调查人认罪认罚的自愿性无法得到查证，被调查人认罪认罚的具体内容也缺乏有效依据。上述情况加深了监察程序中认罪认罚从宽制度与刑事诉讼程序中认罪认罚从宽制度

① 参见林艺芳：《规范认罪认罚从宽制中的权利告知》，载《中国社会科学报》2018年7月11日，第5版。

② 参见陈卫东：《职务犯罪监察调查程序若干问题研究》，载《政治与法律》2018年第1期。

之间的隔阂，使得不同程序之间出现难以弥合的缝隙。

三、监察与刑事诉讼认罪认罚从宽制度重新整合的路径

职务犯罪案件中的认罪认罚从宽制度存在上述问题的根本原因在于其横跨了刑事诉讼和监察两种程序，而二者在指导思想、任务目的、程序机理、适用对象等诸多方面均存在巨大差异。职务犯罪案件中对相关人员适用认罪认罚从宽制度，既是国家监察体制“惩前毖后、治病救人”预防理念的体现，又满足宽严相济刑事政策的要求。然而，在实践中，认罪认罚从宽制度往往会成为某些监察机关“以罚代刑”的工具，即对已经涉嫌犯罪的公职人员，只要其实施了认罪认罚的行为或者具有其他可以从宽的量刑情节，无论情节轻重、危害大小，就对其“直接以问责、政务处分代之”，而不依法移送人民检察院进行审查起诉。[①] 国家监察体制是法治反腐的具体化，不能违反罪刑法定、罪责刑相适应等基本法制原则。否则，一旦认罪认罚从宽的权力被滥用，国家监察体制对腐败分子的威慑力将被极大减弱，监察机关内部将滋生新型腐败现象，《监察法》法治反腐的立法初衷也将被违背。

完善职务犯罪案件认罪认罚从宽制度，应当以国家监察体制和刑事诉讼程序的根本机理为出发点，既要顾及党内监督与法律监督的相互关系，又要符合刑事司法的基本逻辑，统一适用前提，弥合程序裂缝，使之成为监察机关和司法机关合力共治、事先预防和事后矫治共同作用的有效模式。具体而言有以下几点。

（一）明确《监察法》中“认罪”“认罚”的内涵

正如前文所述，《监察法》第31条并未就何为“认罪”“认罚”作出解释。而“认罪”“认罚”的内涵是在监察程序中适用认罪认罚从宽制度的重要前提之一。对此，为了实现监察程序和刑事诉讼程序的有效衔接，应尽量统一二者对“认罪”“认罚”的理解。借鉴《刑事诉讼法》的规定，“认罪”可以被解释为“自愿如实供述自己的罪行，承认指控的犯罪事实”。同时，被调查人在主观上应当认可自身行为已经触犯了《刑法》规定，属于犯罪行

① 参见刘艳红：《〈监察法〉与其他规范衔接的基本问题研究》，载《法学论坛》2019年第1期。

为。与此相配套，监察机关应当对进入监察程序的案件适用更严格的分流机制，由案件管理部门进行初步过滤，由审查调查部门进行再次审查，由案件审理部门进行最终把握。通过层层筛选，准确认定被调查人的行为性质，以便准确及时地对涉嫌职务犯罪的被调查人适用认罪认罚从宽制度。另外，由于被调查人可能大多不具备专业法律知识，且在监察程序中缺少律师为其提供法律帮助，因而监察机关不必将是否认识到所涉嫌的罪名，作为判断被调查人是否“认罪”的依据之一，以避免“认罪”标准被过度提高，阻碍该制度的有效运行。

“认罚”可以被解释为“愿意接受处罚”。并且，此处的“处罚”应当做广义理解，即不仅包括来自监察机关的处置，还包括后续刑事司法机关的处理，不仅包括实体上的惩罚，还包括程序上的制裁。需要注意的是，由于被调查人仍处于监察程序中，无法对未来可能遭受的刑事司法处置作出准确预测，监察机关也难以提供关于刑事诉讼程序与刑事责任后果的精确建议，因而此时被调查人对于后续刑事司法处置只需做概括性认可即可，不应对其有更高的要求，即监察机关不得要求被调查人在概括性认罪认罚的前提下，还应就具体的刑罚和程序适用予以接受。另外，监察程序中的认罪认罚从宽制度也是宽严相济刑事政策的体现。这意味着，对于认罪态度好、主观恶性小的被调查人，应当依法建议从宽处置。对此，笔者认为，被调查人能否主动退赃、退赔，弥补国家经济损失等，不仅应当作为是否“认罚”的情形之一，也应当成为监察机关提出更大幅度从宽建议的依据之一。

（二）构建监察材料的诉讼证据审查机制

监察机关依照《监察法》规定收集的各种证据材料，可以在刑事诉讼程序中作为证据使用。但是，监察材料能否作为定案的依据，还应当考察这些材料的取证过程是否符合《刑事诉讼法》关于侦查取证的要求。具体到认罪认罚从宽制度，为了保障监察机关的认罪认罚材料能在司法机关定罪量刑的过程中正当地发挥作用，国家应当在刑事诉讼程序中构建监察材料的诉讼证据审查机制。当案件移送人民检察院审查起诉之后，监察机关应当将认罪认罚的相关证据材料一并随案移送人民检察院。人民检察院应当在审查起诉过程中对上述材料进行初次审查。人民检察院决定对案件提起公诉，应当将上述材料随案移送人民法院，人民法院应当在审判过程中对上述材料进行再次审查。

人民检察院和人民法院审查认罪认罚相关证据材料的根本目的在于确认犯罪嫌疑人、被告人自愿认罪认罚具有一定的案件事实基础。这种审查包含两方面的要求：(1) 监察证据的取证程序应符合立法的规定。随着监察程序取证的规范化水平不断提高，监察机关收集、获取证据的程序要求应当不断接近刑事诉讼的要求。只有在监察证据的取证过程不存在程序性瑕疵以及违法情况时，该证据材料才能在刑事诉讼程序中取得证据能力，成为定罪量刑的依据。(2) 综合现有的监察证据，应当能够达到"犯罪事实清楚，证据确实、充分"的刑事诉讼证明标准。根据《认罪认罚指导意见》第 3 条的规定，办理认罪认罚案件，应当"坚持法定证明标准，侦查终结、提起公诉、作出有罪裁判应当做到犯罪事实清楚，证据确实、充分，防止因犯罪嫌疑人、被告人认罪而降低证据要求和证明标准"。该要求也应当适用于监察程序中，这是确保被调查人认罪认罚自愿性和真实性的可靠手段，也是防止人民检察院、人民法院对犯罪嫌疑人、被告人错误作出程序或实体上的处置，甚至造成错案的有效途径。

(三) 加强监察程序中被调查人权利保障机制

《监察法》中不乏保障被调查人合法权益的内容。例如，讯问时全程录音录像制度，保障被留置人员的饮食、休息和安全等。但是，具体到认罪认罚从宽制度中，类似的权利保障规定却相对不足。借鉴《刑事诉讼法》的相关规定，我国有必要从如下方面继续完善监察程序中被调查人的权利保障机制。

第一，在对被调查人进行正式调查之前，监察机关应当对其进行权利告知，确保其清楚了解自身在调查过程中所享有的各项权利、认罪认罚的相关规定以及进行认罪认罚可能导致的实体效果和程序效果。同时，在确认被调查人涉嫌职务犯罪之后，应当再次对其进行认罪认罚从宽制度的权利告知，促使其主动选择适用该制度。这不仅有利于被调查人悔罪认罪，实现监察制度"惩前毖后、治病救人"的目的，而且有利于提高案件办理效率以及认罪认罚从宽制度的适用率，实现办案资源的优化配置。

第二，应当保障被调查人在认罪认罚的过程中享有适度的律师帮助权。律师可以接受被调查人的咨询，向其解释相关的法律规定，并为其提供程序选择建议。监察机关在决定对被调查人适用认罪认罚从宽制度并提出量刑建议时，应当听取律师意见并记录在案。同时，在被调查人签署认罪认罚具结书或者其他重要法律文件时，律师有权在场并提供法律帮助。不过，由于监察程序的特殊属性，律师介入该程序应当控制在必要的限度之内，应严格遵守相关职业伦理，不得帮助被调查人隐匿、毁灭、伪造证据或者串供，不得威胁、引诱证人作伪证以及进行其他可能干扰监察机关正常办案工作的行为。

第三，被调查人自愿认罪，同意量刑建议和程序适用的，应当在律师在场的情况下签署认罪认罚具结书。目前在监察实践中，被调查人认罪认罚的，监察机关将出具认罪认罚建议书、上级监察机关的批复以及到案经过。出具上述材料都属于监察机关的单方面监察行为，难以体现被调查人的真实意愿，且难以保障其认罪认罚的自愿性。对此，应借鉴刑事司法中的相关做法，被调查人在作出认罪认罚决定时，应签署具结书，并详细写明被调查人认罪认罚的权利知悉、如实供述内容、自愿性声明等内容。该具结书应当与其他证据和材料一起，随案移送至人民检察院和人民法院。

（四）规范监察与刑事诉讼认罪认罚从宽制度的程序衔接机制

职务犯罪案件的特殊之处在于其需要经历两个性质截然不同的程序，对其适用认罪认罚从宽制度便涉及两个程序之间的衔接问题。我国实践中存在的两种衔接模式无法弥合不同程序之间的差异性，甚至导致了程序的断裂。对此，我国有必要通过协调监察机关、人民检察院和人民法院三者之间关系的方式，进一步明确监察与刑事诉讼认罪认罚从宽制度的程序衔接机制。构建这一机制，重点在于解决如下疑问，即当适用认罪认罚从宽制度的监察案件移送审查起诉时，人民检察院应否对犯罪嫌疑人重新适用认罪认罚从宽制度，包括应否对犯罪嫌疑人进行权利告知、听取律师意见、提出量刑建议、签署具结书等。

从现实角度看，人民检察院无须重复进行所有的认罪认罚从宽程序。虽然两种程序中的认罪认罚从宽制度存在某些差异，但其实质目的都在于促使相关人员及时悔罪认罪，并保障认罪认罚的相关人员能够得到从宽处理的可能性。如果《刑事诉讼法》和《监察法》关于“认罪”“认罚”的内涵已经趋于一致，监察材料的诉讼证据审查机制已经建立，被调查人相关权利保障已经明确，那么人民检察院重复进行所有的认罪认罚从宽程序，便是对司法资源的浪费。取而代之，人民检察院应当发挥其法律监督功能，对此类案件进行必要的形式审查，确认犯罪嫌疑人选择认罪认罚是否出于自愿、相关证据材料是否完备以及有关权利保障是否落实，并在此基础上对监察机关提供的材料予以认可。另外，监察机关提出的认罪认罚从宽建议往往并不包含具体的量刑要求。对此，人民检察院应当在审查之后，在现有证据材料的基础上，按照法律对普通认罪认罚案件的要求，提出指控的罪名和相应的量刑建议。根据《认罪认罚指导意见》第 33 条的规定犯罪嫌疑人认罪认罚的，人民检察院应当就主刑、附加刑、是否适用缓刑等问题提出量刑建议。办理认罪认罚案件，人民检察院一般应当提出确定的刑量刑建议，特殊情况下也可以提出幅度刑量刑建议。人民检察院在提出量刑建议之前，应当充分听取犯罪嫌疑人、辩护人或者值班律师的意见，同时也可以适当征询监察机关对于量刑的看法。

第二节　监察与刑事诉讼违法所得没收程序的兼容对接

“权钱交易”是现代腐败行为的本质特征。[①] 公职人员利用手中的权力，对市场行为和正常社会秩序进行非法干预和管制，从而诱导某些人员与之进行利益交易，并借此大发横财。因此，惩治腐败除了要把涉嫌职务违法犯罪的公职人员和其他涉案人员绳之以法，还应当将因腐败所滋生的涉案财产予以追缴，使相关人员无法从腐败行为中获得利益，从根本上遏制腐败行为

① 参见黎国智：《论权钱交易的腐败行为及其法律控制》，载《现代法学》1994 年第 3 期。

继续滋长。近年来，我国始终将追赃作为反腐败工作的重要组成部分。反腐败工作的经验表明，不少腐败分子在案发之后通过逃匿或者自杀等方式逃避法律制裁，或者携带巨款潜逃境外。而对于被追诉人员逃匿和死亡的情形，根据我国《刑事诉讼法》的规定，公安司法机关难以继续通过正常的刑事诉讼方式追究其刑事责任以及追缴其违法所得。我国刑事诉讼向来围绕人的刑事责任展开，财产的追缴以刑事责任的确定为前提。在此前提下，这些逃匿或者死亡的腐败分子的涉案财物便无法得到及时处理，这不仅导致国有资产流失严重，而且助长了非法转移财产的歪风邪气。为了解决这一问题，我国借鉴国际经验，于2012年修正《刑事诉讼法》时确立了"犯罪嫌疑人、被告人逃匿、死亡案件违法所得的没收程序"，为反腐败追赃提供了基本的法律依据。2017年，最高人民法院、最高人民检察院在全面摸底和归纳分析该程序几年来适用过程中存在问题的基础上，制定了《关于适用犯罪嫌疑人、被告人逃匿、死亡案件违法所得没收程序若干问题的规定》（下文简称《违法所得没收规定》），详细界定了违法所得没收程序的适用条件、适用范围、程序机制等，增强了该程序的现实可操作性，推进该程序进一步的规范、统一适用。以上述法律文件为依据，在党中央的坚强领导和统一部署下，多年来我国反腐败工作追回赃款百亿元。通过追赃布下天罗地网，有效遏制了腐败分子非法转移资产的不良倾向，为国家和人民挽回大量损失。①

根据《刑事诉讼法》及相关司法解释的规定，违法所得没收程序贯穿于刑事诉讼程序的全过程。公安机关认为符合没收情形的，应当作出没收违法所得意见书，移送人民检察院；人民检察院可以向人民法院提出没收违法所得的申请；人民法院有权经审理对违法所得及其他涉案财产裁定予以没收。②但随着国家监察体制改革的推行，大部分职务犯罪案件的侦查权被转移至监察机关手中。监察机关应当对这些案件进行调查处置。这也就意味着，监察

① 参见中央反腐败协调小组国际追逃追赃工作办公室：《推动追逃追赃工作高质量发展　巩固发展反腐败斗争压倒性胜利》，载《中国纪检监察》2019年第13期。

② 参见薛淑兰：《刑事诉讼法修改后人民法院追缴腐败等重大犯罪境外赃款赃物实务探讨》，载《人民司法》2012年第9期。

机关也可能在职务犯罪调查过程中承担被调查人逃匿、死亡情形下的违法所得没收职责。根据《监察法》第 48 条的规定，监察机关在调查贪污贿赂、失职渎职等职务犯罪案件过程中，被调查人逃匿或者死亡，有必要继续调查的，经省级以上监察机关批准，应当继续调查并作出结论。被调查人逃匿，在通缉一年后不能到案或者死亡的，由监察机关提请人民检察院按照法定程序，向人民法院提出没收违法所得的申请。上述规定表明，对于职务犯罪案件而言，违法所得没收程序可能横跨了监察程序与刑事诉讼程序。在监察调查过程中，监察机关可以就案件是否符合该程序的适用前提予以审查，并提请人民检察院向人民法院提出申请；而后，当案件移送刑事诉讼程序之后，人民检察院再向人民法院提出没收违法所得的申请。易言之，职务犯罪案件的违法所得没收程序需要实现监察程序与刑事诉讼程序的兼容对接。然而，监察程序与刑事诉讼程序毕竟在价值目标、内在机理等方面存在较大差异，如何弥合程序之间的缝隙，实现违法所得没收程序的有效流转，是我国目前反腐败追赃过程中面临的重要问题之一。

一、监察与刑事诉讼违法所得没收程序的适用条件

我国《监察法》第 48 条和《刑事诉讼法》第 298 条都就违法所得没收程序的适用条件作出了规定。对比两处规定可知，监察程序中的违法所得没收程序的适用条件与刑事诉讼程序中的违法所得没收程序的适用条件之间有一定的重合关系，这为违法所得没收程序在二程序之间有效顺畅衔接奠定了重要的基础。

（一）二者都适用于贪污贿赂、失职渎职等职务犯罪案件

2012 年我国在修正《刑事诉讼法》的过程中，增设犯罪嫌疑人、被告人逃匿、死亡案件的违法所得没收程序，目的就是严惩腐败。在过去，我国将反腐败工作重心更多地放在抓捕腐败分子并追究其法律责任上，忽略了对其财产的追缴。实际上，追逃与追赃是相辅相成的。追赃若不彻底，必将助长腐败分子的嚣张气焰。正因如此，该程序的适用范围以职务犯罪

案件为主。[①] 不过需要注意的是，根据《刑事诉讼法》第 298 条的规定，这里所谓的职务犯罪案件仅限于“贪污贿赂犯罪”。且根据《违法所得没收规定》第 1 条的规定，所谓的“贪污贿赂犯罪”包括：（1）贪污、挪用公款、巨额财产来源不明、隐瞒境外存款、私分国有资产、私分罚没财物犯罪案件；（2）受贿、单位受贿、利用影响力受贿、行贿、对有影响力的人行贿、对单位行贿、介绍贿赂、单位行贿犯罪案件。但是，相比之下，《监察法》第 48 条对于该程序所适用的职务犯罪案件之范围的规定要宽得多，既包括“贪污贿赂”犯罪案件，也包括“失职渎职”犯罪案件。也就是说，两部法律规定的违法所得没收程序的职务犯罪案件适用范围上出现了一定的差异。而根据前文所述，《监察法》规范的是违法所得没收程序的前端启动环节，后续该程序的申请、没收财产决定的作出等都是由《刑事诉讼法》规定。如果《监察法》规范的范围宽于《刑事诉讼法》规范的范围，那么极可能导致多出来的那部分案件，即“失职渎职”案件在监察机关提请人民检察院申请启动程序之后，缺乏必要的法律规定继续予以规范。

不过，2021 年最高人民法院在重新通过《关于适用〈中华人民共和国刑事诉讼法〉的解释》的时候，即意识到了这一问题，并在第 609 条第 1 项将违法所得没收程序的适用范围扩张至“失职渎职等职务犯罪案件”。总而言之，从犯罪种类上看，目前无论是依据《监察法》，还是依据《刑事诉讼法》及其司法解释，违法所得没收程序皆可以适用于职务犯罪案件，包括贪污贿赂犯罪案件和失职渎职犯罪案件。另外，在上述《监察法》第 48 条和最高人民法院《关于适用〈中华人民共和国刑事诉讼法〉的解释》第 609 条第 1 项，都在“贪污贿赂”和“失职渎职”之后加上了“等职务犯罪案件”。笔者认为，这里所谓的“等”字是“等内等”，有加强语气的含义，但没有实质性内容。在当前立法文本中，“贪污贿赂”和“失职渎职”已经足以涵盖

---

① 不过，在修正后的《刑事诉讼法》正式文本中，违法所得没收程序除了适用于职务犯罪案件之外，还适用于“恐怖活动等重大犯罪犯罪案件”。此外，2017 年最高人民法院和最高人民检察院联合出台了《违法所得没收规定》，其中第 1 条又进一步将该程序的适用范围拓展至“危害国家安全、走私、洗钱、金融诈骗、黑社会性质的组织、毒品犯罪案件”以及“电信诈骗、网络诈骗犯罪案件”。该规定也被 2021 年最高人民法院《关于适用〈中华人民共和国刑事诉讼法〉的解释》所吸收。

现有全部的职务犯罪案件类型。

另外，需注意的是，《刑事诉讼法》在规定违法所得没收程序的适用范围时，还在“等”字之后加了修饰语“重大”。但是，对于何为“重大”，法律并未作出具体解释。对此，根据《违法所得没收规定》第 2 条和最高人民法院《关于适用〈中华人民共和国刑事诉讼法〉的解释》第 610 条的规定，所谓“重大”是指在省、自治区、直辖市或者全国范围内具有较大影响，或者犯罪嫌疑人、被告人逃匿境外的情况。由此可推知，一般的职务犯罪案件，即未在省、自治区、直辖市或者全国范围内造成较大影响，或者犯罪嫌疑人、被告人虽然逃匿但并未出境的情况，是不能适用违法所得没收程序的。但是，《监察法》并未加此限制，再一次造成两种违法所得没收程序适用范围上的出入，同时也可能给程序衔接带来问题。对于这一问题，未来国家监察委员会和最高人民法院应当在相互协调沟通的基础上，共同出台规定予以明确。

（二）二者都适用于涉案人员逃匿的情形

根据《监察法》第 48 条和《刑事诉讼法》第 298 条的规定，违法所得没收程序适用于以下两种情形：（1）被调查人或者犯罪嫌疑人、被告人逃匿的情形；（2）被调查人或者犯罪嫌疑人、被告人死亡的情形。两种情形之间是选择关系，满足其中之一即可启动这一程序。

先就逃匿情形而言，我国在过去反腐败工作中曾经发现，有不少贪官在实施腐败犯罪之后，为了逃避追究，往往卷巨款潜逃境外。有关部门无法及时追究其刑事责任，也难以处理其涉案财物，导致国有资产严重流失。如果不能及时对逃匿的腐败分子所涉赃款赃物予以及时追缴，等于助长了这种风气。因此，对于被调查人或者犯罪嫌疑人、被告人因职务犯罪逃匿的情形，我国有必要通过违法所得没收程序追缴其赃款赃物，从而有效遏制此种行为，实现对腐败分子的强有力打击。根据《监察法》和《刑事诉讼法》的规定，这种情形需符合两大条件，第一个条件是“逃匿”，第二个条件是“通缉一年后不能到案”。但是，这两项条件是何含义，无论是《监察法》还是《刑事诉讼法》皆未给出明确的答案，对此有必要参考《违法所得没收规定》。

根据该司法解释第3条的规定，犯罪嫌疑人、被告人为逃避侦查和刑事追究潜逃、隐匿，或者在刑事诉讼过程中脱逃的，应当认定为《刑事诉讼法》规定的“逃匿”。犯罪嫌疑人、被告人因意外事故下落不明满二年，或者因意外事故下落不明，经有关机关证明其不可能生存的，依照前款规定处理。可见，逃匿的情形包括两种，一种是狭义的“逃匿”，另一种是“失踪”。对于狭义的“逃匿”，又可以从以下两个方面理解：（1）未抓获。即案发之后犯罪嫌疑人、被告人选择潜逃、隐匿，使公安司法机关无法通过强制手段找到并抓获其人。（2）抓获后脱逃。即犯罪嫌疑人、被告人原本已经被公安司法机关依法控制，但后来又通过非法途径脱离公安司法机关的管控。这两种狭义的“逃匿”都需遵循一个大前提，即犯罪嫌疑人、被告人应当具有逃避侦查和刑事追究的动机。

除了狭义的“逃匿”之外，犯罪嫌疑人、被告人“失踪”的情况也可以纳入该程序所包含的“逃匿”的范畴。这又包括两种情形：（1）犯罪嫌疑人、被告人因意外事故下落不明满二年；（2）犯罪嫌疑人、被告人因意外事故下落不明，经有关机关证明其不可能生存的。之所以将这两种情形也纳入“逃匿”的范畴，笔者认为是借鉴了民法领域的相关规定。根据《民法典》第46条的规定：“自然人有下列情形之一的，利害关系人可以向人民法院申请宣告该自然人死亡：（一）下落不明满四年；（二）因意外事件，下落不明满二年。因意外事件下落不明，经有关机关证明该自然人不可能生存的，申请宣告死亡不受二年时间的限制。”可见，上述有关“逃匿”的规定中有关失踪情形的规定，实际上是借鉴了《民法典》中有关宣告死亡的规定。“失踪不仅涉及失踪人自身的财产利益保护，而且涉及失踪人之利害关系人的财产利益与人身利益之保护。”[①] 同理，涉嫌职务犯罪的犯罪嫌疑人、被告人若失踪后生还可能性渺茫，那么对其因犯罪而获得的非法利益也应当及时处理，不应被其他利害关系人非法获取。上述司法解释将“失踪”的情形也列入“逃匿”范围，允许适用违法所得没收程序，是有一定合理依据的。

---

① 参见尹田：《论宣告失踪与宣告死亡》，载《法学研究》2001年第6期。

除此之外，要启动违法所得没收程序，相关人员除了应当具备“逃匿”情形之外，还需满足“通缉一年不能到案”的条件。那么何为“通缉”，也需参考《违法所得没收规定》的要求。根据该司法解释第5条的规定，公安机关发布通缉令或者公安部通过国际刑警组织发布红色国际通报，应当认定为《刑事诉讼法》规定的“通缉”。这说明，对此处的“通缉”也应当做广义理解，既要包括公安机关在境内发布通缉、依法查缉的行为，也应当包括公安部通过国际刑警组织在其他国家和地区发布红色国际通报的行为。前者针对的是犯罪嫌疑人、被告人潜逃、藏匿、脱逃但并未出境的情况，公安机关在国内依法拥有通缉并抓捕犯罪嫌疑人、被告人的权力。后者针对的是犯罪嫌疑人、被告人已经逃往境外的情形，此时公安机关在境外不具备司法管辖权，只能委托国际刑警组织发布红色国际通报。另外还需注意的是，“在通缉一年后不能到案”的规定也告诉我们，并非犯罪嫌疑人、被告人一旦逃匿，相关部门就可以启动违法所得没收程序，必须是在公安机关通缉一年之后，即经过一段时间的抓捕行动之后，才能适用这一程序，否则容易造成司法资源的浪费。

目前，《监察法》虽然也规定“被调查人逃匿，在通缉一年后不能到案”为适用违法所得没收程序的适用条件，但并未如同上述司法解释一样，对何为“逃匿”、何为“通缉”予以详细规定。为了顺利实现监察与刑事诉讼在违法所得没收程序方面的有效衔接兼容，国家监察委员会未来也应当对标上述司法解释的规定，对此做进一步的补充说明解释。

（三）二者都适用于涉案人员死亡的情形

除了“逃匿”这一情形之外，相关人员“死亡”的情形也是启动违法所得没收程序的前提之一。无论是在监察程序中还是在刑事诉讼程序中，死亡都是阻碍继续追究被调查人或者犯罪嫌疑人、被告人法律责任的条件之一。在刑事诉讼程序中，死亡甚至可能导致诉讼终止。由于我国监察程序和刑事诉讼程序都是围绕“人”的责任而展开的，属于“以人立案”或者“对人诉讼”，所以一旦无法追究“人”的法律责任，相关涉案财物的追缴就难以实现。但是，法谚有云，“任何人不能因为自己的错误而获得利益”，追缴死亡的被调查人或者犯罪嫌疑人、被告人的赃款赃物，能够起到威慑犯罪的作用，因此对其适用违法所得没收程序有一定的合理性。

当然，这里也同样涉及对“死亡”的理解，目前《监察法》和《刑事诉讼法》也未就何为“死亡”做进一步的解释。一般而言，法律规定中的“死亡”多指生理性死亡。而生理性死亡的标准又是什么，目前在学界仍有一定争议。“心死说”认为心跳、呼吸和血压消失以及体温下降是宣告生理性死亡的标准。而“脑死说”则认为脑死亡包括脑干在内的全脑技能丧失出现不可逆转状态是宣告生理性死亡的标准。① 如何认定此处的生理性死亡标准，不仅关系到违法所得没收程序的适用，而且关系到其他诉讼程序或者《刑法》规定的适用，是值得继续研究探索的问题。

（四）二者都针对涉案人员的违法所得及其他涉案财产

在刑事诉讼程序中，违法所得没收程序是典型的“对物之诉”。犯罪嫌疑人、被告人不是该程序的诉讼主体，他们因死亡或者逃匿而被排除在该程序之外。该程序中的诉讼主体只有提出申请的原告方以及其他与涉案财产有利害关系的人员，法院审理的核心问题是财产的归属，而非犯罪嫌疑人、被告人的刑事责任承担问题。② 换句话说，“违法所得”才是该程序的核心。《刑事诉讼法》第298条第1款明确规定，该程序的目的是依照《刑法》规定追缴犯罪嫌疑人、被告人的“违法所得及其他涉案财产”。《监察法》第48条虽无明示，但也提到监察机关提请人民检察院依法向人民法院提出的是“没收违法所得的申请”。

就何为“违法所得”，仍需参见《违法所得没收规定》的要求。根据该司法解释第6条第1款和第3款的规定，通过实施犯罪直接或者间接产生、获得的任何财产，应当认定为《刑事诉讼法》规定的“违法所得”。违法所得已经部分或者全部转变、转化为其他财产的，转变、转化后的财产应当视为前款规定的“违法所得”。来自违法所得转变、转化后的财产收益，或者

① 参见熊永明：《论死亡标准的冲突对刑法适用的影响——兼评我国死亡标准的取舍》，载《南昌大学学报（人文社会科学版）》2010年第2期。

② 参见黄风：《我国特别刑事没收程序若干问题探讨》，载《人民检察》2013年第13期。

来自已经与违法所得相混合财产中违法所得相应部分的收益，应当视为第一款规定的“违法所得”。据此规定，直接来源于犯罪行为的收益属于“违法所得”，这是毋庸置疑的。除此之外，“违法所得”还包括以下几种类型：(1) 间接源于犯罪行为的收益。这是指行为人实施犯罪行为并未获取财物，但因犯罪而获得有利条件进而取得收益。例如，行为人通过行贿获得有利经营条件或者地位，进而利用这一条件取得非法利益，该利益也应当属于“违法所得”的范畴。(2) 转变、转化后的财产。这是指行为人通过犯罪而取得的财产，其价值存在形态发生改变或者占有形式发生改变。例如，行为人通过职务犯罪非法获取了现金，再用现金购买了不动产或者有价证券，那么此时不动产或者有价证券也属于“违法所得”的范畴。(3) 犯罪所得的孳息。这是指行为人将直接由实施犯罪而获得的财物存入金融机构或者进行其他投资，由此形成的利益。该利益也属于“违法所得”的范畴。①

总之，对立法中的“违法所得”应做广义解释，并不局限于直接源于犯罪行为的非法收益。《监察法》也应借鉴上述规定，实现与《刑事诉讼法》及其司法解释一致的界定，以便于进行程序对接。

二、监察与刑事诉讼违法所得没收程序的对接环节

适用条件的相对一致性，是两种违法所得没收程序可以进行对接的关键前提。在此基础上，监察机关与人民检察院、人民法院的顺畅合作、监察程序与审查起诉程序的合理衔接，能为违法所得没收程序的有效对接提供可行路径。因为没收违法所得涉及对公民财产权利的剥夺，所以应当由人民法院进行审理裁定。监察机关不仅没有直接作出没收违法所得决定的权力，也不能直接向人民法院提出申请。也就是说，监察机关在职务犯罪调查过程中可适用的违法所得没收程序并不具备完整的程序构造。监察机关在该程序中所扮演的角色，相当于公安机关在普通刑事案件中所扮演的角色：(1) 对案件履行调查职责，达到人民检察院提出违法所得没收申请的证明标准；(2) 对涉案财产采取保全措施，确保人民法院作出的违法所得没收裁定有可以履行

---

① 参见时延安：《违法所得没收条款的刑事法解释》，载《法学》2015 年第 11 期。

的财产；（3）根据法律要求提出没收违法所得意见书，推动程序的进展。在此前提下，再由人民检察院和人民法院继续推进剩下的没收程序。因此，严格来说，监察机关的工作只是申请环节的组成部分。要在未经审判的前提下对涉嫌职务犯罪且逃匿、死亡的被调查人进行违法所得没收，应当先后适用监察程序和刑事诉讼程序。具体而言可分为如下步骤。

（一）监察机关继续调查，作出结论

根据《监察法》第48条的规定："监察机关在调查贪污贿赂、失职渎职等职务犯罪案件过程中，被调查人逃匿或者死亡，有必要继续调查的，经省级以上监察机关批准，应当继续调查并作出结论……"由此可见，先行调查是监察机关针对被调查人逃匿或者死亡的情形需要做的第一项工作。须知，无论是在监察程序中，还是在刑事诉讼程序中，只要相关当事人逃匿或者死亡，程序都难以进行下去。这两种情况都将使调查或者诉讼程序的进行缺乏追究的对象，不但可能对案件事实查明造成巨大障碍，甚至会使后续程序的运作失去必要性。特别是被调查人死亡的情况，根据《刑事诉讼法》第16条的规定，犯罪嫌疑人、被告人死亡的，不能继续追究其刑事责任，已经追究的，应当撤销案件，或者不起诉，或者终止审理，或者宣告无罪。正因如此，对于被告人逃匿或者死亡的情况，监察机关应当对案件是否有继续调查的必要性进行判断，并经省级以上监察机关批准，再继续调查，否则容易造成办案资源的浪费。

另外，还需注意的是，继续调查之后，对于这种案件还应当如同其他职务犯罪案件一样作出结论的问题。这里所谓的"作出结论"，应包括两方面的要求：一是监察机关经调查，根据现有证据就被调查人应否被追究刑事责任作出结论。被调查人涉嫌的是职务犯罪，而非一般违法行为，是适用这一程序的前提条件。当然，与追究被调查人刑事责任不同的是，启动违法所得没收程序的证明标准显然应当低于将被调查人移送审查起诉的证明标准。根据最高人民法院《关于适用〈中华人民共和国刑事诉讼法〉的解释》第613条第1款的规定，人民法院受理违法所得没收申请的证明标准是"有证据证明有犯罪事实"，这一标准显著低于"犯罪事实清楚，证据确实、充分"的移送审查起诉证据标准。笔者认为，监察机关办理被调查人逃匿死亡案件时，也应与上述标准保持一致，达到“有证据证明有犯罪事实”这一较低标准即可。这意味着，只要现有证据能够证明犯罪事实是由被调查人实施的即可；证据无须证明被调查人所有的犯罪情节，仅需证明基础犯罪构成的事实；据以证明犯罪事实的证据相对充足，但无须充分。①

二是监察机关经调查，认为案件存在依照《刑法》规定应当追缴的违法所得及其他涉案财产。对比需要注意两方面的问题：一方面是违法所得及其他涉案财物的范围。对此，笔者在前文已经有所提及，即既包括直接源自犯罪行为的非法收益，也包括间接源于犯罪行为的收益、转变转化后的财产以及犯罪所得的孳息。除此之外，还需注意兼顾第三方的利益，尤其是被害人的合法财产。《刑法》第 64 条规定：“犯罪分子违法所得的一切财物，应当予以追缴或者责令退赔；对被害人的合法财产，应当及时返还；违禁品和供犯罪所用的本人财物，应当予以没收……”可见，涉案财产中如果有被害人财产，应当返还被害人，不得予以没收。另一方面仍然是证明标准问题。根据最高人民法院《关于适用〈中华人民共和国刑事诉讼法〉的解释》第 621 条第 2 款的规定：“申请没收的财产具有高度可能属于违法所得及其他涉案财产的，应当认定为前款规定的‘申请没收的财产属于违法所得及其他涉案财产’……”这一规定实际上针对的是人民法院裁定没收违法所得的证明标准。但笔者认为，监察机关在办理被调查人逃匿死亡的案件时，也可借鉴这一标准来认定哪些财产属于应当追缴的范围，即采取“高度盖然性”标准。这一证明标准实际上属于民事诉讼的证明标准，不过正如前文所述，违法所得没收程序具有典型的“对物性”，它不涉及罪与非罪的问题，因此这种证明标准可能导致的影响远远小于典型的“对人之诉”；它针对的是财产的归属问题，在某种程度上与民事诉讼所解决的问题具有一致性。因此，采取民事诉讼证明标准是合理的。

（二）监察机关进行财产保全

监察机关查明被调查人涉嫌职务犯罪且存在《刑法》规定的应当追缴的

---

① 参见孙谦：《司法改革背景下逮捕的若干问题研究》，载《中国法学》2017 年第 3 期。

违法所得及其涉案财产之后，为了保障后续的违法所得没收程序有的放矢，确保人民法院作出没收违法所得裁定有可供执行的财产，监察机关应当对存在灭失、损毁或者被转移、隐匿可能性的涉案财物，及时采取查封、扣押、冻结等措施进行必要的保全。这里需要注意如下两个问题。

一是财产保全的前提是财产调查，即监察机关应当在办理案件过程中，对被调查人财产状况以及需要追缴的赃款赃物的情况进行调查，了解可供没收的违法所得及其涉案财产范围。近年来，针对刑事案件财产刑“空判”的问题，不少地方的人民法院、人民检察院和公安机关曾经联合出台加强刑事案件财产查控的规定，[①] 最高人民法院还曾经于 2014 年通过《关于刑事裁判涉财产部分执行的若干规定》，最高人民检察院于同年通过《人民检察院刑事诉讼涉案财物管理规定》。这些文件都涉及诉前财产调查制度。借鉴这些规定，监察机关应当在办理违法所得没收案件时，通过讯问被调查人、询问证人、向有关部门调取信息等多种渠道，了解被调查人的违法所得及应追缴的涉案财物，同时记录在案。有关机关对于监察机关的财产调查行为，也应当予以配合。

二是财产保全的措施以查封、扣押、冻结等为主。众所周知，查封、扣押、冻结等措施也是监察机关调查职务违法犯罪案件的监察措施。其中，查封、扣押是指监察机关依法对涉案物品、文件和电子数据等进行强制提取、留置和封存的措施。所谓冻结，是指监察机关通知银行或者其他金融机构，在一定期限内停止被调查人及其他涉案人员提取其在这些机构的存款、汇款、债券、股票、基金份额等财产的行为。它们都旨在发现和固定涉案财物，以确保没收违法所得裁定作出之后有可执行的财产。借鉴刑事司法涉案财物处置的相关经验，目前这三项措施基本可以满足监察机关控制相关人员财物的要求，但也可能存在如下问题：(1) 财物保全成本可能较高。因为如果监察

① 例如，上海市高级人民法院、上海市人民检察院、上海市公安局曾经于 2007 年联合发布《关于加强刑事案件财产查控工作的若干意见》；在此之前，上海市高级人民法院还于 2006 年单独发布了《关于刑事判决中财产刑及财产部分执行的若干意见（试行）》；浙江省高级人民法院、浙江省人民检察院、浙江省公安厅、浙江省司法厅也曾于 2017 年联合发布《关于刑事裁判财产性判项执行工作若干问题的规定》等规范性文件。

机关要确保依法查封、扣押的财物不在案件办理过程中发生损毁的话，就必须加以妥善把关，那么必然要投入相应的保管成本。在实践中，一些车辆、船舶等大型财物的保管，往往花费巨大，得不偿失。（2）可能损害相关人员利益。如果保全的是被调查人与近亲属共同居住的唯一房产，那么监察机关排他地占有该房产，便可能使该近亲属无处可住，严重影响其生活。（3）可能导致有些形式的财产贬值。某些财物，特别是股票等有价证券，可能只有在合理流通的状态下才能实现保值增值，如果盲目将其冻结，可能在特定情况下贬损其价值。对此，有学者建议，应增加财产保全措施类型，根据不同的财产种类分别增设提供担保、扣押权利证书、拍卖变卖以保存价值等手段。① 除此之外，还可以通过与其他部门，包括公安机关、人民检察院、人民法院进行协调沟通等方式，建立共同的涉案财物管理中心，节约财产保全成本，减少财物流通可能带来的损毁风险。

（三）监察机关向人民检察院提出没收违法所得意见书

当监察机关已经完成调查工作，并决定提请启动违法所得没收程序时，监察机关应当依法向人民检察院提出没收违法所得意见书，连同案卷材料、证据等，一并移送有管辖权的人民检察院以便其依法提出没收违法所得的申请。由于监察机关并不具备直接启动没收违法所得程序的权力，因此其所提交的仅是没收违法所得的“意见书”而非“申请书”。目前，《监察法》并未明确规定没收违法所得意见书的具体内容。由于监察机关在该程序中的角色定位比较类似于公安机关在其他违法所得没收程序中的角色定位，因此可以借鉴公安机关的有关做法以明确监察机关作出的没收违法所得意见书的内容。参考《公安机关办理刑事案件程序规定》第340条的规定，没收违法所得意见书应包括如下内容：（1）被调查人的基本情况；（2）被调查人涉嫌职务犯罪事实和相关的证据材料；（3）被调查人逃匿、被通缉或者死亡的情况；（4）被调查人的违法所得及其他涉案财产的种类、数量、所在地；（5）查封、扣押、冻结的情况。

监察机关将没收违法所得意见书及相关案件材料、证据移送人民检察

---

① 参见吴光升：《刑事诉讼财产保全制度论要》，载《中国刑事法杂志》2016年第4期。

院之后，并不代表着工作的结束。一方面，监察机关应当及时将前期查封、扣押、冻结的财产随案转交人民检察院。另一方面，如果没收违法所得意见书移送人民检察院之后，在逃的被调查人自动投案或者被抓获的，监察机关还应当及时通知人民检察院，由人民检察院或者人民法院依法处理。如果因此导致没收违法所得程序的终止或者案件的回流，那么监察机关应当在被调查人在案的情况下对案件进行补充调查，并在调查终结之后依法对犯罪事实清楚、证据确实充分的职务犯罪案件移送人民检察院审查起诉。

（四）人民检察院向人民法院提出没收违法所得申请

人民检察院是唯一有权提起违法所得没收程序的主体。根据《刑事诉讼法》的规定："对于贪污贿赂犯罪、恐怖活动犯罪等重大犯罪案件，犯罪嫌疑人、被告人逃匿，在通缉一年后不能到案，或者犯罪嫌疑人、被告人死亡，依照刑法规定应当追缴其违法所得及其他涉案财产的，人民检察院可以向人民法院提出没收违法所得的申请。"立法使用了"可以"二字，充分说明了人民检察院对于是否提出申请，是具备一定自由裁量权的。然而在实践中，在缺乏相关指导性细则的前提下，人民检察院难以具有提起违法所得没收申请的积极性。违法所得没收程序针对的是有关人员逃匿或者死亡的情形。在现实办案过程中，涉案人员不在案有可能会影响监察机关、人民检察院的办案质量，尤其是职务犯罪案件的证明非常依赖言词性证据，如果涉案人员不在案，就无法获取其供述，也难以清晰查明案件事实。而人民检察院内部有绩效考核机制，在案情尚未查清的情况下，大多数人民检察院不会启动违法所得没收程序，给自己徒增错案风险。在这种情况下，立法赋予人民检察院较大的启动违法所得没收程序的自由裁量权，该规定是否合理，仍有待商榷。[①] 在我国现实情况下，违法所得没收程序自实施以来适用率一直偏低，也足以说明这一问题。[②] 对此，笔者认为，人民

---

① 参见赵建波：《违法所得没收程序在我国的适用、问题与前景》，载《河北法学》2015 年第 9 期。

② 违法所得没收程序于 2012 年正式确立于我国《刑事诉讼法》中。然而，截至 2016 年年底，全国法院共受理违法所得没收案件 38 件。数量之少，可见一斑。参见《关于举办违法所得没收程序司法解释新闻发布会》，载中国法院网 2017 年 1 月 5 日，https://www.chinacourt.org/article/subjectdetail/id/MzAwNEhPNYABAA==.shtml。

检察院在刑事诉讼程序中承担着公诉职责，他们具有相应的审查刑事案件材料的司法经验。人民检察院是代表国家追诉犯罪的公诉机关，它们有责任保障国家公共财产不受非法侵犯，有责任遏制侵犯公职行为廉洁性的腐败行为再次发生。因此，由它们来申请启动违法所得没收程序，是相对合理的。为了进一步激活违法所得没收程序的适用，我国已经通过发布司法解释的方式明确该制度的具体内涵和实施机制。下一步我国可以通过明确“应当”或者“可以”提起违法所得没收申请的案件的具体范围，促使人民检察院依法履行职责，积极适用该程序。

监察机关移送申请没收违法所得的案件，依法由人民检察院负责案件管理的部门统一受理。人民检察院案件管理部门受理案件时，应当接受案卷材料，并立即对案件材料予以审查。经审查，认为具备受理条件的，应当及时进行登记，并将案卷材料和案件受理登记表移送办案部门办理。经审查，认为案卷材料不齐备的，应当及时要求移送案件的监察机关补送相关材料。人民检察院在受理案件之后，应当审查监察机关移送的没收违法所得意见书。审查活动以及向人民法院提出没收违法所得的申请和对违法所得没收程序中调查活动、审判活动的监督，由人民检察院内部负责捕诉的部门办理。针对监察机关移送的没收违法所得意见书，人民检察院应当审查如下内容：（1）是否属于本院管辖；（2）是否符合《刑事诉讼法》第 298 条第 1 款规定的条件；（3）犯罪嫌疑人基本情况，包括姓名、性别、国籍、出生年月日、职业和单位等；（4）犯罪嫌疑人涉嫌犯罪的事实和相关证据材料；（5）犯罪嫌疑人逃匿、下落不明、被通缉或者死亡的情况，通缉令或者死亡证明是否随案移送；（6）违法所得及其他涉案财产的种类、数量、所在地以及查封、扣押、冻结的情况，查封、扣押、冻结的财产清单和相关法律手续是否随案移送；（7）违法所得及其他涉案财产的相关事实和证据材料；（8）有无近亲属和其他利害关系人以及利害关系人的姓名、身份、住址、联系方式。对于与犯罪事实、违法所得及其他涉案财产相关的证据材料，不宜移送的，应当审查证据的清单、复制件、照片或者其他证明文件是否随案移送。

人民检察院应当在接到监察机关移送的没收违法所得意见书后 30 日以内作出是否提出没收违法所得申请的决定。30 日以内不能作出决定的，可以延长15日。对于监察机关移送的没收违法所得案件，经审查认为不符合《刑事诉讼法》第298条第1款规定条件的，应当作出不提出没收违法所得申请的决定，并向监察机关书面说明理由；认为需要补充证据的，应当书面要求监察机关补充证据，必要时也可以自行调查。监察机关或者公安机关补充证据的时间不计入人民检察院办案期限。人民检察院经审查，认为符合《刑事诉讼法》第298条第1款规定的条件的，应当作出提出没收违法所得申请的决定，并由有管辖权的中级人民法院的同级人民检察院提出申请。在审查监察机关移送的没收违法所得意见书的过程中，在逃的犯罪嫌疑人、被告人自动投案或者被抓获的，人民检察院应当终止审查，并将案卷退回监察机关处理。

人民检察院向人民法院提出没收违法所得的申请，应当制作没收违法所得申请书。没收违法所得申请书应当载明如下内容：（1）犯罪嫌疑人、被告人的基本情况；（2）案由及案件来源；（3）犯罪嫌疑人、被告人涉嫌犯罪的事实及相关证据材料；（4）犯罪嫌疑人、被告人逃匿、被通缉、脱逃、下落不明、死亡的情况；（5）申请没收的财产的种类、数量、价值、所在地以及已查封、扣押、冻结财产清单和相关法律手续；（6）申请没收的财产属于违法所得及其他涉案财产的相关事实及证据材料；（7）提出没收违法所得申请的理由和法律依据；（8）有无利害关系人以及利害关系人的姓名、身份、住址、联系方式；（9）其他应当载明的内容。上述材料需要翻译件的，人民检察院应当将翻译件随没收违法所得申请书一并移送人民法院。

（五）人民法院受理并裁定没收违法所得案件

人民检察院依法提交的没收违法所得申请，由人民法院依法受理，并在开庭审理之后作出裁定。没收违法所得的申请，由犯罪地或者犯罪嫌疑人、被告人居住地的中级人民法院组成合议庭进行审理。对人民检察院提出的没收违法所得申请，人民法院应当审查以下内容：（1）是否属于可以适用违法所得没收程序的案件范围；（2）是否属于本院管辖；（3）是否写明犯罪嫌疑人、被告人基本情况，以及涉嫌有关犯罪的情况，并附证据材料；（4）是否写明犯罪嫌疑人、被告人逃匿、被通缉、脱逃、下落不明、死亡等情况，并附证据材料；（5）是否列明违法所得及其他涉案财产的种类、数量、价值、所在地等，并附证据材料；（6）是否附有查封、扣押、冻结违法所得及其他涉案财产的清单和法律手续；（7）是否写明犯罪嫌疑人、被告人有无利害关系人，利害关系人的姓名、身份、住址、联系方式及其要求等情况；（8）是否写明申请没收的理由和法律依据；（9）其他依法需要审查的内容和材料。前述材料需要翻译件的，人民法院应当要求人民检察院一并移送。对于没收违法所得的申请，人民法院应当在30日以内审查完毕，并按下列情形分别处理：（1）属于没收违法所得申请受案范围和本院管辖，且材料齐全、有证据证明有犯罪事实的，应当受理；（2）不属于没收违法所得申请受案范围或者本院管辖的，应当退回人民检察院；（3）没收违法所得申请不符合“有证据证明有犯罪事实”标准要求的，应当通知人民检察院撤回申请；（4）材料不全的，应当通知人民检察院在7日以内补送，7日以内不能补送的，应当退回人民检察院。人民检察院尚未查封、扣押、冻结申请没收的财产或者查封、扣押、冻结期限即将届满，涉案财产有被隐匿、转移或者毁损、灭失危险的，人民法院可以查封、扣押、冻结申请没收的财产。

人民法院受理没收违法所得的申请后，应当在15日以内发布公告。公告应当载明以下内容：（1）案由、案件来源；（2）犯罪嫌疑人、被告人的基本情况；（3）犯罪嫌疑人、被告人涉嫌的犯罪事实；（4）犯罪嫌疑人、被告人逃匿、被通缉、脱逃、下落不明、死亡等情况；（5）申请没收的财产的种类、数量、价值、所在地等以及已查封、扣押、冻结财产的清单和法律手续；（6）申请没收的财产属于违法所得及其他涉案财产的相关事实；（7）申请没收的理由和法律依据；（8）利害关系人申请参加诉讼的期限、方式以及未按照该期限、方式申请参加诉讼可能承担的不利法律后果；（9）其他应当公告的情况。公告期为6个月，公告期间不适用中止、中断、延长的规定。公告应当在全国公开发行的报纸、信息网络媒体、最高人民法院的官方网站发布，并在人民法院公告栏发布。必要时，公告可以在犯罪地、犯罪嫌疑人、被告人居住地或者被申请没收财产所在地发布。犯罪嫌疑人、被告人的近亲属和其他利害关系人申请参加诉讼的，应当在公告期间内提出。犯罪嫌疑人、被告人的近亲属应当提供其与犯罪嫌疑人、被告人关系的证明材料，其他利害关系人应当提供证明其对违法所得及其他涉案财产主张权利的证据材料，利害关系人可以委托诉讼代理人参加诉讼。利害关系人在公告期满后申请参加诉讼，能够合理说明理由的，人民法院应当准许。

公告期满后，人民法院应当组成合议庭对申请没收违法所得的案件进行审理。利害关系人申请参加或者委托诉讼代理人参加诉讼的，应当开庭审理。没有利害关系人申请参加诉讼的，或者利害关系人及其诉讼代理人无正当理由拒不到庭的，可以不开庭审理。对申请没收违法所得的案件，人民法院审理后，应当按照下列情形分别处理：（1）申请没收的财产属于违法所得及其他涉案财产的，除依法返还被害人的之外，应当裁定没收；（2）不符合《刑事诉讼法》第 298 条第 1 款规定的条件的，应当裁定驳回申请，解除查封、扣押、冻结措施。申请没收的财产有高度可能属于违法所得及其他涉案财产的，应当认定为申请没收的财产“属于违法所得及其他涉案财产”。巨额财产来源不明犯罪案件中，没有利害关系人对违法所得及其他涉案财产主张权利，或者利害关系人对违法所得及其他涉案财产虽然主张权利但提供的证据没有达到相应证明标准的，应当视为申请没收的财产“属于违法所得及其他涉案财产”。对没收违法所得或者驳回申请的裁定，犯罪嫌疑人、被告人的近亲属和其他利害关系人或者人民检察院可以在 5 日以内提出上诉、抗诉。

在审理申请没收违法所得的案件过程中，在逃的犯罪嫌疑人、被告人到案的，人民法院应当裁定终止审理，并将案件退回人民检察院。人民检察院可以将案卷材料继续退回监察机关，由监察机关在被调查人在案的情况下对案件进行重新调查或者补充调查。人民检察院向原受理申请的人民法院提起公诉的，可以由同一审判组织审理。没收违法所得裁定生效后，犯罪嫌疑人、被告人到案并对没收裁定提出异议，人民检察院向原作出裁定的人民法院提起公诉的，可以由同一审判组织审理。人民法院经审理，应当按照下列情形分别处理：（1）原裁定正确的，予以维持，不再对涉案财产作出判决；（2）原裁定确有错误的，应当撤销原裁定，并在判决中对有关涉案财产一并作出处理。人民法院生效的没收裁定确有错误的，除上述规定的情形外，应当依照审判监督程序予以纠正。

此处需要注意的是，人民法院受理违法所得没收申请和作出没收违法所得裁定，适用的是两种不同的证明标准。前者是“有证据证明有犯罪事实”，后者是“申请没收的财产具有高度可能属于违法所得及其他涉案财产的”，即高度盖然性标准。由于犯罪嫌疑人、被告人逃匿或者死亡的情况下案件证据收集的难度远远大于普通刑事案件，且违法所得没收仅涉及财产问题，不涉及刑事责任问题，故这两项证明标准显著低于移送审查起诉、提起公诉和判决有罪的“案件事实清楚，证据确实、充分”标准。① 其中，前者即“有证据证明有犯罪事实”与我国刑事诉讼中适用逮捕的证据条件相一致，是指现有证据能够证明犯罪嫌疑人、被告人有罪，但证据无须证明所有的犯罪情节，仅需证明基础犯罪构成事实即可；据以证明犯罪事实的证据相对充足即可，但无须充分。② 相比之下，后者的高度盖然性标准比前者要求稍微严一些，它被广泛适用于民事诉讼领域。所谓高度盖然性标准，是指从现有的证据看，申请没收的财产属于违法所得及其他涉案财产类型的可能性远高于申请没收的财产不属于违法所得及其他涉案财产类型的可能性。③

三、推进违法所得没收程序兼容对接的具体建议

随着有关司法解释的出台和监察实践的不断推进，职务犯罪案件适用违法所得没收程序的比例呈现日益增长的趋势。不过，由于立法语言的抽象性以及实践经验的匮乏，监察机关与人民检察院、人民法院之间如何建立起更加顺畅的兼容衔接机制，仍然是值得思考的问题。推进违法所得没收程序的兼容对接，首先是要进一步明确适用这一程序的前提条件，统一《监察法》与《刑事诉讼法》的相关规定；其次是要加强监察机关与司法机关，尤其是与人民检察院的沟通协调，弥合程序缝隙。

（一）落实适用条件的兼容性

第一，统一两部法律关于适用违法所得没收程序的职务犯罪案件类型的规定。根据现有规定，“贪污贿赂”和“失职渎职”类犯罪案件都能适用这一程序。但是《刑事诉讼法》对此类案件加了“重大”的程度限定，而《监

---

① 参见张吉喜：《违法所得没收程序适用中的相关问题研究》，载《现代法学》2019 年第 1 期。

② 参见孙谦：《司法改革背景下逮捕的若干问题研究》，载《中国法学》2017 年第 3 期。

③ 参见毛兴勤：《构建证明标准的背景与思路：以违法所得没收程序为中心》，载《法学论坛》2013 年第 2 期。

察法》并未作此限制。对此，笔者认为，解决问题的方法在于增加规定，只要是监察机关提请申请违法所得没收程序的案件，都属于《刑事诉讼法》中所谓的“重大”案件。正如前文所示，违法所得没收程序在我国当前的适用率并不高。而扩大适用范围的有效路径之一就是减少这一程序适用的限制条件。目前，《刑事诉讼法》在短期内不可能重新修正，但“重大”这一用语是相对抽象的，留下了后续解释的空间。将监察机关提请申请违法所得没收的案件都列入“重大”的范畴，能在一定程度上减少对职务犯罪案件适用这一程序的限制，有助于提升程序适用率。

第二，对标《刑事诉讼法》及其司法解释，明确《监察法》中“逃匿”“通缉”“违法所得”等专门术语的内涵。《监察法》尚未出台配套解释性文件，而《监察法》本身对违法所得没收程序的规定是极其简略的，仅有第48条这一个法条，因此很难对这个制度涉及的几个概念予以清晰界定。更遗憾的是，国家监察委员会于2021年最新出台的《监察法实施条例》，对违法所得没收程序的规定也非常简略，亦未弥补上述空缺。未来，监察机关应继续出台相应解释性文件，借鉴刑事司法领域关于违法所得没收程序的司法解释及程序性规定，对上述概念予以明确。“逃匿”既包括狭义的逃匿情形，即被调查人为逃避追究而潜逃、隐匿，或者在监察调查过程中脱逃的，又包括失踪的情形，即被调查人因意外事故下落不明满二年，或者因意外事故下落不明，经有关机关证明其不可能生存的情形。“通缉”既包括监察机关委托公安机关在境内发布通缉令，又包括国家监察委员会委托公安部通过国际刑警组织发布红色国际通报。“违法所得”，是指被调查人通过实施犯罪直接或间接产生、获得的任何财产，违法所得全部转变、转化为其他财产的，转变、转化后的财产也应当视为违法所得。

（二）实现程序对接的顺畅化

第一，制定监察机关提请启动违法所得没收程序的证明标准。《监察法》虽然规定，对于被调查人逃匿或者死亡的职务犯罪案件，监察机关可以继续调查并作出结论，但是并未明确“作出结论”应当达到的证明标准，即达到什么样的证明标准，监察机关可以提请人民检察院依照法定程序，向人民法院提出没收违法所得申请。而根据《刑事诉讼法》及其司法解释的规定，刑事诉讼程序中的违法所得没收程序，其证明标准随着程序环节的推进而有所变化。人民法院受理违法所得没收案件时，采取的是“有证据证明有犯罪事实”；人民法院作出没收违法所得及其他涉案财产的裁定时，采取的则是高度盖然性标准。笔者建议，《监察法》也应参照这种逻辑，在监察调查阶段根据所针对事项的不同，构建二元化的提请申请违法所得没收程序证明标准。监察机关对于被调查人逃匿、死亡的案件，应当参照《刑事诉讼法》有关司法解释的相关规定，构建二元化的证明标准体系。即在犯罪事实方面，案件仅需达到“有证据证明有犯罪事实”即可；在违法所得及其涉案财物方面，监察机关则需证明提请申请没收的财产很可能属于违法所得或者其他涉案财产类型，采取高度盖然性标准。

第二，强化监察机关与人民检察院之间的程序流转机制。根据现有规定，监察机关决定提请启动违法所得没收程序的，应当向人民检察院提出没收违法所得意见书。人民检察院对案件进行受理，应当对没收违法所得意见书予以审查，并作出是否提出没收违法所得申请的决定。然而，监察机关与人民检察院之间除了上述程序的正向流动关系之外，还可能出现程序的反向回转关系。所谓的反向回转，包括以下两种类型：（1）人民检察院经审查，认为案件需要补充证据的，应当书面要求监察机关补充证据；（2）人民检察院在审查违法所得意见书过程中，在逃的犯罪嫌疑人、被告人自动投案或者被抓获的，人民检察院应当终止审查，并将案卷退回监察机关处理；人民法院在审理没收违法所得案件过程中，在逃的犯罪嫌疑人、被告人到案的，人民法院应当裁定终止审理，并将案件退回人民检察院，人民检察院可能需要再次将案件退回监察机关处理。无论是程序的正向流动还是反向回转，都要求监察机关与人民检察院之间加强沟通和协调，及时向对方汇报案件进展情况，必要时请求对方予以协助或者补充证据材料。只有形成良性互动关系，违法所得没收程序才能在二机关之间正常运转，实现对反腐败赃款赃物的顺利追缴没收。

第六章

监察证据与刑事证据的转化适用

作为调查处置职务违法犯罪行为的程序之一，监察程序中也必然涉及证据问题。监察证据，是指监察机关运用监察措施获取的能够证明案件事实的材料。如果将监察程序当成国家监察体制的骨架，那么监察证据即是国家监察体制的血肉。没有证据，案件实体事实无法呈现，程序机制无法运转，国家监察体制也将沦为一句空话。因此，重视证据，是推进国家监察体制顺利落实、加强反腐败工作的必然要求。

监察证据可能仅在监察程序中发挥作用，也可能在监察程序结束之后，继续适用于其他程序中。监察机关在监察调查终结之后，对于有职务违法行为但情节较轻的公职人员，可以按照管理权限，进行谈话提醒、批评教育、责令检查，或者予以诫勉；对职务违法的公职人员依照法定程序作出警告、记过、记大过、降级、撤职、开除等政务处分决定；对不履行或者不正确履行职责负有责任的领导人员，按照管理权限对其直接作出问责决定等。在上述情况下，案件在监察机关手中不仅已经有了最终结论，而且也作出了相应的处置，无须超越监察程序的范畴而要求其他机关根据其他程序继续予以处理。如此一来，监察证据自然只适用于监察程序中，不会出现与其他证据类型衔接转化的需求。但是，监察证据也可能在监察程序结束之后，继续适用于其他程序中，接受监察机关以外的机关、人员的审查。在上述情形中，监察机关除了自行作出相应处置之外，还可以委托有关机关、人员，或者建议有关机关作出相应处置。另外，对监察对象所在单位廉政建设和履行职责过程中存在的问题，监察机关应当依法提出监察建议。再者，当案件涉嫌职务犯罪，监察机关经调查认为犯罪事实清楚、证据确实、充分的，其也应当制作起诉意见书，连同案卷材料、证据一并移送人民检察院依法审查起诉、提起公诉。在这些情况下，案件已经超越了监察程序的界限，而进入其他部门的政务处分或者刑事诉讼程序中，相应的监察证据也必须随案移送，作为证明案件事实、作出有关处置的依据。本部分笔者研究的即是上述移送审查起诉情形下所涉及的证据转化适用问题。

在监察机关作出移送审查起诉决定之后，监察案件将进入刑事诉讼程序中，接受司法机关的审查。随案移送的监察证据也可能需要向刑事证据进行转化，作为证明犯罪嫌疑人、被告人有罪的依据。由于立法的疏漏和实践经验的不足，监察证据如何适用于刑事诉讼程序，是否受非法证据排除规则的约束，这些问题在办案实践中仍然疑惑重重。对此，下文将以《监察法》第33条为背景，结合《刑事诉讼法》及相关解释性文件的规定，研究监察证据在刑事诉讼程序中的转化适用，探讨监察证据适用非法证据排除规则的必要性与合理路径，以实现监察证据制度与刑事证据制度的有效衔接。

第一节　监察证据向刑事证据的转化

监察证据向刑事证据转化的主要法律依据并未出现在《刑事诉讼法》中，而是《监察法》第33条，尤其是其中的第1款。一般而言，在职务犯罪案件被移送审查起诉之后，这些案件实质上已经不再归属监察机关管辖，监察机关无权继续插手后续刑事诉讼程序。作为规范监察机关职能权限的基本法律依据，《监察法》也不应继续就案件移送审查起诉之后的程序机制作出规定，除非是退回补充调查，或者有其他需要监察机关协调配合的事项。然而，作为刑事诉讼程序的组成部分，监察证据在刑事诉讼程序中的转化运用问题却被规定在《监察法》中，有些不妥。[①] 由于该规定是从

① 参见张中：《论监察案件的证据标准——以刑事诉讼证据为参照》，载《比较法研究》2019年第1期。

监察程序的视角入手、以服务于监察机关办案为基本出发点，因而难免与刑事司法之间出现出入。这也为监察证据转化为刑事证据的困境埋下伏笔。如何解决监察证据立法中的各种问题，如何构建符合程序衔接实践需要的证据转化机制，是我国当前职务犯罪案件办理实践中面临的重要难题之一。

一、监察证据转化为刑事证据的立法难题

《监察法》第 33 条第 1 款规定："监察机关依照本法规定收集的物证、书证、证人证言、被调查人供述和辩解、视听资料、电子数据等证据材料，在刑事诉讼中可以作为证据使用。"该条规定明确赋予监察证据进入刑事诉讼程序的资格。但是，由于该条规定过于简略，且《刑事诉讼法》没有对应的配套规定，导致该条规定的内涵仍存在不少模糊之处，不仅在法理上无法自圆其说，也给办案实践带来困难。

（一）《监察法》第 33 条第 1 款未明确何为"作为证据使用"

我国《监察法》第 33 条第 1 款的规定，存在表意不清的问题。其规定几种重要的监察证据在刑事诉讼中"可以作为证据使用"，表面上看似乎并无歧义，但是深究我国刑事证据体系，此处仍然有一定的表意不清问题。[①]究竟上述规定所列监察证据是可以不经审查直接转化为刑事证据，还是应当经过特定审查机制或者符合特定要求，才能成为刑事证据，目前仍有一定争议。对此，学者们提出了不同的观点。有学者认为，监察证据可以未经审查直接转化为刑事证据。因为该规定实际上属于授权性条款，它赋予司法机关不再对监察证据另行收集固定的权力，司法机关只需直接对监察证据进行审查判断，并依据审查结果将其作为刑事诉讼程序中指控或定案的依据。[②] 另有学者对监察证据进入刑事诉讼作为证据使用的资格问题持保留态度。我国《刑事诉讼法》仅要求人民检察院对监察机关移送审查起诉的案件，依照

---

① 参见伍华军、陈浣莹：《我国监察委员会办理职务犯罪案件衔接问题研究》，载《江汉大学学报（社会科学版）》2019 年第 1 期。

② 参见陈卫东、聂友伦：《职务犯罪监察证据若干问题研究——以〈监察法〉第 33 条为中心》，载《中国人民大学学报》2018 年第 4 期。

《监察法》和《刑事诉讼法》的规定进行审查以决定是否提起公诉，但并未直接赋予监察证据以刑事证据资格。监察证据如果需要在刑事诉讼程序中作为证据使用，应当遵循《刑事诉讼法》的明确规定。[①]

笔者认为这两种观点都有一定道理。监察证据与刑事证据一样，都是用作案件事实的证明依据，它们从实体上看并无本质区别。监察案件移送审查起诉之后，如果司法机关还要对证据进行重新收集，无疑是对司法资源的浪费。我国曾经在2012年《刑事诉讼法》中增设行政证据与刑事证据的转化规定，即“行政机关在行政执法和查办案件过程中收集的物证、书证、视听资料、电子数据等证据材料，在刑事诉讼中可以作为证据使用”。这一规定，特别是“在刑事诉讼中可以作为证据使用”这一表达，与《监察法》第33条第1款的规定如出一辙。根据全国人民代表大会常务委员会法制工作委员会的权威释义，这里所谓的“在刑事诉讼中可以作为证据使用”是指“证据具有进入刑事诉讼的资格，不需要刑事侦查就按再次履行取证手续”。[②] 同理，监察证据进入刑事诉讼程序之后，有关部门也无须再次取证，以节省司法资源，形成监察与刑事诉讼的有效衔接。但是，监察证据进入刑事诉讼程序之后也不应理所当然地获得刑事证据的所有能力和资格。再参考前述行政证据与刑事证据转化的规定，全国人民代表大会常务委员会法制工作委员会的权威释义也认为，“这些证据能否作为定案的根据，还需要根据本法的其他规定由侦查、检察、审判机关进行审查判断。经审查如果属于应当排除的或者不真实的，不能作为定案的根据”。[③] 同理，监察证据与刑事证据的取证手段有所不同、产生的法律依据有所不同，这决定了监察证据在移送司法机关之后，仍应接受必要的审查，符合特定的要求。为了更清晰地展示监察证据向刑事证据转化的基本规则，笔者将从如下两个视角进行详细解剖。

---

① 参见程相鹏：《监察调查与审查起诉程序之衔接》，载《中国检察官》2019年第23期。

② 参见全国人民代表大会常务委员会法制工作委员会刑法室编著：《〈中华人民共和国刑事诉讼法〉释义及实用指南》，中国民主法制出版社2012年版，第133页。

③ 参见全国人民代表大会常务委员会法制工作委员会刑法室编著：《〈中华人民共和国刑事诉讼法〉释义及实用指南》，中国民主法制出版社2012年版，第133页。

1. 基于刑事证据“材料说”的视角

在我国，刑事证据的内涵和属性随着《刑事诉讼法》的修正和刑事司法实践的推进，曾发生过变化。在1979年《刑事诉讼法》和1996年《刑事诉讼法》中，我国采取的是“事实说”，即“证明案件真实情况的一切事实，都是证据”。根据这一界定，证据与其所内含的事实内容相等同。这一界定存在逻辑上的缺陷，其未区分主观性事实和客观性事实，混淆了证据与定案证据的区别，还忽略了证据的外在载体和取证程序等。[①] 正因如此，我国在2012年修正《刑事诉讼法》时，将“事实说”转变为“材料说”，认为“可以用于证明案件事实的材料，都是证据”。相对于“事实说”而言，“材料说”主张无论是尚未进入办案人员主观视野且尚未为办案人员所收集的客观性事实，还是已经为办案人员所收集且记录于特定载体的主观性事实，都属于证据所包含的实体内容；它认为未经查证属实的证据，不属于定案根据；它还认为证据不仅包含实体层面的事实内容，还包含事实的外在载体形态和证据的取证程序等。也就是说，“材料说”大大丰富了证据的内涵，克服了上述“事实说”的缺陷，从而成为我国当前刑事证据概念的通说。这一界定也被《监察法实施条例》所吸收。根据《监察法实施条例》第59条第1款的规定，“可以用于证明案件事实的材料都是证据”，表述上几乎与《刑事诉讼法》关于刑事证据的规定如出一辙。可见，监察证据在概念内涵上也遵循“材料说”的基本逻辑。

根据“材料说”对证据概念的界定，如果监察证据可以在刑事诉讼程序中“作为证据使用”，那么就意味着我国刑事诉讼程序天然地承认监察证据具有刑事证据所具有的“事实因素”和“材料因素”。也就是说，一方面，监察证据能够证明刑事犯罪事实，与事实之间存在一定的关联性；另一方面，监察证据具有刑事证据的外在形式，并应当遵循刑事诉讼的取证程序。然而，仔细分析这两项结论，会发现这其中存在一些问题。

第一，监察证据是监察机关在监察调查过程中收集的材料，其作为职务犯罪案件的基本依据，其中可能蕴含着被调查人涉嫌犯罪的事实，可能与被

---

① 参见陈瑞华：《证据的概念与法定种类》，载《法律适用》2012年第1期。

调查人所实施的犯罪行为存在关联性。但是需要注意的是，监察机关并非专门的职务犯罪调查部门，其还承担着对职务违法行为的监督调查职责。并且在实践中，在监察机关实施监察调查行为的初期，不会就调查对象的性质进行明确区分。具体而言，在监察程序中，立案是监察调查的门槛，一旦办理了立案手续，监察调查程序就正式启动了。然而，根据《监察法》第39条第1款的规定："经过初步核实，对监察对象涉嫌职务违法犯罪，需要追究法律责任的，监察机关应当按照规定的权限和程序办理立案手续。"这意味着，无论监察对象实施的是职务违法行为还是职务犯罪行为，也不管监察对象应被追究的是刑事责任还是其他法律责任，监察机关都应当对其进行立案调查。只有在监察调查终结、进入处置环节时，监察机关才会对案件的性质作出结论。根据《监察法》第45条的规定，如果被调查人涉嫌的仅为职务违法行为，那么监察机关可能作出谈话提醒、批评教育等措施，对其处以政务处分，或者作出问责决定和问责建议。只有当案件涉嫌职务犯罪，且只有在犯罪事实清楚、证据确实、充分时，监察机关才会将其移送审查起诉。正因如此，监察证据作为监察调查的产物，其成分可能相对复杂多样。对于移送审查起诉的案件中所携带的证据，它们可能仅蕴含职务犯罪事实，也可能既蕴含职务犯罪事实，又蕴含职务违法事实。而刑事证据一般仅证明刑事犯罪事实。从这个层面看，监察证据不一定就是刑事证据，或者说即便其蕴含了一定的职务犯罪事实，只要其中还有其他职务违法事实的成分，其也不是一种纯粹的刑事证据。

第二，从证据形式上看，监察证据与刑事证据也并非完全等同。根据《刑事诉讼法》第50条的规定，刑事证据包括八大种类十二个小类别，分别为物证，书证，证人证言，被害人陈述，犯罪嫌疑人、被告人供述和辩解，鉴定意见，勘验、检查、辨认、侦查实验等笔录，视听资料和电子数据等。而相对而言，根据《监察法》第33条第1款的规定，监察证据仅包括物证、书证、证人证言、被调查人供述和辩解、视听资料、电子数据等类别，种类显然少于上述刑事证据。不过，上述法条在列举了六种证据种类之后，用一个"等"字连接后文。从立法语言角度看，法律规定中的"等"字有"等外等"和"等内等"之分。前者是指列举未尽，后者是指列举后煞尾。

究竟此处是意指立法者未能穷尽监察证据种类的列举，还是指监察证据仅限于明确规定的六种类型，目前并未有权威解释。即便此处的“等”是“等外等”，也是意味着监察证据不限于明确规定的六种类型。正因如此，《监察法实施条例》第59条补充了《监察法》第33条的规定，承认了被害人陈述，鉴定意见和勘验检查、辨认、调查实验等笔录的监察证据地位。[①] 尽管如此，个别证据种类在外在形式方面与刑事证据仍有所区别。例如，“犯罪嫌疑人、被告人供述和辩解”与“被调查人陈述、供述和辩解”，“侦查实验笔录”与“调查实验笔录”等，这两组证据可否直接等同，仍是值得斟酌的问题。

第三，从取证手段和程序角度看，监察证据与刑事证据也有一定差别。在《刑事诉讼法》中，刑事证据的取证手段主要规定在“侦查”这一章中。一般而言，刑事侦查机关可以通过讯问、询问、勘验、检查、搜查、查封、扣押、鉴定、技术侦查、通缉等多种对人对物实施的强制手段实现证据的收集与固定。《刑事诉讼法》还对上述各个措施应当遵循的基本要求和程序机制做了详细规定。除此之外，《刑事诉讼法》的“证据”这一章也通过设置证据规则的形式明确有关部门获取证据时应当遵循的基本要求。其他章节，如“辩护与代理”等章节也在某种程度上涉及了取证要求。总之，我国《刑

① 关于这几类证据能否被纳入监察证据范畴的问题，在《监察法实施条例》出台之前，是存在一定争议的。就被害人陈述而言，有学者认为职务犯罪侵害的多是国家、集体或者不特定人群的利益，通常不存在具体的被害人，故此类案件中没有必要设定被害人陈述这一证据类型。参见徐汉明、李少波：《〈监察法〉与〈刑事诉讼法〉实施衔接路径探究》，载《法学杂志》2019年第5期。笔者不认可这一观点。在职务犯罪具体个案中，仍可能存在被害人这一主体。例如，在食品监管渎职案中，遭受重大食品安全事故或者损害的人即为被害人；在不解救被拐卖、绑架妇女、儿童犯罪案中，被绑架的妇女、儿童也可以被视为被害人。相应地，这些案件中往往都会存在被害人陈述这一证据类型。
鉴定意见，以及勘验、检查、辨认、调查实验笔录等这几类证据的情况则有所不同。有学者认为，《监察法》未明确列出这几种证据类型，说明它们并不属于法定的监察证据范畴。对此，笔者认为，就鉴定意见和勘验、检查笔录而言，《监察法》第26条和第27条明确规定，监察机关在调查过程中可以指派、聘请具有专门知识的人进行鉴定，出具鉴定意见；监察机关还可以进行勘验检查，并制作笔录。可见，这两类证据类型也存在于监察调查实践中。同样的道理，辨认措施和侦查实验并未明确规定在《监察法》中。不过，《监察法实施条例》对此进行了补充规定，其第140条规定“为查明案情，在必要的时候，经审批可以依法进行调查实验……”；第141条规定“调查人员在必要时，可以依法让被害人、证人和被调查人对与违法犯罪有关的物品、文件、尸体或者场所进行辨认；也可以让被害人、证人对被调查人进行辨认，或者让被调查人对涉案人员进行辨认……”，明确赋予了监察调查人员进行调查实验和辨认的权力。因此，辨认、调查实验等笔录也理应属于监察证据的范畴。

事诉讼法》已经形成了相对完善的刑事证据取证程序体系。相对而言，《监察法》具有综合立法的属性，它在规定监察监督、调查、处置程序之外，还需兼顾监察机关的职责权限等组织规定方面的内容。监察证据的取证手段与取证规则集中规定在第四章“监察权限”和第五章“监察程序”中。与《刑事诉讼法》相比，内容上有不少重合之处，但是由于监察机关反腐败工作的特殊性以及法条篇幅的相对有限性，监察取证手段程序与刑事取证手段程序之间仍有不少差异。

一方面，监察调查措施的种类与刑事侦查措施的种类不尽相同。监察调查中可以使用谈话措施，而刑事侦查过程中并不存在这一措施种类。此外，刑事侦查中有技术侦查措施，监察程序中也有所谓技术调查措施，但二者能否等同，仍有待研讨。

另一方面，监察调查措施的适用要求与刑事侦查措施的适用要求也有所区别。以录音录像制度为例。监察机关在进行讯问以及搜查、查封、扣押等重要取证工作时，应当全程进行录音录像，留存备查。刑事侦查程序中也有录音录像制度，但适用范围有所不同。侦查人员在讯问犯罪嫌疑人的时候，可以对讯问过程进行录音或者录像，但并非所有案件都需要这么做，只有对于可能判处无期徒刑、死刑的案件或者其他重大犯罪案件，法律才强制性地要求侦查机关对讯问过程进行录音录像。而侦查机关在开展搜查、查封、扣押等取证活动时，也无须进行强制性的录音录像，只有因客观原因无法由符合条件的人员担任见证人时，才应当对上述活动进行全程录音录像。再以律师辩护为例。在刑事侦查程序中，犯罪嫌疑人自被侦查机关第一次讯问或者采取强制措施之日起，就有权委托律师作为辩护人，在符合条件的情况下，还有权接受法律援助律师的辩护服务。可见，在刑事诉讼取证程序的进行过程中，犯罪嫌疑人是有辩护律师为其提供服务、保障其合法权益的。但是，与之相比，我国《监察法》并未明确规定律师可否介入到监察程序中。实务工作中，监察机关进行监察调查活动一般是不允许律师参与的，被调查人无权聘请辩护人，律师也无法为被调查人提供法律帮助。结合上述论证，在取证手段和取证程序存在如此区别的前提下，要将监察证据直接套入刑事证据体系的框架中，似乎也并不现实。

2. 基于证据的合法性视角

证据的合法性问题也是刑事证据体系中讨论较多的话题。合法证据，又称为有证据能力的证据，是指其取证过程符合法律规定，已经过合法审查，被认为具备证据能力的证据。与此类证据相对的是非法证据和瑕疵证据。非法证据是我国《刑事诉讼法》明确规定应当通过特定程序予以排除的证据类型。而瑕疵证据是指虽然取证程序中存在某些不符合立法规定的情况，但是并不属于立法规定的非法证据排除程序的适用对象。① 从上述概念可知，证据的合法与否主要取决于取证程序的规范性。

如果将《监察法》第 33 条第 1 款“监察机关依照本法规定收集的……证据材料，在刑事诉讼中可以作为证据使用”的规定，理解成监察证据可以在刑事诉讼程序中作为合法证据使用，那么就等于承认监察证据在刑事诉讼程序中天然地具有合法性。这进而意味着，人民检察院、人民法院对于从监察机关手中接收的随案移送的监察证据，不仅无须重复取证，更无须进行合法性审查。而在传统的刑事司法实践中，情况却不是如此。人民检察院和人民法院应在刑事诉讼程序的多个环节对刑事证据的合法性予以仔细审查。首先，人民检察院应当在侦查、审查批准逮捕和审查起诉期间对取证手段的合法性进行监督。根据《人民检察院刑事诉讼规则》第 567 条的规定，人民检察院进行侦查监督的范围包括：（1）采取刑讯逼供以及其他非法方法收集犯罪嫌疑人供述的；（2）讯问犯罪嫌疑人依法应当录音或者录像而没有录音或者录像，或者未在法定羁押场所讯问犯罪嫌疑人的；（3）采用暴力、威胁以及非法限制人身自由等非法方法收集证人证言、被害人陈述，或者以暴力、威胁等方法阻止证人作证或者指使他人作伪证的；（4）伪造、隐匿、销毁、调换、私自涂改证据，或者帮助当事人毁灭、伪造证据的；（5）违反《刑事

① 参见陈瑞华：《论瑕疵证据补正规则》，载《法学家》2012 年第 2 期。我国《刑事诉讼法》早在 2012 年就设立了非法证据排除规则，但是这并不意味着所有刑事证据，只要存在非法取证情况，不管属于何种非法取证手段，不管非法程度的轻重如何，都会被依法排除。根据《刑事诉讼法》第 56 条的规定，采用刑讯逼供等非法方法收集的犯罪嫌疑人、被告人供述和采用暴力、威胁等非法方法收集的证人证言、被害人陈述，应当予以排除；收集物证、书证不符合法定程序，可能严重影响司法公正的，应当予以补正或者作出合理解释；不能补正或者作出合理解释的，对该证据应当予以排除。可见，只有在符合上述规定要求的情况下，才可能发生排除非法证据的情况。

诉讼法》关于讯问、询问、勘验、检查、搜查、鉴定、采取技术侦查措施等规定的；（6）对于案件无关的财物采取查封、扣押、冻结措施，或者应当解除查封、扣押、冻结而不解除的等。另外，根据《刑事诉讼法》第57条的规定，如果侦查机关存在上述以非法方法收集证据的情形的，人民检察院应当进行调查核实。对确有以非法方法收集证据的情形的，应当提出纠正意见；构成犯罪的，依法追究刑事责任。除此之外，根据《刑事诉讼法》第88条的规定，人民检察院在审查批准逮捕时，也应当就侦查活动是否存在重大违法行为的情况向犯罪嫌疑人进行讯问。根据《刑事诉讼法》第171条的规定，人民检察院在审查起诉的时候，也必须查明侦查活动是否合法。这都是证据合法性审查的体现。

其次，人民法院也在审判程序中承担着一定的证据合法性审查任务。非法证据排除程序即是人民法院承担这一任务的具体方式。根据《刑事诉讼法》第58~60条的规定，在法庭审理过程中，审判人员认为可能存在《刑事诉讼法》第56条规定的以非法方法收集证据的情形的，应当对证据收集的合法性进行法庭调查。经过法庭审理，对于确认或者不能排除存在《刑事诉讼法》第56条规定的以非法方法收集证据的情形的，对有关证据应当予以排除。

与之相比，监察证据在监察程序中相对缺乏必要的合法性审查。具体而言，监察程序具有较强的封闭性，其取证过程缺乏必要的外在制约。根据《监察法》第七章的规定，各级监察机关依法接受本级人民代表大会的监督，接受民主监督、社会监督和舆论监督。同时，监察机关也通过设立内部专门的监督机构等方式，加强对监察人员的监督。并且《监察法》第4条第2款还明确规定，监察机关办理职务违法和职务犯罪案件，应当与审判机关、人民检察院、执法部门互相配合、互相制约。从上述规定看，监察机关为自己设定了合法履行职责的种种保障机制。但是，上述监督、配合和制约都是以监察机关的独立办案为前提的。监察机关在进行个案或者具体监察对象的监督、调查和处置时，应保持地位的超然性、中立性和独立性，不受外界干扰。无论是人民代表大会代表、还是普通民众，抑或是公安司法机关，都不能在缺乏立法规定的前提下干涉监察机关独立办理案件的活动。[①] 而对于监察机关及其工作人员在调查取证过程中可能存在的违法行为，根据《监察法》第60条和第65条的规定，被调查人及其近亲属有权向该机关申诉，由受理申诉的监察机关作出处理决定，监察机关应当对负有责任的领导人员和直接责任人员依法作出处理决定。可见，监察机关主要通过自我监督的方式进行个案取证合法性的审查。这一机制能在一定程度上遏制监察人员非法取证的行为，但相对于外部监督审查而言，效果可能相对有限，容易出现部门内部相互纵容包庇的情况。

另外，从案件监察调查过程中的具体机制看，监察机关也是相对排斥外来制约的。以留置措施为例，其是监察程序中唯一直接限制被调查人人身自由的措施，与刑事强制措施，尤其是拘留、逮捕等羁押性强制措施有异曲同工之处。在刑事诉讼程序中，为了防止错捕、滥捕的情况发生，我国对限制犯罪嫌疑人、被告人人身自由时间较长的逮捕措施设置了决定权与执行权相分离的规定，即公安机关要求逮捕犯罪嫌疑人的时候，应当作出提请批准逮捕书，连同案卷材料、证据，一并移送同级人民检察院审查批准。人民检察院进行审查后，应当根据情况分别作出批准逮捕或者不批准逮捕的决定，并送公安机关执行。也就是说，有权决定采取逮捕措施的是人民检察院，有权执行逮捕措施的是公安机关。通过这种权力分离的做法，为刑事强制措施的规范适用多设置了一层保障，可以有效遏制逮捕措施的非法适用。但是，在监察程序中，对留置措施并未设置类似机制。根据《监察法》第22条的规定，对于符合留置条件的被调查人，经监察机关依法审批，即可采取留置措施。这里所谓的“依法审批”，根据《监督执法规定》第30条的规定，是指“依法需要对同级党委管理的干部采取留置措施的，应当召开专题会议集体研究决定，并报同级党委主要负责人审批。需要对同级党委管理的干部以外

① 不过，2021年6月，中共中央发布了《关于加强新时代检察机关法律监督工作的意见》，其中提到“落实检察机关与监察机关办理职务犯罪案件互相配合、互相制约原则，完善监察机关商请检察机关派员提前介入办理职务犯罪案件工作机制，以及检察机关退回补充调查和自行补充侦查机制”，似乎预示着人民检察院可以对监察机关办理案件的具体工作予以适当监督。不过检察监督监察是否具备法理正当性、检察监督监察的具体形式等问题，都有待继续研究探索。

的人员采取留置措施的，应当报监委主要负责人审批。省级监委采取留置措施，应当报国家监察委员会备案。设区的市级以下监委采取留置措施，应当报上一级监委批准”。也就是说，除了同级党委管理的干部需报同级党委主要负责人审批之外，基本上决定权与执行权都集中于监察机关内部，缺乏来自外部的制衡。① 除此之外，《监察法》未明确规定律师可否介入监察调查。从实践情况看，监察机关一般不允许律师为正在接受监察调查的被调查人提供法律帮助，这其实也是监察程序具有封闭性的体现。

总之，从监察程序的监督制约机制看，监察证据的收集固定过程缺乏必要的外在制约。在此前提下，如果监察证据进入刑事诉讼程序之后，仍无须接受人民检察院或者人民法院的合法性审查，那么其规范性水平就无法得到保障，极可能出现以违法证据证明案件事实的情况，不仅不利于被调查人权利的保障和监察程序的合法运行，也可能导致错案的出现。②

（二）《监察法》第33条第1款未区分证据类型

在国家监察体制改革之前，职务犯罪案件的办理经常也面临证据转化问题。当时，在案件进入刑事诉讼程序之前，党的纪律检查部门可能已经通过“双规”“双指”措施对涉案人员进行了初步调查，并收集了一些证据材料。纪检监察证据如何转化为刑事证据，也曾引发一些争议。这也是我国在2012年修正《刑事诉讼法》时，在第52条第2款新增行政证据与刑事证据相互转化规则的原因之一。根据2012年《刑事诉讼法》的配套司法解释之一《人民检察院刑事诉讼规则（试行）》（2012年）第64条第4款的规定，“根据法律、法规赋予的职责查处行政违法、违纪案件的组织”为该条规定的行政机关，明确了纪检监察证据也属于此处的“行政证据”，可以在刑事诉讼程序中作为证据使用。同时，该规定还对《刑事诉讼法》第52条第2款中行政证据转化为刑事证据的相关规则予以进一步明确：（1）对上述法条中所谓的“等证据材料”作了扩张性说明，不仅包括物证、书证、视听资料、电

① 参见韩旭：《监察委员会调查收集的证据材料在刑事诉讼中使用问题》，载《湖南科技大学学报（社会科学版）》2018年第2期。

② 参见刘昂：《〈监察法〉实施中的证据合法性问题研究》，载《证据科学》2018年第4期。

子数据等实物性证据，而且还包括鉴定意见、勘验、检查笔录等文书类证据，还包括涉案人员供述或者相关人员的证言、陈述等言词性证据。（2）限定了上述证据材料可以在刑事诉讼中作为证据使用的限制条件，即“经人民检察院审查符合法定要求”。除此之外，实物性证据还应当以行政机关的名义移送，言词性证据应当重新收集，除非有证据证实涉案人员或者相关人员因路途遥远、死亡、失踪或者丧失作证能力，无法重新收集，但供述、证言或者陈述的来源、收集程序合法，并有其他证据相印证的，经人民检察院审查符合法定要求的，才可以作为证据使用。总之，《刑事诉讼法》及相关司法解释在规定行政证据与刑事证据的转化规则时，区分了不同的证据类型并作出了不同的要求。①

然而，与上述规定不同的是，我国《监察法》第 33 条第 1 款却并未明确区分证据类别并作出不同的要求。从目前的立法规定看，《监察法》列举了物证、书证、证人证言、被调查人供述和辩解、视听资料、电子数据这几种证据材料。以证据的表现形式为标准，这几种证据可以区分为实物类证据和言词类证据。前者是以实物、文件等物质载体作为存在和表现形式的证据，包括物证、书证、视听资料、电子数据。后者是以人的陈述作为存在和表现形式的证据，包括证人证言、被调查人供述和辩解。这两种证据类型之间存在较大区别。然而，根据《监察法》的规定，无论是实物类监察证据，还是言词类监察证据，都可以在刑事诉讼中作为证据使用，司法机关都无须重复取证，这是不合理的。

① 《人民检察院刑事诉讼规则（试行）》（2012 年）第 64 条规定：“行政机关在行政执法和查办案件过程中收集的物证、书证、视听资料、电子数据等证据材料，应当以该机关的名义移送，经人民检察院审查符合法定要求的，可以作为证据使用。行政机关在行政执法和查办案件过程中收集的鉴定意见、勘验、检查笔录，经人民检察院审查符合法定要求的，可以作为证据使用。人民检察院办理直接受理立案侦查的案件，对于有关机关在行政执法和查办案件过程中收集的涉案人员供述或者相关人员的证言、陈述，应当重新收集；确有证据证实涉案人员或者相关人员因路途遥远、死亡、失踪或者丧失作证能力，无法重新收集，但供述、证言或者陈述的来源、收集程序合法，并有其他证据相印证，经人民检察院审查符合法定要求的，可以作为证据使用。根据法律、法规赋予的职责查处行政违法、违纪案件的组织属于本条规定的行政机关。”随着《刑事诉讼法》的第三次修正，我国于 2019 年对该司法解释进行重新修正，2019 年修正后的《人民检察院刑事诉讼规则》第 64 条将后两款予以删除。

由于载体和表现形式的不同，实物类证据和言词类证据在稳定性上存在较大区别。一般而言，以物品、文件为载体的实物类证据客观性较强，它较难受到取证主体、取证程序甚至取证环境的影响，即便是由不同机关根据不同的程序予以收集，只要取证程序具有一定的规范性，该证据材料的外在特征、存在状态、物质属性等以及其上所记载或者存储的内容也不会发生太大的变化。纵观《监察法》和《刑事诉讼法》的规定，无论是监察实物类证据还是刑事实物类证据，都是通过搜查、查封、扣押等措施收集的。甚至在很多情况下，由于监察机关缺乏必要的硬件设施和人力资源，它们往往会寻求公安机关的协助，甚至由公安机关代为落实上述措施。正因为取证方式的相对一致性，将实物类监察证据直接转化为刑事证据，并在经司法机关审查之后成为定罪量刑的依据，是相对合理的。但是，言词类证据的情况则有所不同。此类证据依赖人的思维意识，主观性极强。一旦交流主体发生变化、交流环境有所差异、交流手段有所区别，证据内容就可能随之而变。相较于刑事侦查，监察调查程序不仅服务于证据的收集和事实的查明，还在某种程度上带有一定的预防和教育目的。因而，监察调查人员进行讯问和询问的策略和方向与刑事侦查有一定区别。这意味着，监察调查所获得的言词类证据，无论是在内容上还是在形式上，都难免与在刑事诉讼程序中收集的言词类证据有所出入。再加上，监察调查程序中除了讯问和询问之外，还有谈话这种言词证据收集手段，而刑事侦查程序中并不存在谈话措施。在这种情况下，直接将言词类证据作为刑事证据使用，允许其拥有刑事证据资格，是有一定问题的。[①]

二、监察证据和刑事证据之间转化机制的构建方案

在国家监察体制改革之后，职务犯罪案件实际上必须经历监察调查和刑事诉讼两种性质完全不同的程序，才能获得最终的裁判。正因如此，要求监察证据畅通无阻地进入刑事诉讼程序，并顺利转化为刑事证据，基本上是不现实的。笔者认为，我国应当在刑事诉讼程序中，特别是在法法衔接的关键

① 参见高通：《监察程序中非法证据的法解释学分析》，载《证据科学》2018 年第 4 期。

性环节上，构建现实可行的监察证据转化机制，并通过司法解释等方法补充完善立法规定，如此才可化解上文所述难题。

（一）承认监察证据与刑事证据之本质差异

根据前文所述，基于监察调查程序与刑事诉讼程序之本质区别，监察证据与刑事证据之间也存在较大差异。一方面，证据形式并不完全对应。对比《刑事诉讼法》第 50 条第 1 款的规定和《监察法》第 33 条第 1 款、《监察法实施条例》第 59 条第 1 款的规定，虽然证据种类相对一致，但仍存在部分外在表现形式上不太相同的证据类型，例如，"犯罪嫌疑人、被告人供述和辩解"与"被调查人陈述、供述和辩解"，以及"侦查实验笔录"与"调查实验笔录"。另一方面，证据的取证主体和取证程序也并不一致。刑事证据一般情况下是由刑事侦查机关根据《刑事诉讼法》的规定，通过侦查措施、侦查程序取得的。但是，监察证据的取证主体是监察机关，其依据的是《监察法》，遵循的是监察调查程序。刑事侦查程序与监察调查程序虽然在基本功能、措施种类方面有一定的相似之处，但是二者的价值取向和程序机制也存在明显差异，不可将其混为一谈。总之，监察证据与刑事证据也应当是两种不同性质的证据类型。这是监察证据转化为刑事证据的基本前提。监察证据不能未经任何转化机制，即进入刑事诉讼程序作为刑事证据使用。

（二）明确监察证据进入刑事诉讼应适用的审查转化机制

对于《监察法》第 33 条第 1 款规定的"在刑事诉讼中可以作为证据使用"，目前相对没有争议的说法是公安司法机关无须重复进行取证工作。重复取证不仅浪费司法资源，而且可能导致某些重要证据信息的丢失。[①] 但是，这并不意味着监察证据可以直接取得刑事证据能力，并作为定罪量刑的依据。正如前文所述，监察调查程序本身的封闭性决定了其缺乏必要的外在制约，这使得监察证据难免存在一定的合法性风险。另外，某些监察证据除了蕴含职务犯罪信息之外，还可能蕴含职务违法或者违纪信息，而这些信息是无法在刑事诉讼程序中发挥作用的。再者，刑事证据体系中并不存在被调查人陈

---

① 参见谢登科：《监察证据在刑事诉讼中的使用——兼论〈监察法〉第 33 条的理解与适用》，载《中共中央党校学报》2018 年第 5 期。

述、供述和辩解，取而代之的是犯罪嫌疑人、被告人供述和辩解；刑事证据体系中也不存在调查实验笔录，取而代之的是侦查实验笔录。种种区别都意味着，将监察证据简单地嵌套入刑事诉讼框架内，是不可取的。正因如此，《监察法实施条例》第59条第3款规定："监察机关依照监察法和本条例规定收集的证据材料，经审查符合法定要求的，在刑事诉讼中可以作为证据使用。"此规定在《监察法》第33条第1款规定的基础上，增加了"经审查符合法定要求"这一表述。这表明，监察证据进入刑事诉讼程序，向刑事证据转化，是需要一定的审查转化机制的。

借鉴行政证据转化为刑事证据的相关经验，监察证据也只有在经司法机关审查符合法定要求的情况下，才可以作为刑事证据使用。具体而言，即由特定的司法机关对进入刑事诉讼程序的监察证据是否符合刑事证据在事实和材料方面的要求进行审查，确定其证据资格。在此基础上，再对其合法性进行审查，如果符合《刑事诉讼法》非法证据排除的相关规定，就应当依法予以排除。如果进入刑事诉讼的监察证据存在其他合法性瑕疵，那么也不宜作为定罪量刑的依据或者其证明力应当被显著降低。此外，有些监察证据不适合通过审查的方式获得刑事证据资格，或者经审查之后仍无法取得刑事证据资格，但它们对于案件事实的证明却又有着相对重要的作用。此时，相关司法机关应当适用特定的机制对其予以转化，使其符合刑事证据的基本要求。证据经审查转化之后，如果符合上述要求，那么就成为刑事证据。之后，这些原本源自监察程序的证据将遵循其他普通刑事证据共同遵循的规则，在证明案件事实和适用诉讼程序方面与普通刑事证据不再存在区别。

（三）赋予人民检察院审查转化监察证据的权力

职务犯罪案件进入刑事诉讼程序后，首先进入人民检察院的审查起诉环节。人民检察院既是我国的法律监督机关，又在刑事诉讼程序中承担着起诉职能。在审查起诉环节，人民检察院依法应当对案件进行审查，其中"证据是否确实、充分，是否依法收集，有无应当排除非法证据的情形"[①] 即是进行审查的关键性内容。这说明，审查证据是人民检察院的应然职责，要求其

---

① 参见《人民检察院刑事诉讼规则》第330条第6项。

负责监察证据的审查转化，并不违背其基本职责。实际上，在我国过去的刑事司法实践中，人民检察院即负有类似职责。国家监察体制改革之前，纪检监察证据一般被认为属于行政证据。根据立法规定，实物类的纪检监察证据以及鉴定意见、勘验、检查笔录等可以直接作为刑事证据使用，人民检察院无须重复取证，但是其前提是“经人民检察院审查符合法定要求”。也就是说，人民检察院也是纪检监察证据的审查主体。同为证明腐败违法犯罪的证据类型，监察证据是在刑事诉讼程序外取得的，由非司法机关适用非刑事诉讼程序所收集。由人民检察院承担审查职责，既符合我国刑事司法传统，又不悖于人民检察院的职能设定。近年来，最高人民检察院非常重视法律监督工作，这不仅体现在人民检察院监督手段的更新、监督效力的明确，更体现在人民检察院与其他部门的协调互动方面。而对监察证据进行审查转化，正是人民检察院与监察机关互相配合、互相制约，诉讼程序与监察程序贯通对接，《监察法》与《刑事诉讼法》衔接兼容的合理体现。

（四）合理设置监察证据的审查标准与转化机制

在我国过去的司法实践中，若要将行政证据转化为刑事证据，在刑事诉讼中作为证据使用，应当依法区分证据类型并分别处理。以行政机关名义移送的实物类证据以及鉴定意见、勘验、检查笔录等文书类证据，经人民检察院审查符合法定要求，可以直接作为证据使用。而言词类证据除非存在特殊情形，一般不能直接取得刑事证据资格，通常需要人民检察院进行重新取证。但是，《监察法》第 33 条第 1 款并未区分监察证据的类型，“一刀切”地规定监察证据可以直接作为刑事证据使用，并未考虑不同类型证据之间存在的差异性。对此笔者主张，人民检察院应当区分监察证据的类型，对不同类型的监察证据分别适用形式审查或者转化机制。

实物类证据的客观性和稳定性较强，较不容易受到取证程序、主体和环境的影响。并且，实物类证据并不具备重新取证的现实条件。物证或者书证被获取之后，是不可能为了满足取证程序的要求进行重复收集固定的，且此类证据强调原件或者原物的重要性，重新取证还可能导致原始证据的流失。因而，对于实物类证据而言，人民检察院进行简单的形式审查即可，审查的重点是证据的外在表现形式是否符合《刑事诉讼法》对刑事证据的基本要求。人民检察院应当根据此类证据的特点，审查其是否属于原物或者原件；如果不是原物或者原件的，那么应审查其照片、复制品、复印件等是否与原物和原件相符。人民检察院还应当审查实物类证据在收集、保管、移交等过程中是否出现损坏或者变化等。符合上述条件的实物类证据，人民检察院应当依法赋予其刑事证据资格，将其纳入案件证据材料范畴。但如果证据在外在形式上出现与刑事证据不相符合的地方，人民检察院应当商请监察机关进行补正和说明。

而言词类证据的情况则有所不同。由于监察调查程序与刑事侦查程序在基本功能定位方面有所不同，导致此类监察证据往往在形式上或者内容上与刑事证据存在一定差异。对此，人民检察院宜适用转化机制，将具有监察属性的言词类证据转化为具有诉讼属性的刑事证据，即根据《刑事诉讼法》关于取证程序的具体规定对言词类证据进行重新取证。不同于实物类证据，言词类证据一般不会因为取证次数的增加而导致证据材料的毁损或者流失。人民检察院重新进行讯问和询问工作，还有助于验证监察机关获取的言词类证据的可靠性。此外，正如前文所述，刑事诉讼程序中并不存在被调查人陈述、供述和辩解，取而代之的是犯罪嫌疑人、被告人供述和辩解。对犯罪嫌疑人重新进行讯问，有助于解决监察证据与刑事证据在形式上的差异性。不过，如果言词类证据存在实在无法重新取证的情况，如证人因为生病或者死亡无法重新接受询问等，那么人民检察院也可以不予重新取证，而可以通过审查的方式，将其转化为刑事证据。

除了上述证据类型之外，《监察法》第 33 条第 1 款并未穷尽所有的监察证据类型。根据《监察法实施条例》的要求，在监察办案实践中，还存在鉴定意见和勘验、检查笔录等文书类证据。这两类证据的共同点在于，它们都是由具有专门知识的人员作出。从节约司法资源的角度考虑，人民检察院无须重新进行取证，只需从证据外在形式和取证主体资质等规范性角度审查其是否符合刑事证据的要求，即审查相关监察调查措施是否依法进行，文书制作是否符合法律有关规定，调查人员和见证人是否签名或者盖章，笔录或者鉴定报告中是否详细记载了相关措施的采取方式和法定程序等。应注意的是，由于《监察法实施条例》关于调查实验的要求与《刑事诉讼法》及相关司法解释关于侦查实验的要求比较一致，因此按照侦查实验笔录的标准对调查实验笔录进行审查与转化，应无太大问题。

还需注意的是，即便经过人民检察院审查转化，监察证据已经取得刑事证据资格，可以在刑事诉讼中作为证据使用，但这并不等同于这些证据已经获得证据能力，属于合法的证据。无论是人民检察院还是人民法院，在随后的审查起诉、审查批准逮捕、审判程序中，都有权对证据的合法性予以审查。如果证据是通过非法方法收集的，人民检察院应当进行调查核实，对于确有以非法方法收集证据情形的，应当提出纠正意见；构成犯罪的，依法追究刑事责任。而人民法院则有权对证据收集的合法性进行法庭调查，经审理，确认或者不能排除存在《刑事诉讼法》第 56 条规定的以非法方法收集证据的情形的，对有关证据应当予以排除。除此之外，其他存在非法取证情况，但不符合证据排除情形的监察证据，也不宜作为定罪量刑的依据，或者必须有其他证据补强其证明力，方可证明案件事实。

第二节　监察证据适用非法证据排除规则

为了遏制非法取证行为、防止错案的发生并保障犯罪嫌疑人、被告人的合法权利，我国在刑事司法体系中设置了非法证据排除规则，规定对采取非法方法收集的某些证据，应当依法予以排除，不得作为定罪量刑的依据。非法证据排除规则在我国经历了一个不断发展的过程：1979 年和 1996 年《刑事诉讼法》均规定“严禁刑讯逼供和以威胁、引诱、欺骗以及其他非法的方法收集证据”。[①] 不过这一规定虽然明确反对以非法方法收集证据，但却未提出违反上述规定可能出现的后果，也无法从根本上解决办案实践中非法取证、侵犯权利的顽疾。为了回应上述问题，我国于 2010 年出台了“两个证据规

① 该规定分别出现在 1979 年《刑事诉讼法》第 32 条、1996 年《刑事诉讼法》第 43 条。另外，2012 年和 2018 年《刑事诉讼法》也继承了这一规定，分别出现在第 50 条和第 52 条。

定”，即最高人民法院、最高人民检察院、公安部、国家安全部、司法部印发的《关于办理刑事案件排除非法证据若干问题的规定》和《关于办理死刑案件审查判断证据若干问题的规定》，第一次以规范性文件的方式系统介绍了非法证据排除规则的程序内涵，为日后的法律修正奠定了基础。2012 年，我国进行第二次《刑事诉讼法》的修正工作，为了贯彻《刑事诉讼法》总则中所提到的“尊重与保障人权”原则，此次修法新增第 54 ~ 58 条，详细规定了非法证据排除规则的适用对象、适用阶段、适用主体、适用程序、证明机制等内容，从而以正式立法的形式确认了该证据规则的合法地位。在非法证据排除规则适用多年之后，实务人士普遍反映该规则存在启动难、排除难的问题。为了破解上述难题，并推进以审判为中心的刑事诉讼制度改革，我国再次以司法解释的形式对该规则适用过程中的具体要求予以细化，出台了包括《人民法院办理刑事案件排除非法证据规程（试行）》和由最高人民法院、最高人民检察院、公安部、国家安全部、司法部联合发布的《关于办理刑事案件严格排除非法证据若干问题的规定》（下文简称《严格排非规定》）等文件。2021 年，最高人民法院《关于适用〈中华人民共和国刑事诉讼法〉的解释》重新通过并颁布，将上述法律文件中的精华部分吸收。至此，我国刑事司法领域形成了以法典规定为根本，以司法解释为主体的非法证据排除规则体系。

非法证据排除规则对我国诉讼程序正当化建设具有跨时代的意义，它是我国在刑事司法领域摒弃“重实体、轻程序”“重证据真实性、轻证据合法性”等陈旧司法观念的标志，是凸显司法伦理合法性、提升中国司法的可识别性和标准化水平、从整体上提升司法品质的重要举措。国家监察体制改革的推行，尤其是《监察法》的出台，将过去推行党风廉政建设和反腐败斗争过程中形成的新理念、新举措、新经验以法律形式固定下来，成为反腐败在法治轨道上行稳致远的基本保障。监察机关应当在法治的框架内适用监督、调查和处置的职权，监察机关的案件办理过程也应严守法治底线，保护被调查人及其他涉案人员的合法权益。正是从上述理念出发，为了遏制非法监察行为的出现，《监察法》借鉴了《刑事诉讼法》的相关规定，在第 33 条第 3 款明确规定，“以非法方法收集的证据应当依法予以排除，不得作为案件处置的依据”，从而在监察程序中也确立了非法证据排除规则。

监察程序中的非法证据排除规则与刑事诉讼中的非法证据排除规则是一脉相承的，也是为了防止非法取证情况的发生。但是，囿于立法规定的简略性，这两种非法证据排除规则的适用对象、适用程序是否一致、有何区别，亟待研究。另外，《监察法》的相关规定仅约束尚处于监察程序中的非法证据。一旦监察证据进入刑事诉讼程序中，那么其应否同其他刑事证据一样，适用刑事诉讼程序中的非法证据排除规则；如果答案是肯定的话，那么对于司法机关又该如何审查排除非法监察证据等问题，立法规定均未对上述难题予以解答。对此，笔者将从如下两个层面研究监察证据适用非法证据排除规则的情况：（1）从监察程序内部着手，研究《监察法》第33条第3款的立法原意，并在此基础上将监察程序中的非法证据排除规则与刑事诉讼程序中的非法证据排除规则予以比较。（2）从程序衔接视角，结合上文论及的监察证据与刑事证据的审查转化机制，研究监察证据随案移送审查起诉之后，如何适用刑事诉讼程序中的非法证据排除规则。

一、监察证据适用非法证据排除规则的意义

监察证据适用非法证据排除规则，是法治精神在国家监察体制中的具体体现。法治要求权力的制衡。通过非法证据排除规则的适用，监察机关不仅能实现自我监督，还能借助外部力量实现权力制约。法治要求个案办理的公平正义。通过非法证据排除规则的适用，监察机关能够及时发现调查取证过程中的非法情形，并防止监察行为的非法性影响案件办理的最终结果。法治还要求权利的保障。通过非法证据排除规则的适用，监察机关会规范自身取证行为，确保被调查人及其他涉案人员的合法权益得到切实维护。总之，无论是在监察程序内，还是在移送刑事诉讼程序之后，监察证据都应适用非法证据排除规则，其重要意义主要体现在以下三个方面。

（一）防止权力滥用，实现程序监督

监察程序具有独立性、封闭性的特征，为了保障监察权力不被滥用、监察程序合法运行，监察证据应当受非法证据排除规则的约束。任何权力都可

能被滥用，监察权力也不例外。正如前文所述，监察程序奉行的是不公开调查原则，其运行呈现高度封闭性。这主要体现在三个方面：（1）监察机关依照法律规定独立行使监察权，不受行政机关、社会团体和个人的干涉；（2）作为唯一限制被调查人及其他涉案人员人身自由的监察措施，留置的适用基本上由监察机关自行决定、自主执行，缺乏来自外部的制约；（3）《监察法》未明确律师可否介入监察调查，所以实践中律师难以为被调查人提供法律帮助。不过，在监察机关内部，《监察法》为其设置了自我监督的机制。根据《监察法》第60条的规定，监察机关及其工作人员如有违反法律法规、侵害被调查人合法权益的行为，被调查人及其近亲属有权向该机关申诉，受理申诉的监察机关应当在受理申诉之后及时作出处理决定。但是，自我监督也有其局限性，如果监察机关内部出现相互包庇纵容的情况，自我监督就形同虚设。并且，通过处理调查人员的方式来实现监督效果，只能治标，不能治本，无法从根本上遏制其他调查人员在其他个案办理过程中进行非法取证的动机。总之，监察权力的作用范围广泛且高度集中，如果缺乏必要的制衡约束机制，监察权力就极有可能被滥用，甚至造成严重后果。

非法证据排除规则要求无论是在监察程序内部，还是在监察案件移送审查起诉之后，通过非法手段获取的证据都不能作为处置的依据。从外部视角看，它引入了包括人民检察院、人民法院在内的司法机关对其进行外部权力制衡。人民检察院和人民法院通过排除非法证据的方式，对监察程序合法性予以审查，并进一步实现了监察权与检察权、审判权之间的互相制约。从内部视角看，自我监督的制裁机制除了处理相关调查人员之外，还包括排除非法获取的证据，从而遏制了调查人员进行非法取证的动力。目前在监察系统内部，监察机关的监督检查、调查、案件审理、案件监督管理等部门，发现监察人员在办理案件过程中可能存在以非法方法收集证据情形的，应当进行调查核实，并对有关证据依法予以排除。另外，上级监察机关在接到下级监察机关调查人员采用非法方法收集证据的控告、举报的，既可以直接进行调查核实，也可以交由下级监察机关调查核实，并对有关证据依法予以排除。由此可见，在非法证据排除规则之下，监察机关自我监督的内涵得到极大的丰富，既可以在部门内部、部门与部门之间进行，也可以在上下级监察机关之间进行，有力地推进了不同权力主体之间的外部制约和内部制衡，实现对监察程序的有效监督。

（二）减少证据错误，防范冤假错案

监察调查与刑事侦查一样，都是通过证据的收集活动，实现对案件事实的查明。根据《监察法》的规定，监察机关应当严格依照法律的规定对职务违法犯罪案件进行监察调查，收集被调查人有无违法犯罪以及情节轻重的证据，并形成相互印证、完整稳定的证据锁链，以证明案件事实。但是在实践中，某些监察机关或者监察人员为了尽快解决案件，可能通过非法手段收集证据。非法取证虽然可能在一定程度上提高了办案效率，但是根据刑事司法的过往经验，此类证据非常容易出现证据证明内容方面的错误。而一个错误证据的存在，尤其是一个证明案件主要事实的错误证据的存在，不仅可能影响侦查机关的侦查方向，而且可能导致案件最终呈现的事实也是错误的。有关统计显示，刑讯逼供是导致刑事错案的主要原因，在有被告人虚假口供的案件中，94%的案件肯定或者可能存在刑讯逼供行为。[①] 我国近年来纠正的多起错案，如聂树斌案、呼格吉勒图案、浙江张氏叔侄案等，也都出现了刑讯逼供等非法取证问题，足以证明上述问题的严重性。同样的道理，在监察调查领域，包括刑讯逼供在内的非法调查行为，也可能导致错案的发生。

相较于刑事侦查，监察调查无论是在对象方面，还是在手段方面，都更为复杂。从调查对象的角度看，监察机关除了调查职务犯罪行为之外，还需调查职务违法行为。从调查手段角度看，监察机关除了实施讯问、询问、搜查、查封、扣押、冻结、勘验、鉴定等与刑事侦查行为相类似的措施之外，还有权实施谈话等主要运用于纪检监察工作中的措施。因此，如果因为非法调查导致证据出现错误，那么其所造成的后果也比较复杂。譬如，监察机关可能难以判断案件究竟是属于职务违法还是职务犯罪行为，究竟是通过谈话提醒、批评教育、责令检查或者予以诫勉等方式做简单处理，还是通过警告、记过、记大过、降级、撤职、开除等方式予以政务处分，抑或是将案件移送

---

① 参见何家弘：《亡者归来——刑事司法十大误区》，北京大学出版社2014年版，第52-53页。

审查起诉等。正因如此，将非法证据排除出去，不让其作为案件处置的依据，就显得尤为重要。另外，如果案件涉嫌刑事犯罪，应当被移送审查起诉，那么监察调查所产生的证据将成为后续刑事起诉、审判的基本依据。而刑事诉讼程序中的非法证据排除规则是对证据合法性的二次过滤，对准确证明案件事实也具有重大意义。监察程序内部的非法证据排除规则，因为属于自我监督的手段之一，所以在某些情况下可能无法充分发挥作用。如果证据在进入刑事诉讼程序之后，仍无法适用刑事诉讼程序中的非法证据排除规则，那么证据错误的可能性将大大增加，错案就无法有效防范了。

（三）规范取证行为，保障合法权益

非法证据排除规则作为一项典型的程序性制裁规则，旨在使非法收集的监察证据失去效力，促使监察机关形成严格的程序意识。一方面，在监察程序中适用非法证据排除规则，以否定监察机关的调查成果为手段，排除以刑讯逼供等非法方法获取的监察证据，从而起到震慑取证人员、规范取证行为、督促监察机关依法办案的作用，并避免因违法取证所导致的证据损耗和法治资源浪费。另外，在监察程序中运用非法证据排除规则，还能够从源头上杜绝非法监察证据进入刑事诉讼程序，在一定程度上提高诉讼效率、节约诉讼资源。另一方面，当监察案件依法移送审查起诉之后，在刑事诉讼程序中对监察证据适用非法证据排除规则，能对监察调查行为起到二次过滤的作用，并形成倒逼机制，促使监察机关在监察调查过程中严格遵守法律规定，维护被调查人合法权益，避免通过非法行为获取证据。

同时，非法证据排除规则还是一项权利保障手段。该制度在刑事司法领域产生之初，就是为了维护被追诉人依据《宪法》所享有的基本人身权利和财产权利。而监察程序同样具有上述价值追求。根据《监察法》第 5 条的规定，国家监察工作应当保障当事人的合法权益。可见，与刑事诉讼程序一样，监察机关在进行监察调查工作的时候，也应当注意保障被调查人及其他涉案人员的权利，不得以办理案件为借口侵犯公民、法人和其他组织的合法权益。为了落实这一价值，《监察法》设置了多项保障措施，包括第 41 条第 2 款规定的讯问、搜查、查封、扣押等重要取证工作应当全程录音录像，也包括第

25 条第 3 款规定的查封、扣押、冻结的财物与案件无关应当及时退还等。非法证据排除规则将通过非法手段获取的证据予以排除，不作为处置被调查人的依据，根本目的也是保障被调查人的合法权益，防止被调查人因非法调查行为而被侵犯合法权利。同时，由于监察程序相对排斥律师帮助和其他外来权力的制衡，为了进一步实现权利保障目的，监察证据在监察程序之外即刑事诉讼程序中也应当适用非法证据排除规则，通过程序制裁的方式促使监察机关合法履职。

二、监察程序视阈内的非法证据排除规则

根据《监察法》第 33 条第 3 款的规定，以非法方法收集的证据应当依法予以排除，不得作为案件处置的依据。该规定标志着非法证据排除规则在监察程序中的确立。监察程序中的非法证据排除规则，其精神内核承袭自刑事诉讼中的非法证据排除规则，旨在遏制监察调查权力的滥用，确保取证程序的合法性，并保障被调查人及其他相关人员的合法权益免受侵犯。解读这一制度，需要重点探索如下两个问题：一是何为非法监察证据，二是如何排除非法监察证据。由于立法规定过于简略，仅从《监察法》第 33 条第 3 款的规定无法直接得出明确具体的答案。对此，笔者将借鉴《刑事诉讼法》及其司法解释的相关规定，并结合国家监察体制的特殊之处，对监察证据的这一排除规则予以解析，并在此基础上将监察程序中的非法证据排除规则与刑事诉讼程序中的非法证据排除规则进行对比。

（一）非法监察证据的界定

何为《监察法》第 33 条第 3 款中的非法监察证据，即依法应当予以排除的非法证据是何形态，是在监察程序中实施非法证据排除规则的第一道门槛。而界定非法监察证据，需要注意两个问题：（1）何为“非法方法”，即何种非法取证手段属于非法证据排除规则所约束的对象；（2）非法证据的排除模式，即哪些非法证据应当依法予以排除。

1. “非法方法”的界定

根据《监察法》第 33 条第 3 款的规定，非法监察证据是指“以非法方

法收集的证据”。显而易见，此处的“非法方法”是指违反《监察法》职务犯罪调查相关规定所实施的证据收集行为。但是，具体包括哪些非法调查行为，立法却未予明确。根据《监察法》第33条第2款的规定，“监察机关在收集、固定、审查、运用证据时，应当与刑事审判关于证据的要求和标准相一致”，据此，监察案件在经监察调查之后可能被移送审查起诉，导致监察程序与刑事诉讼程序发生衔接关系，正因如此，为了使法法衔接更加顺畅，贯彻审判中心主义，监察程序应当向刑事诉讼程序看齐，以刑事审判关于证据的要求与标准来约束自己。此外，由于国家监察体制仍属于新生事物，各项规章制度尚不完善，尤其是证据领域的相关规定。当证据的收集、固定、审查、运用缺乏具体规定时，监察机关应当参见刑事司法的相关做法，填补制度空缺。非法证据排除规则也是如此。为了实现证据的合理衔接转化、落实《监察法》的规定，监察机关在适用非法证据排除规则时，应当借鉴《刑事诉讼法》及其司法解释的规定。

目前在监察实践中，采集言词证据时可能存在的相对严重的非法取证手段包括以下几种：(1)“暴力”，是指采用暴力方法，迫使相关人员遭受难以忍受的痛苦，而违背意愿作出供述、证言、陈述。此处的“暴力方法”应做广义理解，既应当包括上述的殴打、违法使用戒具等传统暴力手段，也应当包括变相肉刑，如电击、冻、饿、晒、烤等。这些行为的严重程度不亚于直接使用暴力，皆严重地损害了相关人员的身体健康权，甚至危及生命，因此也应被纳入非法取证手段的范畴。(2)“威胁”，即以将对本人及其近亲属施以暴力或者严重损害本人及其近亲属合法权益等其他方式，对被调查人进行胁迫，使其迫于压力或者恐惧而违背意愿作出供述。(3)“引诱”，即以非法利益交换作为借口，诱使被调查人违背意愿作出供述。(4)“欺骗”，即通过虚伪陈述使被调查人产生错误认知，从而违背意愿作出供述。(5)“非法限制人身自由”，即在缺乏正当法律依据的基础上，限制被调查人的人身自由，通过这一方式收集被调查人的供述。

根据《监察法实施条例》第65条第1款的规定，“对于调查人员采用暴力、威胁以及非法限制人身自由等非法方法收集的被调查人供述、证人证言、被害人陈述，应当依法予以排除”。可见，在上述手段中，通过“暴力”“威胁”以及“非法限制人身自由”这三种手段所获取的证据，理应排除。这与我国刑事司法中的相关规定是一致的，最高人民法院《关于适用〈中华人民共和国刑事诉讼法〉的解释》第123条规定：“采用下列非法方法收集的被告人供述，应当予以排除：（一）采用殴打、违法使用戒具等暴力方法或者变相肉刑的恶劣手段，使被告人遭受难以忍受的痛苦而违背意愿作出的供述；（二）采用以暴力或者严重损害本人及其近亲属合法权益等相威胁的方法，使被告人遭受难以忍受的痛苦而违背意愿作出的供述；（三）采用非法拘禁等非法限制人身自由的方法收集的被告人供述。”“暴力”手段直接伤害被调查人的身体健康权，严重的甚至可能危及生命。“威胁”手段可能导致监察调查演变成对被调查人的心理控制。将这两种手段纳入监察程序非法证据排除规则的“非法方法”范畴，并不存在争议。此外，在国家监察体制改革之前，我国纪检监察机关在查办案件时经常使用“双规”“双指”措施，这两种措施以限制人身自由为前提，在实践中经常出现被滥用、错用的情况，导致纪检监察工作的正当性、合法性备受质疑。鉴于上述历史教训，为了防止监察机关在职务犯罪监察调查中滥用、错用留置措施，或者采取其他方法非法限制被调查人人身自由以获取证据，“非法限制人身自由”也应被纳入“非法方法”范畴，作为排除非法监察证据的理由之一。

除此之外，针对物证、书证、视听资料、电子数据等典型的实物类证据，以及其他以调查人员为制作主体的鉴定意见、勘验检查笔录等，取证程序的不合法同样有可能导致证据被排除。在我国刑事诉讼程序中，物证、书证等实物类证据要适用非法证据排除规则，除了取证程序不符合法律规定之外，还必须达到严重影响司法公正的程度。实际上，以刑讯逼供、威胁、非法拘禁等为代表的非法的言词证据取证手段，也都属于侵权性较强、对司法公正影响较大的非法方法。此处要求非法实物证据取证手段应达到“严重影响司法公正”的程度，与上述对非法言词证据取证手段的限定是相适应的。相比之下，当前我国《监察法》并未对非法取证的程序作出限制。不过，《监察法实施条例》补充了这一缺漏，在第65条第3款规定：“收集物证、书证不符合法定程序，可能严重影响案件公正处理的，应当予以补正或者作出合理解释；不能补正或者作出合理解释的，对该证据应当予以排除。”该条规定采取了与《刑事诉讼法》基本一致的排除逻辑。而对于其他证据种类，无论是《刑事诉讼法》还是《监察法》，包括这两部法律的配套解释性文件，皆未将其纳入非法证据排除的范围。实际上，在司法实践与监察实践中，在视听资料、电子数据、鉴定意见、各类笔录等证据的取证过程中也可能存在非法取证的情况，一旦出现这种情况也可能严重危害犯罪嫌疑人、被告人、被调查人以及其他主体的合法权益。因此，笔者建议，未来相关立法应当补充规定，对于通过非法手段所获取的其他证据种类，一旦严重影响程序公正，或者严重侵害取证对象合法权益的，也应当予以排除。

2. 非法监察证据的排除模式

根据《监察法》第 33 条第 3 款的规定，一旦确认监察证据是以非法方法收集的，那么监察机关就“应当依法予以排除，不得作为案件处置的依据”。从法条字面意思上看，《监察法》使用“应当”一词，似乎意味着所有通过非法监察调查行为所获取的证据，都属于排除的范围，都不得作为办理案件的依据。易言之，监察程序中的非法证据排除规则采取的是不区分证据类型的“绝对排除”模式，这与我国《刑事诉讼法》的相关规定有所区别。

在刑事诉讼程序中，我国采取的是“证据二分法”。要求对于包括犯罪嫌疑人、被告人供述、证人证言和被害人陈述等非法言词证据，应当予以排除，即采取“绝对排除”原则；对于物证、书证等非法实物证据，则允许予以补正或者作出合理解释，只有在不能补正或者作出合理解释的情况下，才对证据进行排除，即采取“相对排除”原则。《刑事诉讼法》作此规定主要是考虑到不同的证据种类受到非法取证影响的程度有所不同。言词证据源自人的思维和语言，是非常不稳定的，很容易受到外在因素的影响。在司法实践中，遭受刑讯逼供、暴力、威胁等，往往是犯罪嫌疑人、被告人、证人、被害人改变主意、作出错误陈述的根本原因。① 因此，对于此类非法证据，宜采取绝对排除的做法，以防止错误的言词证据影响案件的定罪量刑。而实物类证据具有一定的客观性和稳定性，即便是通过非法程序收集得来，其内

① 参见林艺芳：《我国口供补强规则的困境与出路》，载《山东警察学院学报》2019 年第 2 期。

在属性和外在形态可能并不一定会受到影响，因此应当允许侦查人员对证据收集过程进行补正或者解释，从而提升证据的可靠性。对于此种排除模式，学术界存在一定的争议。有学者指出，根据证据的种类采取不同的排除模式，带有强烈的“追求事实真相的色彩”，司法机关实质上排除的不是“非法”证据，而是“虚假”的证据。适用此种排除模式，将架空我国非法证据排除规则关于遏制非法取证、保障合法权利的立法初衷，[①] 而解决问题的关键，在于改变证据排除的方向，司法机关处理证据排除问题时，应首先考虑的是证据的非法性以及其对犯罪嫌疑人、被告人权利的侵犯程度，在此基础上再衡量是否排除相关证据。

立法对非法监察证据采取严格排除的态度，符合我国《监察法》的整体立法逻辑。国家监察体制及其职务违法与职务犯罪调查程序，是深入开展反腐败工作、维护《宪法》和法律尊严的重要途径。鉴于其制度功能的特殊性，《监察法》对职务违法与职务犯罪调查程序的规定向来严于《刑事诉讼法》对刑事侦查程序的规定。[②] 例如，根据《刑事诉讼法》的规定，侦查人员在讯问犯罪嫌疑人的时候，并非一律需要对讯问过程进行录音录像，只有当犯罪嫌疑人涉嫌的是可能被判处无期徒刑、死刑的案件或者其他重大犯罪案件时，侦查人员才“应当”对讯问过程进行录音录像。另外，《刑事诉讼法》并未要求对其他侦查行为，如搜查、查封、扣押等进行录音录像。相比之下，《监察法》对监察调查时的录音录像采取了更为严格的态度，不仅强调了录音录像的强制性，而且扩张了录音录像制度的适用范围。根据该法规定，调查人员进行讯问以及搜查、查封、扣押等重要取证工作，应当对全过程进行录音录像，留存备查。基于相同逻辑，《监察法》在非法证据排除问题上同样设置了更为严格的规定，既未区分证据类型，也不允许进行补正或者解释，只要存在非法取证的情形，则一律排除。

但是，过于严格的排除模式极可能导致非法证据排除程序被架空，产生

---

① 参见陈卫东：《2012 刑事诉讼法修改条文理解与适用》，中国法制出版社 2012 年版，第 93－94 页。

② 参见顾永忠：《公职人员职务犯罪追诉程序的重大变革、创新与完善——以〈监察法〉和〈刑事诉讼法〉的有关规定为背景》，载《法治研究》2019 年第 1 期。

“过犹不及”的效果。监察人员一旦涉嫌违法，就不考虑实际情况“一刀切”地将证据予以排除，不仅将严重影响办案效率，而且可能无法发挥非法证据排除规则的预期效果。一方面，一些证明案件主要事实的关键性证据，可能因为取证行为存在瑕疵而被排除，使监察机关不得不重新取证，浪费了办案资源。而且，并非所有的证据都能够重新收集。言词性证据可以通过重新谈话、询问、讯问等方式再次获取，但实物性证据一旦被提取之后，就难以重复收集了。另一方面，过于严格的非法证据排除规则会轻易推翻监察机关、监察人员的监察调查工作，还可能导致相关监察机关和监察人员因为担心行为违法和证据排除而怠于行使职权，对国家反腐败工作造成影响。因此，我国有必要借鉴《刑事诉讼法》及相关司法解释的规定，对监察程序中的非法证据排除模式予以限定。

依据比例原则的要求，监察机关所采取的非法证据排除规则必须能够有助于实现上述限制权力、保障权利且维持程序正当性的目的；在能达到上述目的的前提下，应当选择对监察调查程序影响最小的方式；应当在适当权衡积极目的与消息影响关系的基础上，选择合适的排除范围和排除手段等。正是在此前提下，《监察法实施条例》第 65 条第 1 款明确规定：“对于调查人员采用暴力、威胁以及非法限制人身自由等非法方法收集的被调查人供述、证人证言、被害人陈述，应当依法予以排除。”该条第 3 款规定：“收集物证、书证不符合法定程序，可能严重影响案件公正处理的，应当予以补正或者作出合理解释；不能补正或者作出合理解释的，对该证据应当予以排除。”这里采取的是与《刑事诉讼法》完全一致的排除模式，即对于言词证据采取绝对排除态度，对实物证据采取相对排除态度。

（二）非法监察证据的排除程序

1. 排除主体

从立法规定的角度看，非法监察证据应当由监察机关自行予以排除。正如前文所述，在监察程序中适用非法证据排除规则，是监察机关进行自我监督的体现。“打铁还需自身硬。”监察机关是国家反腐败专责机关。其在对国家公职人员发挥监督功能时，也需注重自身权力的约束。对监察机关工作人员在履行职责过程中存在的违法甚至犯罪行为，监察机关不能视而不见。监察机关应当通过加强自我约束和监督机制的方式，实现权力运作的规范化，防止出现“灯下黑”的情况。① 根据《监察法》的规定，监察机关可以通过多种途径实现自我监督，如设立专行监督的内设机构、完善报告登记备案制度、加强调查回避制度、规范脱密期管理和从业限制制度、健全违法申诉制度等。除此之外，监察机关还可以通过程序制裁的方法，排除非法证据，遏制调查人员进行非法取证的意图，从而实现对非法取证行为的“釜底抽薪”。

不过，自我监督存在一定的局限性。体现在非法证据排除程序中，即是如果审查排除非法证据的主体与调查取证的主体完全一致，那么容易出现同一主体不同角色之间的利益冲突，导致排除程序流于形式。不同权力之间的相互制衡，是防止权力滥用的有效途径。在监察机关从整体上实现自我监督的基础上，其内部应当进行适当的权力划分与制约。监察机关应当明确区分调查取证的主体与审查排除非法证据的主体，确保监察人员不会既是“运动员”，又是“裁判员”。不过，根据《监察法实施条例》第 66 条第 1 款的规定：“监察机关监督检查、调查、案件审理、案件监督管理等部门发现监察人员在办理案件中，可能存在以非法方法收集证据情形的，应当依据职责进行调查核实……”该条第 3 款规定：“监察机关接到对下级监察机关调查人员采用非法方法收集证据的控告、举报，可以直接进行调查核实，也可以交由下级监察机关调查核实。交由下级监察机关调查核实的，下级监察机关应当及时将调查结果报告上级监察机关。”可见，在监察程序中进行非法证据排除，目前仅有的方法就是上下级监察机关之间的监督与被监督，还没有实现同一监察机关内部不同部门之间的分工与制约。对此，笔者建议，我国可以补充如下规定，即由监察机关内部的案件审理部门担任非法证据的审查排除主体，并规定参与过案件调查的人员不得在同一案件中承担审查排除非法证据的职责。案件审查部门自行发现调查人员在办案过程中可能存在以非法方法收集证据的情形的，或者接到被调查人或者其他人员关于调查人员采取

---

① 参见谢登科：《论监察环节的非法证据排除——以〈监察法〉第 33 条第 3 款为视角》，载《地方立法研究》2020 年第 1 期。

非法方法收集证据的控告或者举报的，应当依据职责调查核实，并在调查核实之后作出是否排除非法证据的决定。为了更好地履行非法证据的审查排除职能，案件审理部门的监察人员不仅可以在案件移送审理时进行非法证据的审查排除，而且可以提前介入职务犯罪调查程序，在监察调查过程中同步督查调查人员的行为，及时排除非法证据。

2. 启动机制

一旦监察证据是通过非法方法予以收集的，那么监察机关就应当启动非法证据排除程序，对这些以非法手段收集的证据予以排除。就非法监察证据排除程序的启动而言，首先需要解决的是启动模式问题。在我国刑事诉讼程序中，人民检察院和人民法院分别是审前和审判过程中的非法证据排除主体。当人民检察院发现存在非法取证情形，或者审判人员认为可能存在非法取证情形的，他们都有权依职权启动非法证据排除程序。除此之外，当事人及其辩护人、诉讼代理人也有权通过申请的方式，要求人民法院启动非法证据排除程序。也就是说，在刑事诉讼程序中，启动非法证据排除程序的主体有两种：一种是人民检察院、人民法院依职权启动；另一种是当事人等依申请启动。除此之外，《刑事诉讼法》还要求当事人及其辩护人、诉讼代理人申请排除以非法方法收集的证据的“应当提供相关线索或者材料”。一般认为，这是对当事人等启动非法证据排除程序的要求，但并不等于当事人必须承担排除非法证据的证明责任。在司法实践中，依职权启动非法证据排除程序并非常态，大多数情况下的当事人，特别是被告人及其辩护人的申请是启动该程序的主要动因。然而，由于各地司法机关对上述“相关线索或者材料”的标准把握不一致，导致当事人等申请启动非法证据排除程序存在现实困难，存在应当启动非法证据排除程序而没有启动的情况。①

我国《监察法》并未明确非法监察证据排除程序的启动模式。由于非法监察证据排除程序是监察机关自我监督的重要方式之一，因而由监察机关依职权主动适用该程序，应不成问题。另外，与刑事侦查类似，监察机关的职

① 参见陈光中、郭志媛：《非法证据排除规则实施若干问题研究——以实证调查为视角》，载《法学杂志》2014 年第 9 期。

务违法犯罪调查程序呈现一定的封闭性。监察机关有权独立进行监察调查活动，不受行政机关、社会团体和个人的干涉。在监察调查过程中，监察机关对被调查人及案件证据材料应当予以保密，不能随意对外公开。此外，监察程序中并不存在律师辩护制度，被调查人无权委托辩护律师，得到律师的法律帮助。信息的保密性以及外来介入主体的缺失，导致监察调查过程中是否存在非法取证情况，很难为外界所了解。正因如此，相较于刑事诉讼程序，在监察程序中启动非法证据排除程序可能更依赖监察机关的职权作用。

除此之外，被调查人及其他涉案人员也应享有一定的申请启动权。在大多数情况下，非法取证行为侵犯的是被调查人及其他涉案人员的合法权益。被调查人及其他涉案人员最了解非法取证的情况及其造成的严重后果。另外，监察证据是否被排除，与案件事实的调查结果密切相关，与被调查人的最终处置结果也有一定联系。作为直接利害关系人，被调查人理应有权申请启动非法证据排除程序，调查证据的合法性问题。

正因如此，《监察法实施条例》第 66 条第 1 款明确规定："监察机关监督检查、调查、案件审理、案件监督管理等部门发现监察人员在办理案件中，可能存在以非法方法收集证据情形的，应当依据职责进行调查核实。对于被调查人控告、举报调查人员采用非法方法收集证据，并提供涉嫌非法取证的人员、时间、地点、方式和内容等材料或者线索的，应当受理并进行审核……"可见，在监察程序中启动非法证据排除程序，既可以由监察人员依职权启动，也可以由被调查人以控告、举报的方式启动。

3. 排除效果

就非法监察证据的排除效果而言，根据《监察法》第 33 条第 3 款的规定，排除非法监察证据，将直接导致该证据"不得作为案件处置的依据"。另外，根据《监察法实施条例》第 66 条第 2 款的规定，经调查核实，确认或者不能排除以非法方法收集证据的，对有关证据依法予以排除，不得作为案件定性处置、移送审查起诉的依据。可见，上述《监察法》第 33 条第 3 款所谓的"不得作为案件处置的依据"主要是指"不得作为案件定性处置、移送审查起诉的依据"。这一立法模式与我国刑事诉讼程序中的审前非法证据排除程序有类似之处。一般情况下，典型的非法证据排除仅存在于审判程序中，目的在于防止非法证据影响裁判者的心证。但是，我国的情况比较特殊。根据《刑事诉讼法》及相关司法解释的规定，[①] 在侦查、审查起诉时发现有应当排除的证据的，应当依法予以排除；侦查机关对审查认定的非法证据，应当予以排除，不得作为提请批准逮捕、移送审查起诉的根据；在审查逮捕和审查起诉期间，人民检察院发现侦查人员以刑讯逼供等非法方法收集证据的，应当依法排除相关证据并提出纠正意见，同时不得作为批准或者决定逮捕、提起公诉的根据。[②] 可见，在我国，审前程序中也存在非法证据排除问题，其排除效果是非法证据不再作为特定诉讼阶段作出处理决定的依据。[③]

问题在于，依法被排除的非法证据能否被纳入案卷材料，并随之移送至下一个程序阶段。在我国刑事诉讼程序中，答案是模棱两可的。根据《严格排非规定》第 17 条第 3 款的规定，对于被排除的非法证据，人民检察院应当随案移送，并写明其为被依法排除的非法证据。[④] 但是，相关立法并未明确侦查机关应否将自行排除的非法证据随案移送至人民检察院。随案移送非法证据与不随案移送非法证据，两种做法皆有利有弊。前者能够解决实践中相关机关以非法取证为借口刻意隐瞒证据的问题，有助于律师全面查阅案卷，法官充分了解案件侦查情况。但是，随案移送非法证据也可能影响法官的心证，影响案件的正确定罪量刑，削弱非法证据排除的效果。反之，不随案移送非法证据，能够有效阻断非法证据对法官心证的影响，但也可能引发非法隐瞒证据的情况，影响律师阅卷和法官认定事实。

在监察程序中，排除非法监察证据，也同样涉及非法证据的移送问题。不过，由于监察程序具有特殊性，非法监察证据的移送显得尤为复杂，这涉及以下两个层面的问题：(1) 在案件调查结束之后，案件调查组应当形成调

---

① 这里所指的司法解释，主要是指《严格排非规定》《人民检察院刑事诉讼规则》和《公安机关办理刑事案件程序规定》等。

② 参见万春、吴孟栓、高翼飞：《〈关于办理刑事案件严格排除非法证据若干问题的规定〉理解与适用》，载《人民检察》2017 年第 14 期。

③ 参见陈卫东、聂友伦：《职务犯罪监察证据若干问题研究——以〈监察法〉第 33 条为中心》，载《中国人民大学学报》2018 年第 4 期。

④ 参见《严格排非规定》第 17 条第 3 款。

查报告，连同全部证据和其他材料等，依法移送审理。案件审理部门在受理案件之后，应当组成审理组，对案件进行集体审议并形成处理意见。那么，在监察调查程序中被确定为以非法手段收集的证据材料，应否随案移送至案件审理部门，为问题之一。（2）监察机关经调查认为犯罪事实清楚，证据确实、充分的，应当制作起诉意见书，连同案卷材料、证据一并移送人民检察院依法审查、提起公诉。此时，在监察程序中被依法排除的非法证据，应否随案移送给人民检察院，也是一个问题。《监察法实施条例》第 66 条第 2 款规定的“不得作为案件定性处置、移送审查起诉的依据”，是否意味着非法监察证据不能随案移送，似乎也并不明确。

对此，笔者主张，应借鉴刑事诉讼程序中的相关做法，无论是在监察机关内部调查部门与审理部门之间进行案件移送，还是在监察机关与人民检察院之间进行程序衔接时，非法监察证据都应当随案移送。原因如下：（1）调查人员可能以非法取证为借口，刻意隐瞒案件证据，导致案件审理人员或者人民检察院无法全面了解案件情况，作出准确判断。在案件移送审查起诉时，不移送非法证据，还可能阻碍律师全面查阅案卷，妨碍人民法院充分了解监察调查情况。（2）无论在监察程序中，还是在刑事诉讼程序中，非法监察证据实质上都很难影响后续审理、审查人员的心证。无论是监察机关内部的案件审理人员，还是人民检察院的检察官和人民法院的审判员，都是法律专业人士，他们承担着全面审查案件的任务，对于案件处理具有较为丰富的经验并拥有丰富的法律知识，不会轻易受非法证据的影响。非法证据的出现甚至能够提醒他们注意监察调查过程中可能存在的瑕疵，使他们对监察调查获取的证据和查明的事实采取更为谨慎的态度。①

总之，对于依法排除的非法监察证据，监察机关不能将其作为处置被调查人的依据，写入起诉意见书中。但是，监察机关应当随案移送上述证据，

① 需注意的是，某些职务犯罪案件可能有人民陪审员参与审判工作。一般而言，人民陪审员属于普通公民，不具备基本的法律业务素质，其心证容易受到非法证据的影响。不过，在我国现行人民陪审员制度中，人民陪审员需与专业的审判员共同讨论决定案件，且审判长应当履行指引、提示义务，就本案中涉及的事实认定、证据规则、法律规定等事项及应当注意的问题，向人民陪审员进行必要的解释和说明。因此，也无须过分担心非法证据对人民陪审员正确判断案件事实造成消极影响。

并在相关材料上写明其为依法排除的非法证据，从而避免对人民检察院的审查起诉，甚至对人民法院的审判活动产生误导。

三、监察与刑事诉讼衔接视野下的非法证据排除规则

由于监察证据与刑事证据在基本属性上有所区别，监察证据随案移送审查起诉之后，不能当然取得刑事证据资格，必须经过审查转化，才能作用于刑事诉讼程序。在监察证据已经转化为刑事证据之后，其还需同其他普通刑事证据一样，继续接受刑事诉讼程序中的非法证据排除规则的约束吗？正如前文所述，《监察法》已经在监察程序内部设置了非法证据排除规则，由监察机关自行对通过非法手段获取的证据予以排除。这么一来，要求这些证据再次接受刑事诉讼程序中的非法证据排除规则的考验，似乎有些多此一举。对此，笔者认为，这么做是有一定必要性的。前文曾多次提及，监察程序具有较高的封闭性，它奉行独立原则和秘密原则，监察调查措施的采取由其自行决定，相关案件信息一般不对外公布，而且也排除律师等外来主体的介入。正因如此，打破监察程序的封闭性并落实对监察行为的监督，最有效的方式之一就是让随案移送审查起诉的监察证据再次在刑事诉讼程序中接受非法证据排除规则的检验，从而实现对证据的二次过滤，以确保监察程序合法运行、被调查人及其他涉案人员等人的合法权益也可以得到有效保障。另外，《监察法》第33条第2款也规定了，“监察机关在收集、固定、审查、运用证据时，应当与刑事审判关于证据的要求和标准相一致”。在此前提下，将具有刑事诉讼属性的非法证据排除规则运用于监察程序中，也符合《监察法》的立法原旨。再者，根据最高人民法院《关于适用〈中华人民共和国刑事诉讼法〉的解释》第124条的规定，排除重复性供述的第一种例外情形是“调查、侦查期间，监察机关、侦查机关根据控告、举报或者自己发现等，确认或者不能排除以非法方法收集证据而更换调查、侦查人员，其他调查、侦查人员再次讯问时告知有关权利和认罪的法律后果，被告人自愿供述的”。此处出现的“调查”“监察机关”“其他调查人员”等用语，也暗示了从监察程序中获取的证据仍应接受刑事诉讼非法证据排除规则的二次检验。

（一）监察与刑事诉讼衔接视野下非法证据排除规则的基本构造

1. 非法监察证据的排除标准与排除范围

根据《刑事诉讼法》第 56 条第 1 款的规定，可能通过非法证据排除规则予以排除的证据仅限于采用刑讯逼供等非法方法收集的犯罪嫌疑人、被告人供述和采用暴力、威胁等非法方法收集的证人证言、被害人陈述。另外，收集物证、书证不符合法定程序，可能严重影响司法公正的，立法对其采取的是相对排除的做法，即允许侦查机关进行补正或者作出合理解释。只有在不能补正或者作出合理解释时，才对上述证据予以排除。另外，我国于 2017 年颁布了《严格排非规定》，于 2021 年颁布了新版的最高人民法院《关于适用〈中华人民共和国刑事诉讼法〉的解释》，这两部解释性文件皆对可予排除的非法证据范畴予以解释和扩张，这两部文件明确规定，采用殴打、违法使用戒具等暴力方法或者变相肉刑的恶劣手段，使犯罪嫌疑人、被告人遭受难以忍受的痛苦而违背意愿作出的供述，应当予以排除，从而明确了“刑讯逼供”的内涵。这两部文件还扩张解释了犯罪嫌疑人、被告人供述的非法取证方法，即将暴力、威胁以及非法拘禁皆纳入可以排除证据的非法方法范围之内。

既然监察证据已经进入刑事诉讼程序中，甚至已经转化为刑事证据，那么就应当遵循与刑事证据相同的证据排除标准与范围，即可供排除的非法监察证据的种类应包括被调查人供述和辩解、证人证言和被害人陈述等言词性证据，以及物证、书证等实物性证据。从非法取证方法的范围看，针对被调查人供述和辩解的非法取证方法包括刑讯逼供、暴力、威胁、非法拘禁等，针对证人证言和被害人陈述的非法取证方法包括暴力、威胁等，而针对物证、书证的非法取证方法则包括不符合法定程序，可能严重影响司法公正的一些方法，且无法补正或者合理解释。此外，针对不同类型的证据，还应采取不同的排除模式，即适用非法证据的“二分法”。对于采用刑讯逼供等非法方法收集的被调查人供述和辩解，以及采用暴力、威胁等非法方法收集的证人证言、被害人陈述，应当适用绝对排除的做法，一经发现，直接排除。对于未按照法定程序收集的物证、书证，严重影响司法公正的，应当适用相对排除的做法，商请监察机关进行补正或者解释。只有在不能补正或者作出合理解释时，才对该证据进行排除。总之，在我国当前刑事诉讼程序中，司法机关应当以《刑事诉讼法》第 56 条为基本依据，对监察证据适用非法证据排除规则，确定非法监察证据的排除标准和排除范围。

2. 非法证据排除规则的适用阶段

监察证据自人民检察院审查起诉阶段起进入刑事诉讼程序中，并可能成为后续审判程序中定罪量刑的依据。因此，人民检察院和人民法院可以在审查起诉和审判等诉讼阶段对监察证据适用非法证据排除规则。在审查起诉阶段，人民检察院发现有应当排除的非法监察证据时，应当依法予以排除，不得作为作出起诉决定的依据。启动审前非法证据排除程序的材料，既可以是人民检察院自行发现，也可以是通过报案、控告、举报等途径获取。一般情况下，人民检察院以职权启动非法证据排除程序，并可以在商请监察机关同意的前提下，进行调查核实。对于确有以非法方法收集证据情形的，应当向监察机关提出纠正意见。构成犯罪的，应当在与监察机关协调沟通的前提下，依法追究刑事责任。

在审判阶段，人民法院经调查认为存在应当排除的非法监察证据时，也应当依法予以排除，不得作为判决的依据。审判人员认为可能存在以非法方法收集证据情形的，应当对证据收集的合法性进行法庭调查，当事人及其辩护人、诉讼代理人有权申请人民法院对以非法方法收集的证据依法予以排除。不过，上述主体申请排除非法证据，应当提供相关线索或者材料，人民法院应当在庭前会议中或者庭审程序中对证据收集的合法性进行调查，并依法排除非法证据。

3. 监察证据合法性的法庭调查

人民法院应当通过庭前会议初步审查和当庭调查等方式，判断是否存在非法证据。根据相关司法解释的规定，在审判阶段，当被告人及其辩护人提出排除非法证据的申请，并提交相关线索或者材料的，人民法院应当启动庭前会议程序。排除非法监察证据的申请也应当首先经过庭前会议的初步审查。在庭前会议上，人民法院应当要求人民检察院对证据收集的合法性作出说明，并允许控辩双方就非法证据排除问题达成合意。经过听取意见和了解情况，法官对证据收集的合法性仍有疑问的，即可决定启动正式调查程序，否则就将驳回被告方的相关申请。

在庭审期间，人民法院应当当庭对监察证据收集的合法性进行调查，非法监察证据的调查程序应当先于案件实体内容的审判程序。也就是说，非法证据排除程序一旦启动，就具有中止案件实体审判程序的效果，直到法院作出是否排除有关证据的决定后，才能恢复案件的实体审判活动。当然，为了防止庭审的过分延迟，人民法院也可以在法庭调查结束前对非法证据排除问题进行调查，这是先行调查原则的例外。

4. 监察证据合法性的证明责任

人民法院进行证据合法性调查时，人民检察院应当对监察证据收集的合法性加以证明。从法理上看，非法证据排除的证明责任并非由提出排除非法证据的一方承担，违背了诉讼程序中普遍奉行的“谁主张，谁举证”的原则，具有一定的“倒置色彩”。[①] 但这一做法不仅适应我国的实践情况，而且符合国际社会的通行规则。在职务犯罪案件监察调查实践中，由于监察程序具有封闭性和秘密性，律师不被允许介入监察调查程序。面对强大的国家监察机关，被调查人往往处于相对弱势的地位，其无法保留曾遭到非法取证的证据，更难以为证据的非法性提供必要的证明。另外，根据现代法治国家的通行做法，在公诉案件中，人民检察院作为案件的控诉者，有责任证明其所提供的证据是合法的，职务犯罪案件也不应例外。[②] 并且，在中共中央出台的《关于加强新时代检察机关法律监督工作的意见》中也提到“完善监察机关商请检察机关派员提前介入办理职务犯罪案件工作机制”。如果人民检察院有机会提前介入监察调查程序中，那么他们将更了解案件监察调查情况，也能为监察取证合法性的证明提供可靠信息。

需要注意的是，我国《刑事诉讼法》第 58 条第 2 款规定当事人及其辩护人、诉讼代理人申请排除以非法方法收集的证据的，应当提供相关线索或者材料。有学者认为，该规定意味着当事人方面也应当承担一定的证明责任。

---

① 参见陈瑞华：《非法证据排除程序再讨论》，载《法学研究》2014 年第 2 期。

② 参见陈光中、郭志媛：《非法证据排除规则实施若干问题研究——以实证调查为视角》，载《法学杂志》2014 年第 9 期。

笔者对此持不同观点。该规定反映的是非法证据排除规则的启动程序问题，并非非法证据的证明问题。如果以此为据要求当事人及其辩护人、诉讼代理人承担过重的证明责任，那么将加剧实践中非法证据排除程序启动难、非法证据排除难的问题。

5. 监察证据合法性的证明标准

监察证据合法性的证明标准应当与一般刑事证据一致，即经过法庭审理，确认或者不能排除存在立法规定的以非法方法收集证据情形的，对有关证据应当予以排除。该证明标准不同于我国刑事诉讼程序中定案的证明标准，也不同于监察调查终结之后、案件移送审查起诉的证明标准。后两者都是以“犯罪事实清楚，证据确实、充分”作为证明标准。相对而言，该证明标准对承担证明责任的人民检察院来说是相对苛刻的，而对当事人方则相对轻松。人民检察院应当证明至“确认”不存在非法取证行为的程度，才能避免证据被排除。而当事人只需使裁判者对监察调查过程是否存在非法取证行为产生怀疑，便完成了自己的证明任务。

这种“不公平”的证明标准设置，与我国监察调查的实际情况相适应，也是解决我国当前非法证据证明问题的必要策略。首先，正如前文所述，监察调查程序相对封闭和秘密，被调查人难以保留遭受非法取证行为侵犯的证据。而人民检察院虽然不是直接的监察证据收集者，但其在承担控诉职能时与监察机关存在密切的联系，既可以通过提前介入的方式了解监察调查的情况，也可以在事后商请监察机关对证据收集情况进行补正和说明等，即相对于当事人证明方法和证明能力的匮乏性，人民检察院具有更强大的证明力量，理应适用较高的证明标准。另外，我国监察机关具有较高的政治地位，其拥有对作为国家公职人员的法官、检察官的监督职能。基于此，人民法院排除监察证据可能存在一定障碍。如果改变这一证明标准，那么将加剧非法证据排除程序的虚化，导致非法监察证据更难排除。

（二）监察与刑事诉讼衔接视野下非法证据排除规则的当前困境

与上述监察程序视野下的非法证据排除规则相比，监察与刑事诉讼衔接视野下的非法证据排除规则所面临的现实困境更复杂。监察证据种类与刑事证据种类不一致的问题值得关注。从上文论述可知，相较于刑事诉讼证据，监察证据中缺少了犯罪嫌疑人、被告人供述和辩解以及侦查实验笔录，多了被调查人供述和辩解以及调查实验笔录。不过，这并不会影响监察证据适用刑事诉讼中的非法证据排除规则。根据《刑事诉讼法》的规定，并非所有的证据种类都可以适用这一证据规则，目前适用范围仅限于犯罪嫌疑人、被告人供述和辩解，证人证言，被害人陈述，物证，书证等。而除了犯罪嫌疑人、被告人供述和辩解之外，其他证据种类都能在监察程序中找到原型。另外，根据前文所述，被调查人供述和辩解应经过人民检察院的审查，转化为犯罪嫌疑人、被告人供述和辩解，随后才能取得刑事证据资格。此时，一旦监察证据转化为刑事证据，这时再适用于非法证据排除规则，也就不存在障碍了。监察证据在刑事诉讼程序中适用非法证据排除规则的困境，主要体现在如下三个方面。

1. 判断取证行为合法性的标准不清

由监察调查所获取的证据，在进入刑事诉讼程序之后若要接受非法证据排除规则的检验，究竟是以《监察法》的规定为标准，还是以《刑事诉讼法》的规定为标准，目前立法并未作出相应的回答，也给非法监察证据的排除实践造成了难题。如果以《刑事诉讼法》为标准，那么就等于强行要求监察机关按照刑事侦查的要求进行监察调查。这么做不是全无道理。《监察法》第 33 条第 2 款规定："监察机关在收集、固定、审查、运用证据时，应当与刑事审判关于证据的要求和标准相一致。"但是，这一规定本身是有一定问题的。监察机关不仅要调查职务犯罪案件，还要调查职务违法案件。调查后者的要求与调查前者的要求肯定是有所区别的，监察机关应当根据案件性质决定所要适用的调查策略。姑且不论职务违法案件，《监察法》关于职务犯罪案件取证措施和程序的规定也与《刑事诉讼法》关于刑事侦查的规定有不少出入之处。就价值导向而言，监察程序的纪法贯通要求，使其既要以《监察法》等基本法律规定为依据，又应当遵循党的"四种形态"理论，秉持"惩前毖后、治病救人"的核心价值理念。与之相比，刑事侦查的目的主要是惩罚犯罪、保障人权，预防和教育并非其主要目标。[①] 就管辖原则而言，监察程序的管辖原则是“以人立案”，其要求先考虑涉案人员的身份，在此基础上再结合所涉嫌的罪名类型，确定最终的管辖范围。与之相比，刑事侦查程序是“以事立案”，即主要根据案件性质本身来划分管辖范围。再就程序机制而言，在刑事侦查程序中，犯罪嫌疑人自第一次讯问或者被采取强制措施之日起，可以享有律师辩护权，而《监察法》并未明确律师可否介入监察调查程序中。另外，刑事侦查可以适用拘传、取保候审、监视居住、拘留、逮捕等五种层次分明、互成体系的强制措施，而监察程序中仅有留置一种直接限制人身自由的措施。再者，二者在认罪认罚从宽制度等具体制度的适用方面也存在一定差异。除此之外，即便是在类似制度方面，两部法律的具体规定也存在一定出入。以两部法律中都明确规定的查封、扣押措施为例，根据《刑事诉讼法》的规定，在侦查活动中发现的可用以证明犯罪嫌疑人有罪或者无罪的各种财物、文件，包括邮件、电报在内，都应当予以查封、扣押。查封、扣押邮件、电报的，经公安机关或者人民检察院批准，即可通知邮电机关将有关邮件、电报检交扣押。与之相比，《监察法》仅规定监察机关可以查封、扣押用于证明被调查人涉嫌违法犯罪的财物、文件，但并未明确邮件和电报是否属于可以查封、扣押的范围及查封、扣押邮件、电报应当遵循何种程序。再以录音录像制度为例，《刑事诉讼法》规定侦查人员讯问犯罪嫌疑人时，可以对讯问过程进行全程录音录像。除了重大犯罪案件之外，侦查人员有权裁量录音录像制度在讯问过程中的适用。但是，《监察法》的规定显得更严格。它不仅将录音录像制度的适用范围由讯问扩展到搜查、查封、扣押等环节，而且规定对所有调查人员进行讯问或者适用上述措施时都应进行全程录音录像，监察机关本身不具备裁量权。[②] 正因为监察调查与刑事侦查存在如上差异，要求以《刑事诉讼法》的相关规定衡量监察取证的合法性，是否合理还有待商榷。

但如果以《监察法》为准，评估监察证据在刑事诉讼程序中是否属于排除范围，这种做法又是否合理？首先，必须承认的是，该做法无须分析《监

---

① 参见林艺芳：《监察机关与公安机关配合衔接机制研究》，载《湘潭大学学报（哲学社会科学版）》2018 年第 5 期。

② 参见魏晓娜：《职务犯罪调查与刑事诉讼法的适用》，载《中国人民大学学报》2018 年第 4 期。

察法》关于监察调查的规定与《刑事诉讼法》关于刑事侦查的规定之间存在何种差别，能大大减少适用非法证据排除规则的障碍。其次，《监察法》仅在第33条规定了非法证据排除规则，不过2021年出台的《监察法实施条例》借鉴了《刑事诉讼法》及其司法解释的规定，对此予以扩张，详细规定了在监察程序中非法证据排除程序的适用范围、排除模式、排除程序、证明标准等。但是，刑事诉讼程序一般是以《刑事诉讼法》及相关司法解释或程序性规定为法律依据，要求司法机关在适用刑事诉讼程序中的证据规则时，以《监察法》为基本依据，可能合法性不足。

2. 证明证据收集合法性的手段相对欠缺

根据我国《刑事诉讼法》第59条的规定，在对证据收集的合法性进行法庭调查的过程中，人民检察院应当对证据收集的合法性加以证明。现有证据材料不能证明证据收集的合法性的，人民检察院可以提请人民法院通知有关侦查人员或者其他人员出庭说明情况。有关侦查人员或者其他人员也可以要求出庭说明情况。经人民法院通知，有关人员应当出庭。同时，根据最高人民法院《关于适用〈中华人民共和国刑事诉讼法〉的解释》第135条的规定，法庭决定对证据收集的合法性进行调查的，由公诉人通过宣读调查侦查讯问笔录、出示提讯登记、体检记录、对讯问合法性的核查材料等证据材料，有针对性地播放讯问录音录像，提请法庭通知有关调查人员、侦查人员或者其他人员出庭说明情况等方式，证明证据收集的合法性。公诉人提交的证明取证过程合法的说明材料，应当经有关调查人员、侦查人员签名，并加盖单位印章。由此可见，在刑事诉讼程序中，证明刑事证据收集合法性的手段非常多样化，既可以是现有证据材料，又可以是有关人员的出庭说明情况，还可以是讯问录音录像。

相比之下，根据最高人民法院《关于适用〈中华人民共和国刑事诉讼法〉的解释》的规定，证明监察证据取证是否合法，可以采取调查人员出庭说明情况的方式。其第136条规定："控辩双方申请法庭通知调查人员、侦查人员或者其他人员出庭说明情况，法庭认为有必要的，应当通知有关人员出庭。根据案件情况，法庭可以依职权通知调查人员、侦查人员或者其他人员出庭说明情况。调查人员、侦查人员或者其他人员出庭的，应当向法庭说明证据收集过程，并就相关情况接受控辩双方和法庭的询问。”此处的“调查人员”，显然是指监察调查人员，司法解释的规定足以说明监察调查人员在法庭发出通知的情况下，是有必要出庭证明监察证据的取证情况的。不过，在录音录像的移送和调取方面，《监察法》与《刑事诉讼法》的规定则有所不同。

正如前文所述，相对于《刑事诉讼法》的规定，《监察法》扩大了录音录像制度的适用范围，且提高了录音录像制度的适用要求。录音录像制度可实现对监察调查行为的有效监督，并且录音录像可以作为证明取证行为是否合法的证据。不过在录音录像的移送和调取问题上，《监察法》的规定与《刑事诉讼法》及相关司法解释的规定并不一致。依据《人民检察院刑事诉讼规则》第75条的规定，对于公安机关立案侦查的案件，具有法定情形之一的，人民检察院在审查逮捕、审查起诉和审判阶段，可以调取公安机关讯问犯罪嫌疑人的录音录像，对证据收集的合法性以及犯罪嫌疑人、被告人供述的真实性进行审查。人民检察院调取公安机关讯问犯罪嫌疑人的录音录像，公安机关未提供，人民检察院经审查认为不能排除刑讯逼供等非法取证行为的，相关供述不得作为批准逮捕、提起公诉的依据。人民检察院直接受理侦查的案件，负责侦查的部门移送审查逮捕、移送起诉时，应当将讯问录音录像连同案卷材料一并移送审查。同时，最高人民法院《关于适用〈中华人民共和国刑事诉讼法〉的解释》第74条规定，依法应当对讯问过程录音录像的案件，相关录音录像未随案移送的，必要时，人民法院可以通知人民检察院在指定时间内移送。人民检察院未移送，导致不能排除属于《刑事诉讼法》第56条规定的以非法方法收集证据情形的，对有关证据应当依法排除；导致有关证据的真实性无法确认的，不得作为定案的根据。由上述规定可推出，无论是公安机关立案侦查的刑事案件，还是人民检察院直接立案侦查的刑事案件，只要案件属于讯问时应当录音录像的范围，录音录像文件就应当随案移送，否则将可能导致控方在非法证据排除程序中遭受消极影响。

但是，与之相比，《监察法》的规定就相对简单得多。根据《监察法》第41条第2款的规定，“调查人员进行讯问以及搜查、查封、扣押等重要取证工作，应当对全过程进行录音录像，留存备查”。“留存备查”意味着录音录像资料无须随案移送，而是由监察机关予以妥善保管，及时归档。当然，“留存备查”也并非是指人民检察院、人民法院无权调取或者查阅监察调查中的录音录像材料。根据《监察法实施条例》第8条的规定，“监察机关办理职务犯罪案件，应当与人民法院、人民检察院互相配合、互相制约，在案件管辖、证据审查、案件移送、涉案财物处置等方面加强沟通协调，对于人民法院、人民检察院提出的退回补充调查、排除非法证据、调取同步录音录像、要求调查人员出庭等意见依法办理”。可见，人民检察院、人民法院为证明证据取证的合法性，是可以商请监察机关移送录音录像材料的。不过，人民检察院、人民法院调取监察机关的同步录音录像的，应当经监察机关审批，并由监察机关依法予以提供，这种制度安排加大了人民检察院、人民法院查阅该文件的难度，对于监察取证合法性的证明来说是一种障碍。

3. 排除监察证据存在现实阻力

我国目前的国家机关体系形成了“一府一委两院”的架构，监察机关的地位较高，特别是监察机关与党的纪律检查委员会合署办公，更加提升了监察机关的地位。[①] 监察机关具有较高的政治地位，是行使国家监察职能的专责机关，其依照《监察法》对所有行使公权力的公职人员进行监察，调查职务违法和职务犯罪案件。其中，法官和检察官作为履行公权力的国家公职人员，也要接受监察机关的监督。正因如此，司法机关在面对非法的监察证据时，不敢轻易启动非法证据排除程序，甚至排除非法监察证据。司法机关对监察机关收集的非法证据予以排除，实际上是对监察机关办案工作的一种否定，这将影响监察机关本单位和个人的评优考核等。[②] 因为非法证据排除的行为可能被视为司法人员对被调查人的开脱和包庇，以及不配合反腐工作，一定程度上会造成司法机关与监察机关之间的矛盾，导致司法机关在对非法监察证据予以排除时不得不持谨慎的态度。

---

① 参见郑曦：《论非法证据排除规则对监察委办理案件的适用》，载《证据科学》2018年第4期。

② 参见郑曦：《论非法证据排除规则对监察委办理案件的适用》，载《证据科学》2018年第4期。

（三）监察与刑事诉讼衔接视野下非法证据排除规则的完善建议

针对上述立法和实践中存在的困境，笔者提出如下解决方案，以实现打击腐败犯罪行为和规范监察机关取证行为的有机统一。

1. 完善《监察法》关于取证程序的规定，明确判断取证行为合法性的立法依据

《监察法》关于取证程序的规定，总体严于《刑事诉讼法》的相关规定。不过由于立法时相对缺乏实践依据以及可借鉴的经验，《监察法》对不少问题没有给出明确回复，以至于当前监察调查工作的一些方面缺少法律依据，并且影响了对监察证据合法性的判断。不过，我国已经于2021年颁布了《监察法实施条例》，以解释性文件的形式，填补了《监察法》中的空白。就监察取证而言，该文件进一步明确了各种监察调查措施的程序规范、监察机关请求其他机关协助的具体要求、监察证据的审查固定保管标准等。并且通过对比可知，该文件的不少规定与《刑事诉讼法》及相关司法解释的规定已经趋于一致，将有助于推进监察调查进一步的规范化，并有利于合理判断监察证据收集活动的合法性。不过，遗憾的是，从现有文本看，该文件对上述《监察法》未涉及的部分内容，仍然没有回应。例如，上述文件对于律师可否介入监察程序，邮件、电报可否适用查封扣押措施等问题，就没有规定。针对这些问题，国家监察委员会应当在借鉴《刑事诉讼法》及其司法解释相关规定的基础上，在继续出台的其他调查取证相关文件上，对上述立法空白进行查漏补缺，使得监察调查程序的规范性水平趋近当前的刑事司法。

在此前提下，在刑事诉讼程序中判断监察证据是否属于可排除范围，应当以《监察法》相关规定为基本依据。不过，笔者在前文也提到了，在刑事诉讼程序中适用《监察法》的规定，可能会招致合法性质疑。对此，笔者建议，我国可以通过发布解释性文件的方式，明确以《监察法》作为程序衔接视野下非法证据排除规则的合法性标准。通过立法确认的方式，将上述做法合法化。不过还需注意的是，虽然判断监察证据合法与否的法律依据是《监察法》，但是划定非法监察证据应该被排除的范围，则仍应以《刑事诉讼法》

第56条第1款的规定为依据，即只有在被调查人供述和辩解是通过刑讯逼供等非法方法收集的情况下，或者是在证人证言、被害人陈述是通过暴力、威胁等非法方法收集的情况下，这些言词性监察证据才能被排除。除此之外，收集物证、书证不符合法定监察程序，可能严重影响监察办案和司法公正的，应当由监察机关予以补正或者作出合理解释；不能补正或者作出合理解释的，才对该证据予以排除。

2. 完善监察程序录音录像调取机制，丰富非法监察证据的证明手段

《监察法》规定的全程录音录像制度有助于保障取证质量，但“留存备查”意味着录音录像资料难以随案移送，进而导致辩护律师难以查阅，司法办案人员也未必能够顺利调取。一旦启动非法证据排除程序，录音录像资料的质证便是证据合法性审查环节的有力证明，因此亟须完善监察程序录音录像调取机制。

录音录像可以高度还原调查取证机关的取证行为，是证明司法机关审查取证部门取证行为合法性的有效手段。为保障法庭对证据的审查产生实质性的作用，有效排除非法证据，在《监察法》现有规定的基础上，可以参照刑事诉讼程序中有关录音录像的规定，在监察程序内完善录音录像调取制度。即一般情况下，监察程序中制作的录音录像文件，由监察机关留存备查，妥善保管。但是，如果人民检察院或者人民法院出于审查判断证据合法性的目的，需要调取该录音录像文件，除非存在特殊情况，监察机关应当提供。因监察机关未移送录音录像，或者不允许有关机关调取录音录像，导致不能排除以非法方法收集证据情形的，对有关证据应当依法排除；导致有关证据的真实性无法确认的，不得作为定案的根据。易言之，监察机关应当积极配合人民检察院或者人民法院关于调取录音录像的要求，否则将承担由此带来的证据排除消极后果。

那么，监察调查时获取的录音录像可否如同公安机关或者人民检察院制作的录音录像资料一样，随案移送审查起诉并移送审判？对此，笔者持否定态度。随案移送，意味着监察机关应当将所有的录音录像资料作为案卷材料的组成部分，一并移送人民检察院。但是，《监察法》有关规定显示，相对于刑事侦查程序，监察程序只要涉及讯问、搜查、查封、扣押，都应进行录

音录像，个案录音录像文件的数量要多于普通刑事案件。都进行随案移送，可能造成办案资源的浪费。另外，监察机关是反腐败专责部门，它们是政治机关，而非司法机关，它们所承担的职责具有相当程度的政治敏锐性，可能涉及国家重大利益。在此前提下，移送监察机关制作的录音录像更应采取谨慎态度。正因如此，监察机关只需在非法证据排除程序启动之后，人民检察院或者人民法院要求调取录音录像时，提供录音录像资料即可，无须主动进行移送。